奈良県立大学
ユーラシア研究センター学術叢書シリーズ2
vol.2

大和の国のリーダーたち

奈良県立大学ユーラシア研究センター編著

西宮神社の四季農耕図絵馬（大和高田市教育委員会 画像提供）

紺絣（木綿石畳文様紺絣子供羽織）
（奈良県立民俗博物館所蔵）

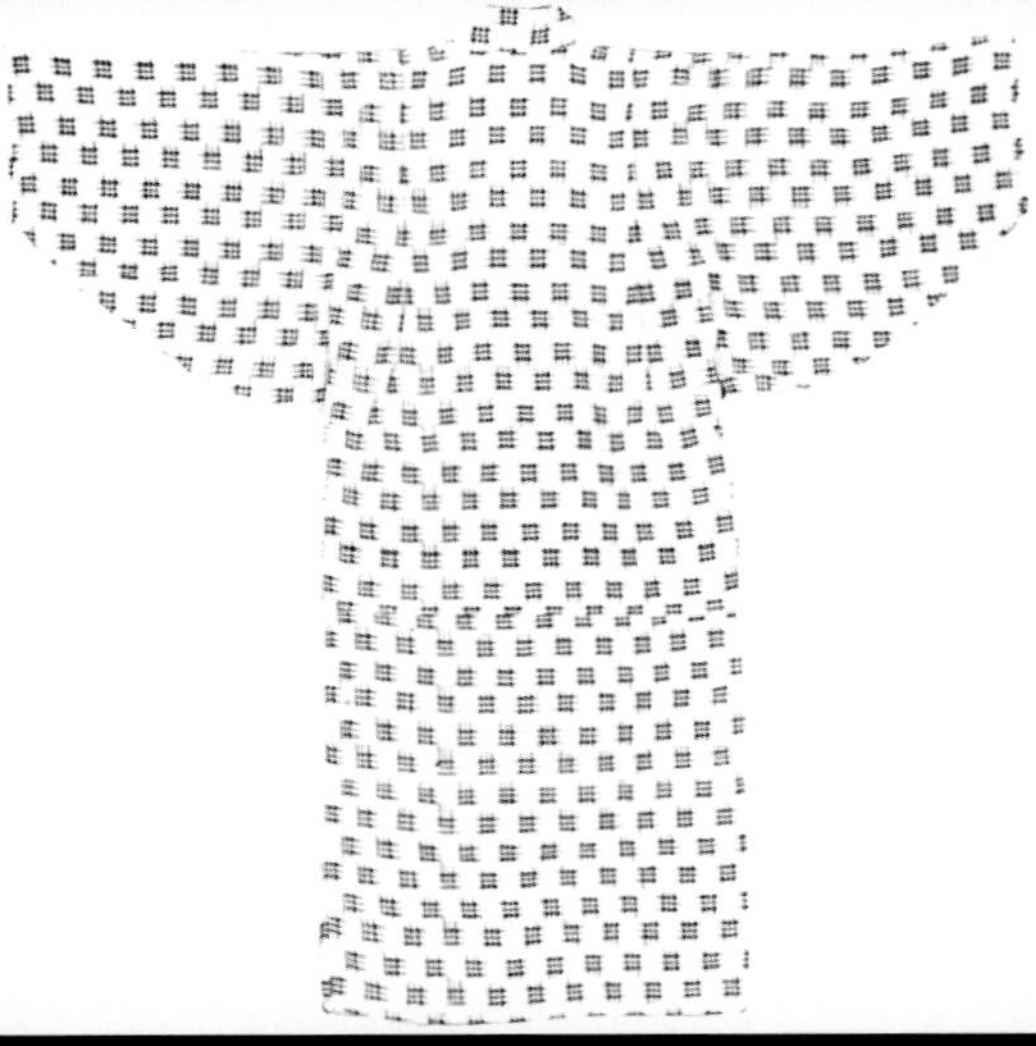

白絣（木綿白絣子供羽織）
（奈良県立民俗博物館所蔵）

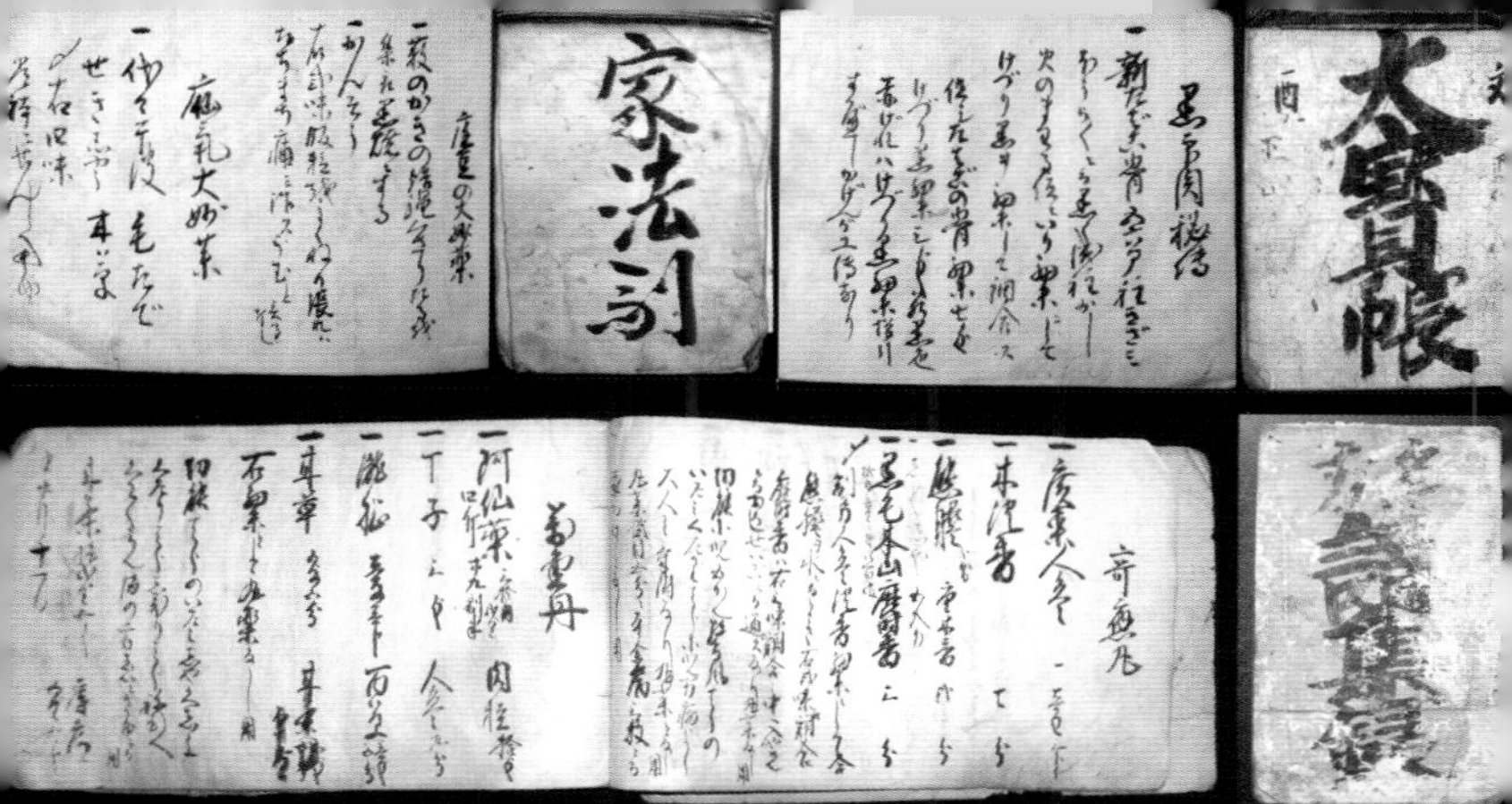

米田家に伝わる薬の秘伝書（『大寶帳』『家法副』『諸集録』）

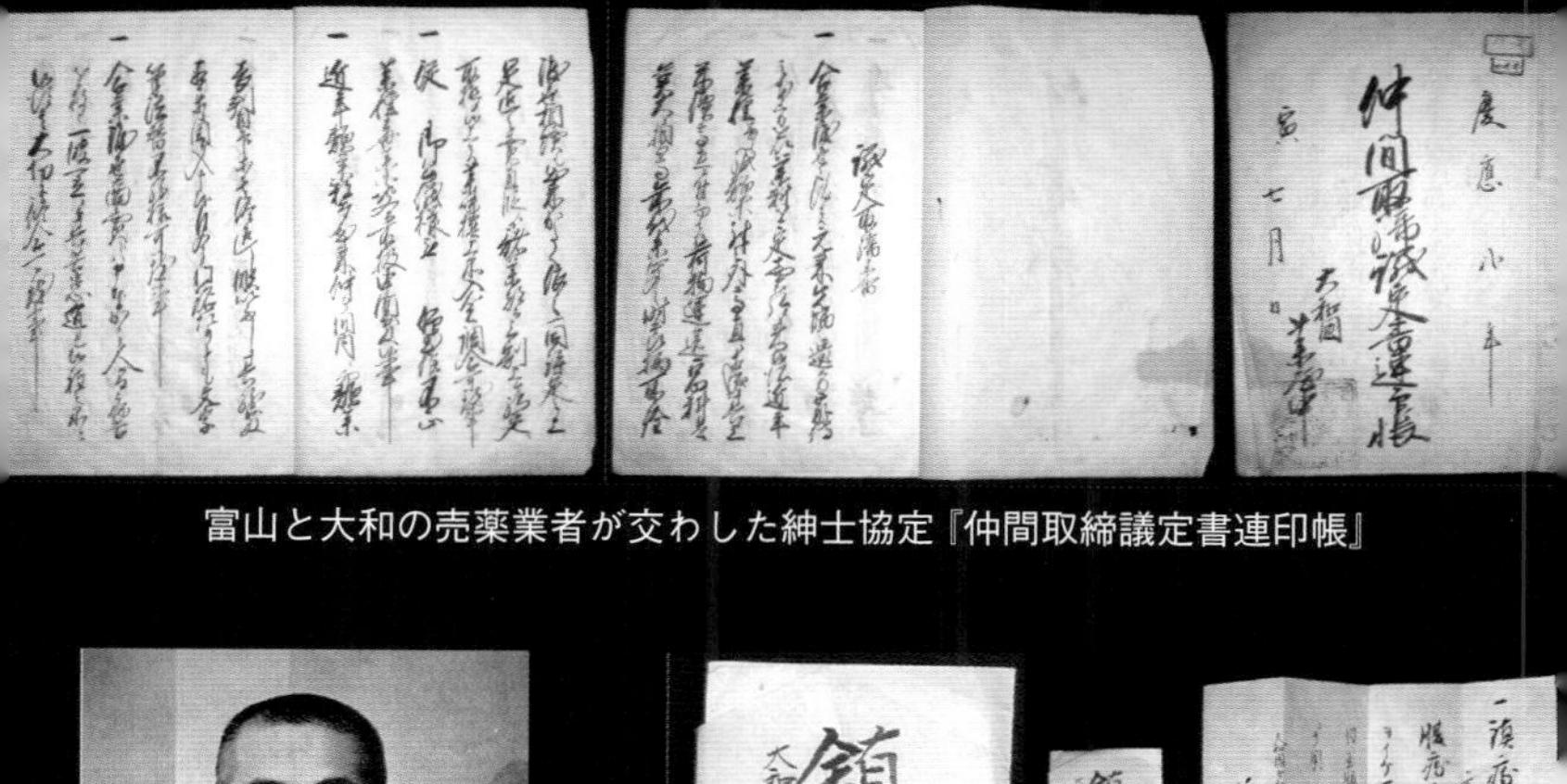

富山と大和の売薬業者が交わした紳士協定『仲間取締議定書連印帳』

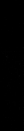

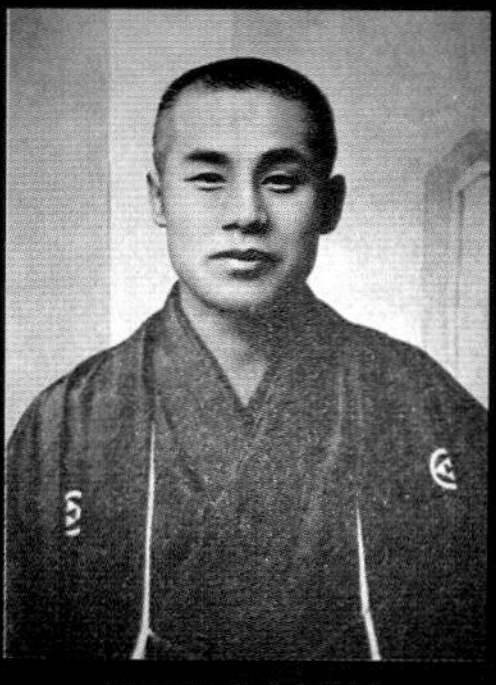

米田徳七郎虎善

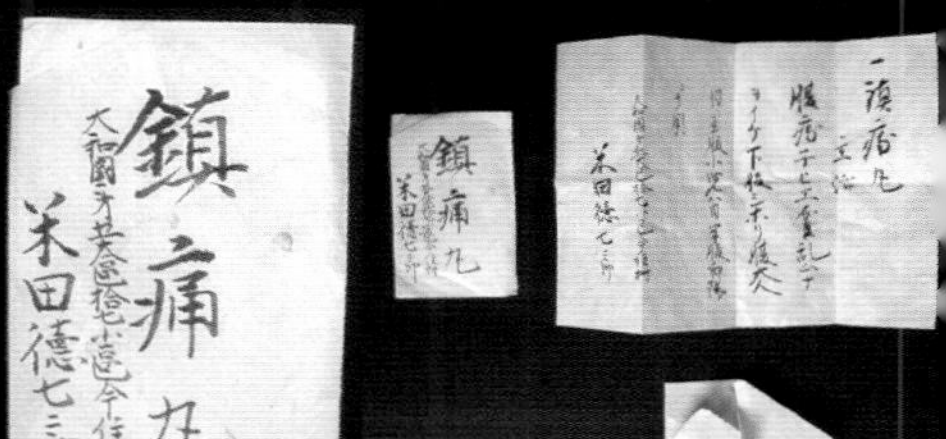

鎮痛丸（明治初期）

日本最古の人工林の一つとされる「下多古村有林（樹齢420年）」（奈良県川上村役場 画像提供）

間伐が済んだあとの吉野杉（奈良県川上村役場 画像提供）

はじまる前に

「さて、これまで幕末・大和八木の儒者『谷三山』を扱ってきましたが、次回は『大和の国のリーダーたち』をテーマに、『浅田松堂』を探っていきます。では、来週……」

「質問？　谷三山についてですか。もちろん、今後も谷三山の研究は継続しますよ」。

「は～い、センセー。は～い。シツモンで～す」

「い～え、サンザンじゃなくて、ショードーです」

「松堂？　まだ何も説明していませんが」

「話がすすんじゃうと、訊きにくい質問です」

「……そう。どうぞ」

「アサダショードーって、どうなんですかぁ？」

「どうですかと訊かれて、こうですとも答えられないけど」

「どうしてアサダショードーなんですかぁ」

「ああ、浅田は姓で松堂は号です。名は……」

「そうじゃなくてぇ～。どうしてアサダショードーを採り上げるのかって、その理由ですよお。アサダショードーなんて人、ぜ～んぜん、知らないんですけど」

「それが理由になりませんか。知らないからこそ、探る意味がある」

「知らないにも『ほど』があるじゃないですか。シブサワエーイチとかヒジカタトシゾーとか、サイゴータカモリとかぁ、ちょっとだけ知っていて、もうちょい詳しく知りたいって人なら『探る』のも意味あるかもしれないですけど、ぜ〜んぜん、知らないアサダショードーなんて、深くも浅くも探る気しないじゃないですか。興味わかないし」

「渋沢だって、最近の大河ドラマで知っただけでしょうに。大河見るまでは『ぜ〜んぜん』知らなかったんじゃないですか」

「そうなんですけどぉ、でもシブサワって大河になるくらいの人じゃないですか。新しい1万円札にもなるんでしょ。ってことは、知っていた方が役に立ちますよね。ゆくゆく面接で聞かれるかもしれないし。アサダショードーの知らなさとは、ぜ〜んぜん、違うと思うんですけど。大河にもお札にもならないアサダショードーって、時間かけて探る必要があるんですか？　知って、何かの役に立つんですかぁ？」

†　†　†

役には立たないだろう。知るべきことは何かの役に立つことだけだと割り切れば、知る必要はない。浅田松堂だけではない。これから研究対象とする「大和の国のリーダーたち」の大半も、その意味では、知って役に立つ人物ではない。収納のアイデアを教えてくれるわけではないし、おしゃれなインテリアのヒントもくれない。おいしいスイーツの店も知らないだろう。昨日から今日への延長上で明日を生きる上では、この「リーダー」たちは、役に立たない。

だが、たとえば「浅田松堂」。この人が「大和絣」を「発明」していなければ、のちに大和絣を含む大和木綿が喝采を浴び、奈良が綿布の全日本チャンピオンの座に就くことはなかっただろう。そして称賛の声を浴びながら汚名に塗れ、絶壁から滑落するように姿を消すことがなければ、大和木綿は命脈を保ち、編物が織物に取って替わり莫大小（メリヤス）が台頭することもなく、日本一の靴下産地の称号は、他地域に輝いていたかもしれない。

浅田松堂が大和絣を発明していなければ、奈良の産業がたどった途は、まったく違っていただろう。途が違えば奈良の経済・産業構造も、今とはがらりと違っていて、近隣府県市との関係も同じであるはずがない。将来の奈良もまったく別の姿に描き直さなければならないだろう。

現在の奈良の「ここ」が良くて、逆に「どこ」か立て付けが悪いと感じるのは、「たくさんの浅田松堂」、つまり「大和の国のリーダーたち」がいたからだ。

当然ながら、あらかじめ「リーダー」たちが存在し、ある時点でプランを共有して「せーの」で一斉に奈良づくりに取りかかったのではない。先行のリーダーから後継者にリレーされて一直線にすすんできたのでもない。今日にいたるまでには無数の分岐点があり、そこで立ち竦んだり、つんのめったり、折れ曲がったりしながら、かろうじてバトンが受け渡されてきたのだ。思いがけず手にした人物もいたろうし、不本意ながら押しつけられた人もいたはずだ。ここでは、そのような「分岐点」の人物を——便宜的に——「大和の国のリーダーたち」と呼ぶことにした。分野も活躍年代も同じではない。顔見知りでもないだろう。共通項は、たったひとつ、「志（こころざし）」だ。

次代の奈良（大和）を、少しでも良くしたい。

†　†　†　†　†

「わたしはですね、今日に足場を築いて、将来の奈良を考えようとするとき、この——浅田松堂ら——『リーダー』たちは、シブサワやヒジカタ、サイゴーよりいくらかでも、前景に位置させておくべきではないかと思っています。もちろん、浅田松堂を歴史上有名な偉人たちと同列に並べるべきだと言っているのではありません。ただ古代の浪漫に夢を馳せ、理想の未来を語る情熱があるなら、その一部でもこの人たちの塵埃を拭き払う作業に振り向けるべきではないか、そう思っているのです」

「ふ〜ん。アツくカタりましたねぇ。でぇジンアイを拭き払うって、どーゆー意味ですかあ」

「最初のガイダンスのとき、この講義のコンセプトは『本来』を探ること、本来とは『正当な評価』の意味だと説明したと思います。『塵埃を拭き払う』というのも、同じ意味だと考えてください。通説や定説となっている評価を捉え直す作業と言い換えることもできます」

「でもですよ、アサダショードーって、ぜ〜んぜん、知られてませんよぉ。そんな人の『本来』を探って意味あるんですか。テーセツの紹介とか、10分でわかるショードーさんじゃ、だめなんですか」

†　†　†　†

多少間違っていても、社会に害毒が撒き散らされることがなければ、波風立てずそのままで良いではないか。「本来」がそれほど重要なのか。この疑問には、こう答えるしかない。

それほど、重要なのだ。

「本来」は、今日に至る経緯と将来、そして未来に関わっている。本来を誤ると利用の仕方も活用の方向も間違ってしまう。つねに本来を弁えきちんとした評価を与え続けなければ、今日にも将来・未来にも悪影響を及ぼす。これは事の大小や軽重に関わりがない。あらゆる事実の組み合わせが「世界」をつくっているからだ。一般市民に「浅田松堂」は関係ないとか、ITやAIと違って将来社会には「浅田松堂」まで考慮する必要はないといった考え方は、端的に間違っている。

いつなんどき、我々の生活に関係してくるかもしれないという意味ではない。この世の中の要素が――例外なく――分かちがたく結びついているからだ。それ自体は取るに足りない事物の嘘や間違いや誤解でも、ドミノ崩しのように次々に連鎖すると、いつか・どこかで取り返しのつかない大きな破綻が生じる。これが「大和の国のリーダーたち」を扱う最も大きな意味である。

†　†　†　†

「ふんふん。で、たとえばアサダショードーは大和絣のハツメー者。なので奈良メーサンの第1走者。だから「りーだー」の1人だと。大和絣のハツメーは、それだけ捉えるとたいしたことなくても、他のなにかやだれかと結びついているから、奈良の将来にも関わるジューヨー人物なんだと。そーゆー人物を知らないってことが、今の奈良のダイモンダイなのだ」

「わたしより説明がうまいですね。そのとおりです。『アサダショードー』を、浅田松堂はじめ奈良のリーダー、あるいは『大和の国のリーダーたち』と言い代えてもらうと、より完璧です」

では、はじめて良いですか？

（編集責任者　中島敬介）

〈注記〉

1. 本書に収録された論考は各執筆者からの寄稿で構成したもので、所属団体や奈良県立大学の公式的な見解を示すものではない。

2. 文章は日常使われる標準的な日本語を用い、漢字は基本として常用漢字・音訓表に基づき、必要に応じて古語・外国語・ローマ字を使用した。

3. 固有名詞の表記は筆者の意向を尊重した。ルビは読みやすさを考慮して適宜付したが、特に人名、地名等の固有名詞に関しては、筆者・発話者の意向を尊重した。

4. 固有名詞や事実関係については、基本的に執筆者に委ねたが、執筆者への聴き取りや必要な範囲での文献等による調査を加えた。この調査は、出典/専門用語/慣用句/その他各種の表現/誤字・脱字の確認とともに、現在も継続している。

5. 本文の上段に入る注記は(注+数字)、本文の最後に入る《注》は(数字)で記している。

なお、本書の内容に関するご質問・ご意見は、編集責任者にお寄せください。

(編集責任者　中島敬介)

〈目次〉

浅田松堂

——大和絣の発明者

中島　敬介

†　†　†　†

「では、講義を始めます」

「は〜い、センセー。シツモ〜ンで〜す」

「……また、あなたですか。何ですか」

「ヤマトガスリのハツメーって言うけど、ショードーって、けっきょくは、何をした人なんですか。で、そのハツメー品が、奈良メーサンの大和絣になったってホントーなんですかあ」

「そこなんですよ」

「そこって?」

「そこが、なんとも言えなくて」

「いまさらそれって……」

一　浅田松堂のプロフィール

(一)　公的な評価

右操ハ夙ニ産業ヲ志シ大和絣ノ織法ヲ発明セルヲ以テ名アリ然レトモ殖産ノ功績未タ贈位ノ恩典ヲ請フニ足ラス故ニ除ク(1)

浅田松堂木像像（伝自作）
（奈良県立御所実業高校所蔵）

これは『大正六年　大演習贈位内申事蹟書　巻二』中の「内閣」の罫紙に記された文言である。「右操」で示されているのは今日「浅田松堂」の名で知られ、一般の人名事典が、次のように紹介する人物である。

あさだ-しんしち【浅田新七】（一七一一-七七）江戸時代中期の殖産家。正徳元年生まれ。家業は材木中継ぎ問屋。越後上布、伊勢松坂木綿を参考にして、宝暦のころ大和絣を創案し、大和（奈良）の特産とした。書家としても知られた。安永六年八月一九日死去。六七歳。大和出身。名は操。字は篤志。号は松堂。[2]

大正六年（一九一七）、浅田松堂への贈位を求める奈良県は、その功績を次のように訴えた。

南葛城郡御所町

故　浅田操

浅田操字ハ篤志通称ハ新七松堂ト号ス家業ハ中次問屋ナリシカ（……）伊勢松坂木綿ヲ見テ工夫ヲ凝シ遂ニ一種ノ織法ヲ発明シテコレヲ町内ノ吉川某奥野某ニ教ヘ且ツ子孫ニ遺言シテソノ絣ヲ大和ノ特産タラシメンコトヲ以テセリコレ実ニ大和絣ノ鼻祖ナリトス爾来当業者ハ之レニ諸種ノ改良ヲ重ネ以テ県下重要物産トシテ今日ノ声明ヲ博スルニ至ル洵ニ同人カ斯業ニ対スル功績鮮少ナラサルヘシ操年七十八歳ヲ以テ安永六年歿ス

松堂の墓石
表面（右）
裏面（左）

その根拠として、明治一二年（一八七九）における農商務卿の追賞と松堂が子孫に残した「家用遺言集」の一文、さらには「大和木綿歴史歌第八節ニモ亦同人ノ創製功労者タルコトヲ謡ハレツ、アリ」として、「大和木綿歴史歌」の全歌詞が掲載された。松堂にかかる八番の歌詞が以下である。

八ツトセイ　大和カスリノ発明ハ
　浅田松堂名ハ操
　墓ハ大和御所ニ有リ
　参リ給ヘヨ皆様ヨ

実はこの二年前にも、奈良県はほぼ同じ文言とラインアップで、松堂への贈位を求めていた。「歴史歌」の「八ツトセイ」に、並々ならぬ自信を抱いていたようである。七年後になって、奈良県（南葛城郡役所）は、ようやく地方と中央の価値観の違いに気づいたようだ。『大正十三年　皇太子御成婚　贈位内申事蹟書』では、表題に「大和絣発明者浅田操」と明記し、「八ツトセイ」を取り下げて、「吉野山長峰にあり今尚現存する碑文」と「御所町東向山円照寺内」の墓碑銘を掲載した。

前者は書家としての浅田松堂の名声を実証する「文鳳法眼浅田松堂翁禿筆塚」。撰文の穂積以貫（一六九二－一七六九）は、古義学派の伊藤東涯（一六七〇－一七三六、伊藤仁斎の長男）に学んだ儒者で、公家の柳原家に仕えた後、大坂で私塾を開いていた。近松門左衛門と親交があり脚本づくりにも参加したとされ、「虚実皮膜」

浅田松堂自筆の書（伝）
（奈良県立御所実業高校所蔵）

（近松の演劇論の聞き書き）の載る『難波土産』（一七三八）も著している。浄瑠璃の竹本座とも親しく、次男は「傾城阿波の鳴門」や「妹背山婦女庭訓」で有名な座付き作者の近松半二（一七二五－一七八三）である。後者・墓碑銘の前面には「松堂浅田法眼塔」、裏面には「法名　祐信」と「安永六 丁酉年」の没年が刻まれている。さらに別紙として、後裔「浅田泰三　現存」とその「現住所」を記した文書も添付され、大正一三年（一九二四）年二月、晴れて松堂に「大和絣発明家」として従五位が贈られた。特旨を以て位記を賜るには、奈良の市井で「八ットセイ」が歌われるより、確かな実在の証拠と、松堂と同時代に生きた「有名人」たちの評価の方が――断然――効果があったようだ。

（二）「法眼」の称号

松堂が法眼に叙されていたことはすでに大正四、六年の事蹟書にも記されていた。

> 幼ヨリ読書ヲ好ミ且ツ古今ノ法帖ヲ渉猟シテ臨池ノ妙ヲ得タリシカバソノ名夙ニ遠近ニ聞エテ法眼ニ叙セラレ門下ニモ当麻寺西南院ノ一音、吉祥草寺ノ良石等ノ名人ヲ出シタリ

法眼とはもともと僧位の一つだが、中世・近世になると仏師・絵師・医師などにも授けられるようになった。武家官位と同様、本人の希望が追認されるかたちをとったのだろう。上記によれば松堂の場合、書家として法眼に叙せられたようだ。大正

一二年の南葛城郡役所の上申書では、さらに明確に記されている。

> 性、イタク読書ヲ好ミ業務ノ余多ク群書ヲ渉猟シ又古今ノ法帖ヲ究メ臨池ノ妙ヲ得其ノ名遠近ニ聞エ終ニ書ヲ以テ法眼ニ叙セラレ文鳳法眼浅田松堂ト号ス

ところが、同じ郡役所がほぼ同時期に発行した『南葛城郡誌』(一九二六、以下『郡誌』)では、

> 読書を好み業務の隙群書を渉猟す。又古今の法帖を究め臨池の妙を得て其名遠近に聞え、終に京都に出でて儒官となる、法眼に叙せらる。即文鳳法眼浅田松堂といふ。

浅田松堂は儒官(儒者)として法眼に就いたかのような記載に変わっている。『郡誌』の後継となる御所市発行の『御所市史』(一九六五、以下『市史』)では、先の二文が合体し、松堂が書家として法眼の称号を得たのか、儒者(官)として法眼に叙せられたのかを曖昧にしている。

> 幼より読書を愛し、業務の傍ら郡〔ママ〕書を渉猟し古今の法帖を究め、臨池の妙を得てその名遠近に聞え、梅堂・竹堂と合せて大和の三堂と称せられた。〔……〕京都に出でて儒官ともなった。法眼に叙せられて、即ち文鳳法眼浅田松堂といった。

松堂ら「大和の三堂」を称える
筆塚「芳隣堂筆塚」
（御所市、吉祥草寺門前）

〔……〕で省略した部分は、「また武芸に通じ、音曲・彫刻を好み多芸に通じた」である。

どうやら大和絣の発明家・浅田松堂は、かなり多様な分野で才能を発揮した人のようだ。

（三） 並外れた多芸と才能

松堂の多芸と才能は、御所町役場発行の『大和御所町誌』（一九五三、以下『町誌』）に過不足なく記載されている。

この人〔※浅田松堂〕は所謂天才というのでしょうかその上非常な努力家で何でも勝れた天分と才能を持っていました。まず学問ですが、これは後京都に召されて儒官となり法眼に叙せられたのですからなみ大抵の学問ではありません。書道は王羲之〔……〕の流れを汲んで名高く、その書風を慕って入門する者も多く、特に高弟の當麻寺〔……〕西南院竹堂、吉祥草寺〔……〕法印梅堂と共に世に松竹梅三堂と並び称せられています。〔……〕松堂はただ学問だけに偏っていたのでありません。弓術、馬術などの武芸にも上達し蹴鞠、音楽、彫刻等の芸能にも秀れた天分を恵まれ、これについては今も数々の逸話が伝えられています。

さらに「浅田家伝記」(3)を引いて、概ね次のような内容の逸話を載せている。

一、松堂の近所に膳飯屋あり

近所の一膳飯屋の主人が看板を書いて欲しいと松堂に依頼した。半年後に書き上がり、店頭に飾った。ある日、大坂からの客が金を一分押しつけて看板を持ち去った。さらに松堂の家に来て、一分出すからもう一枚書いてくれと頼んだ。松堂は「看板は売りものではない。この中に気に入ったものがあれば持ちかえりなさい」と長持を示した。客が蓋を開けると、半年間練習した反故紙が入っていた。客は大いに恥じ、詫びて立ち去った。

二、松堂馬術に長ず

宝暦二年四月、江戸で熟練者による馬術の大会があり、松堂も招かれた。馬の尾に一反の白木綿を結んで競うものだったが、最後まで残った松堂ともう一人の勝敗がつかなかった。奉行は臀部に鞍擦れの多い方が勝者と判断した。調べた結果、松堂の勝利となった。

三、松堂音律に達す

近所の旅館に、美人で音曲に長じた「いそ」という女性が働いていた。「いそ」の人気で旅館は日夜賑わった。ある日、自宅にいた松堂は「いそ」の音律を聴いて不審を覚え、旅館の主人に「いそ」の挙動に注意するよう助言した。そのお陰で、深夜に客と心中しようとしていた「いそ」は助けられた。いかに松堂が卓越した音感の持ち主であったかがわかる。

『郡誌』には、先の「馬術」の話と、次のエピソードが載っている。

浅田松堂自筆書掛軸　浅田松堂自筆書扁額
（ともに故・吉村良樹氏所蔵。奈良県立民俗博物館画像提供）

松堂弓術を能くせし話

松堂が商用で大坂にいき、楊弓屋の前を通りかかると、一人の武士が金を賭けた弓の勝負を持ちかけてきた。松堂は断り切れず、これを受けた。相手は百本中三本失敗。松堂は九九本成功した後、一本残して勝負を止め「私は大和の者」とだけ言って立ち去った。相手は従者に跡をつけさせ、のちに松堂のもとを訪れて門人となった。

これら逸話の真偽はわからない。「儒者」についても、実際に京都で儒官として召されたのか、京都堀川の伊藤東涯に学んだだけなのか、あるいは伊藤の門人・穂積以貫の薫陶を受けた程度なのか、今となっては確認できない。ただ松堂作と伝える見事な筆蹟・彫刻は現存し、當麻寺の竹堂と吉祥草寺の梅堂を門人とする書家であったことは、吉祥草寺門前に残る筆塚から間違いない。法眼の位も自称ではないだろう。

何より逸話の存在で明らかなことは、その内容よりも浅田松堂という人物が家人や地域など身近な人々によって「偉人」として語り伝えられてきたということだ。では大和絣の発明も、そのような逸話のひとつなのだろうか。ここで再び贈位上申書（以下「上申書」）に立ち戻る。フォーカスを当てるのは、事蹟の根拠のひとつとして引用されていた『家用遺言集』、松堂が「子孫」に書き遺したとされる言葉である。

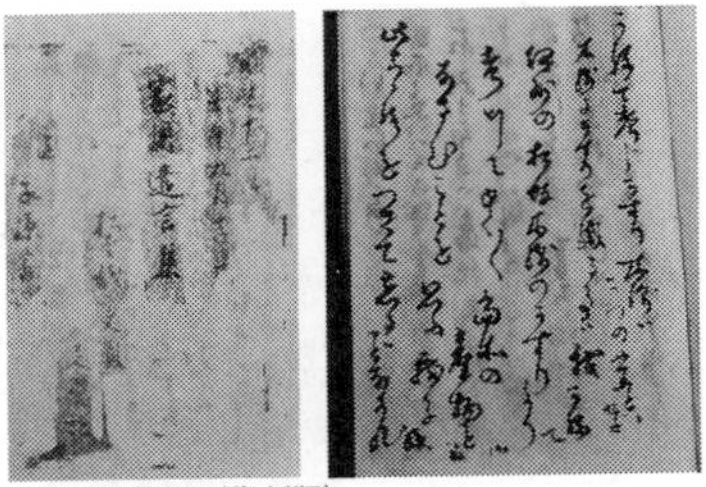
『家用遺言集』(復刻版)
表紙(右)/該当箇所(左) 御所市教育委員会提供

二　松堂の「子孫」たち

(一)「かつの業とせよ」

かねて考へ候かすり木綿ハかつの業とせよ
木綿にかすりを織ることハ、我かねて伊州の松坂木綿のかすりより考出してゆく〱当所の産物となさむことを思ふ、我子孫此のこゝろをつきて忘るゝことなかれ

この「遺言」は冒頭に挙げた三つの「上申書」のいずれにも載せられている。それもそのはず、実のところ、松堂と「大和絣(の発明者)」を結びつける史料的根拠は、この百文字足らずの文言しかないのである。

原本(復刻版)[4]を見ると、文字とその配置は以下のようになっている。

可祢てへ考へ候かすり木綿ハ
　　可つの業と
　　　　せよ
木綿にかすりを織ることハ我可祢
て

伊州の松坂木綿のかすりより
考出してゆく〳〵当所の
産物と
　なさむことを思ふ我子孫
此のこゝろをつきて忘るゝ
　　　　　　　　ことなかれ

行頭の位置に意味を求めれば、最初の「可祢て～とせよ」と最後の「此の～なかれ」の二つが遺言の主文となる。「木綿に～考出して」は「かすり」の説明で、「ゆく〳〵～思ふ」がかすりに込めた「志」。「子孫」はこの言葉を守るべき主体。「子孫」が主文の前者を守れば、後者が果たされるという構造の文章である。松堂の「志」は、大和絣を「かつの業」とすることで、「御所町の名産」にすることであったと言える。

だが、かんじんの『かつ』の意味がわからない。「かつ」の名に該当する人物は、松堂の周辺には見あたらない。贈位上申書では「家門」、『市史』では「新七の家内」と注記しているが、この『家用遺言集』で「家」を「可」とする表記はない。「門」も「つ」の字とは違っている。『町誌』は、このくだりを次のように解釈する。

かつは生活の活でたつきの意味に解釈すべきです。つまり町民の生活の手段とせよの意で、こう解釈すればこの遺言の全文の意味も判り松堂翁の高い愛郷の精神もはっきりすると思われます。

「かつ」を「町民の生活の手段」としなければ、遺言全文の意味が通らないというのだが、これには説明が必要だろう。

(二)『家用遺言集』(一七六二)

『家用遺言集』(以下『遺言集』)は、表紙に「松堂　浅田文鳳　光慶記」の筆者名と「宝暦十二暦壬午九月吉旦」の日付があり、「送子孫書」と記されている。最後の一葉には「本紙百八枚有表紙外也」と本文の分量が載る。字数にすると約二万五千～二万七千文字に及ぶ。スタイルは家訓や家憲よりも日記や随筆に近く、倹約・誠実・社会奉仕、町内や仕事関係での付き合い方を含め、日常生活上の心がけが、あれこれ細かく書き留められている。先に見たとおり、松堂は儒者でもあったが、『遺言集』に儒教や古義学派の思想性は希薄である。せいぜい「士農工商此四民の内いつれもおなし事なり」や「何事にてもじせつと申ものにて、しぜんのみちなれば、ぜんあくともにしぜんとおさまるものなり、たゞ一かいにおもう事なかれ」など当時の政治・社会秩序をありのまま受け容れる姿勢をにじませている程度で、忠孝や仁義といった道徳観念は、ほぼ出てこない。文中の記述から、社会ルールは「御公儀様制札」を守り、人としての道徳は「朱子家訓」でこと足れりと考えていたようだ。「つね〲の人とあいたいなといたし、はなしなといたし候とも、とくとつゝしみ、ことばをおさめていふべし」というように、浅田家の「子孫」としての自覚と実践を促す言葉で語られ、商人として守るべき「分」が強調されている。

そして浅田家の家業に関わっては「必々りつしんは此の家業よりならぬ事と永く

中伝べし」あるいは「しおぼえし家業の外はけつして無用也」や「一切何によらずあきなひがましき事無用也」と、本来の家業を盛んにすることすら戒め、他の業種に手を出すなどは以ての外と厳禁している。つまり家業については、徹頭徹尾、子孫に現状維持を命じているのだ。

家業以外に手をだすな。

『遺言集』の基調を成すこの姿勢こそ、『町誌』が「『かつ』の業とせよ」を「町民の生活の手段とせよ」と解釈した理由である。「子孫の（誰かの）生活の手段とせよ」としたのでは、家業に対する松堂の考え方と衝突してしまうのだ。

(三)「かつ」とは誰（何）か。

松堂の「子孫」が大和絣や木綿の製織業に進出した事実は、確認できない。浅田家は松堂の孫の代に、材木中継ぎ問屋の屋号（「問新」）も含め一切の財産が米田家に移った。米田家では松堂を祖と仰ぎ、『遺言集』も大切に守り伝えられたようだが、製織業が営まれた形跡はない。「かつの業」が「家門の業」や「新七の家内（の業）」なら、代々の子孫たちは一人として「こゝろをつきて忘るゝことなかれ」の遺言を守らなかったことになる。『遺言集』が書かれてから松堂が没するまで十五年ほどの期間があるが、松堂自らが「大和絣」を製織したという話も伝わっていない。「かつ」は松堂個人や隠居の身分を表すものでもないようだ。

一方、「ゆくゆく御所町の産物にしようと思う松堂の志を継ぐこと」は、見事に果たされた。「かすり」すなわち大和絣は、松堂の期待を遥かに超えて、御所町だけでなく大和（奈良）を代表する特産品となった。目的であった「ゆく〳〵当所の産物となさむ」との松堂の「志」が果たされた以上、手段としての「かつの業」は――どこかで・だれかによって――なされていなければならない。

そもそも、何を契機に名産づくりという松堂の「志」が立てられたのか。大正四、六年の贈位上申書は「大和ハ綿織物ノ産地ナリシト雖モ其製品ハ純白若クハ縞物ニシテ極メテ単純ナル綿織物ニ限ラレタルヲ以テ操之レカ改良ヲ企テ」と大和木綿のブランドの開発と見ている。大正一二年の上申書ではこの一文が消えているが、松堂の「発明者」としての側面を強調するためだろう。大正期の贈位上申書はいずれも「殖産興業の志」を前面に押し出している。

これに対して、「かつ」を「町民の生活」と解釈した『町誌』は、大和絣発明の契機を「御所流」とし、この大水害からの復興策として考案されたと推測している。

三 「発明」の契機

（一）「御所流」という大水害（一七四〇）

元文五年閏七月十七日葛城川の洪水により西御所の被害（御所流）が起きた。〔……〕被害は流死人五六というが一説に流家六〇一・潰家五八・流蔵三〇〇・残家四一・残蔵一八・流死二一八・流牛馬一四という（赤塚家文書）〔……〕浅田松堂による大和絣の発明は宝暦五年頃で、「御所流」後の惨害から立ち直るよりどころとなった。[5]

これは日本全国を網羅した浩瀚な地名辞典からの引用だが、元文五年（一七四〇）の「御所流」については、大正三年（一九一四）の『大和風水害報文』にも「（元文五年）八月中旬五畿内洪水の時に」の書き出しで、辞典の記述よりも一層規模の大きな水害として載っている。

葛城川の堤防御所町にて切れ同町千二百軒の所七百軒許流れ溺死者三百人程あり全町内河底と変じ田地は砂に埋められ御所町より川下は同町程にはあらざりしも実に稀有の水害なり

ただし、この『報文』は明治三〇年以降こそ測候所の記録だが、それ以前のものは、現在の御所市外の民家（二軒）に残されていた古文書をもとに、特定個人から聞き書きしたものだ。

近年の奈良県発行物でも、[6]「御所流」は近世大和最大（悪）の水害の一つと認識され「現在の御所市で集中豪雨により葛城川が決壊。激流で周辺一帯が一瞬にして泥海と化しました」と説明し、「奈良県でも、幾度かの災難に遭遇しましたが、中でも江戸中期に起こった『御所流れ』と〔……〕は、現在までに多くの記録が残されその実状を知ることができます」と言うのだが、不思議なことに『郡誌』には記されていない。

瞥見の限り、「御所流(れ)」の語は『町誌』以前の公的文書には——先の『大和風水害報文』も含めて——見当たらない。『市史』でも大きく扱われているが、ほぼ『町誌』の修文にとどまり、内容は丸ごと引き写しである。奈良県が言う「現在までに多くの記録が残され」ているのは、『町誌』の情報が——先の地名辞典も含め——転記や抜粋・引用で使い回されたからだ。原文となった『町誌』によれば「その実状を知ることのできる」原資(史)料は、二種類しか残っていない。

御所流れについての記録は古い家にはまだ稀に断片的なものが残つていますが、最も手頃なものは観音堂所蔵の『御所流』と云ふ冊子と、本町の赤塚氏所蔵のこの洪水についての地図の二つです。

地名辞典の被害数値は「本町の赤塚氏所蔵」の「地図」に記載されたものだ。もう一つの資料、「観音堂所蔵の『御所流』」に記された「流死人」の数は「男女計五十六」、被害地域も現在の御所市の葛城川周辺一帯ではなく——かつての御所町全体でもなく——「西五所(御所)村は半分流れ」とされている。この史料は「明治十年に御所流れで流死した人々の百十回忌を行うについて、過去帳やその頃の記録(を)新しく書きかえて後の世の記録」としたもので、これを以て実際の被害は伝えられているほどの規模ではなかったとの研究もある。(7)

もちろん、「御所流」が未曾有の大災害と認識されるのは、被害規模の大きさだけではない。何よりも『御所流』に記された、濁流に襲われた被災地の悲惨な状況か

浅田松堂の居宅の位置
（当時）

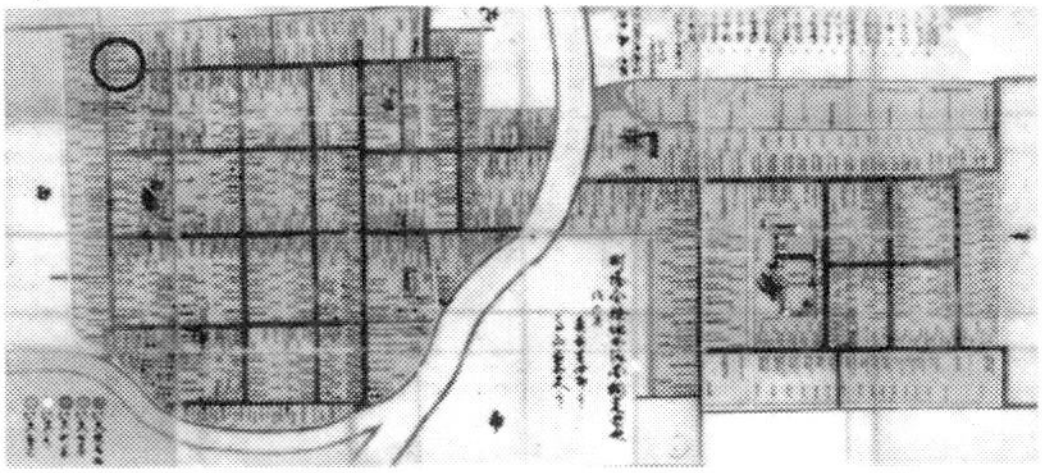

「御所町検地絵図（中井家蔵・3分の1）」　御所市教育委員会提供

らである。

親は子を尋ね子は親をさがし、めぐり合うと雖もいだきながら共に死すもあり。満水に四方をかこまれ逃ぐるに道を失ひ浮きしづみつ流る、も有り。誠に眼もあてられぬ有様なり…

（二）災害からの復興

「御所流」のとき、松堂はどこにいたか。寛保二年（一七四二）の「御所村町場検地絵地図」によると、屋敷は西御所の北東の端、六軒だけ流されるのを免れたとの伝承がある「六軒町」の、さらに北西にあった。在宅していたとしても即座に救援に乗り出せる状況ではなく、悲惨な「眼もあてられぬ有様」に手を拱くしかなかっただろう。先の逸話に現れていた人柄の松堂とすれば、自ら被害に遭うより辛いことであったにちがいない。

『町誌』は、次のように推測する。「天才松堂」は「種々の復興案」によって「町永遠の繁栄を計らねば」ならないと考えたに違いなく、「烱眼な松堂の胸中」には「更に〔……〕狭い農場と高い年貢になやむ農村経済」を打開する策が「町将来の大計」として「次第に熟して」いき、「宝暦年間この偉大な発明」、すなわち「大和絣」に結実した、と。

感動的な見解に水を注すつもりはないが、この推測の難点は災害復興案がより長期で広域的な「町将来の大計」にすり替わっていることだ。普通に考えて、応急策が将来に向けた長期構想に直接転用されることはあり得ない。上記『町誌』の記述は、大和絣の「発明」が「御所流」から二十年以上も後である「事実」を説明する道筋以上には評価できない。大和絣考案の契機が「御所流」ではないとは言えないが、その発明が水害からの復興を目的としたものであるなら「天才松堂」の「炯眼」にしては、あまりに迂遠な取り組みであったことになる。

四　「こころ（志）」を継いだ人たち

（一）「かつ」の正体

「大和絣＝御所流起源」説は、「かつ」という名が指示する人物が見当たらないとの理由ではなく、『遺言集』の家業に関する全体的なトーンからすると、「かつの業とせよ」の「かつ」が、松堂の「家の身内」の利益に関わることができない、というところが起点になっている。

ここで、もう一度『遺言集』を見てみよう。

先にも触れたが、表紙の記述によると『遺言集』は松堂が没する十五年ほど前に書かれている。テーマや内容は、死亡後に効力を発揮させる目的で書かれたというより、宝暦一二年前後に松堂が気にしていたことを「子孫」に残した言葉と解釈される。では、その「子孫」とは誰か。『遺言集』が「家用」であるかぎり、「子孫」は松堂の子どもたち「みんな」を意味しない。「浅田家の子孫」、ゆくゆく「問い新の浅田新七」となる跡継ぎに限定される。

つまり、宝暦一二年の『遺言集』とは、五二歳の父・松堂が息子(一六歳の「亀松」)に与えた、浅田家当主の心得を説いた――本来は門外不出の――家伝書なのである。先に引用した「商売を広げようと思うな」、「他の商売に手を出すな」、「新しい分野に参入するな」等の家業に関する禁止規定は、当時唯一、家業を継ぐ資格を持っていた亀松以外には、ほとんど意味を持たない。

遺言には、商売仲間が陥った揉め事の顛末が丹念に記録されていたり、あるいは「家業を知悉するまでは、他事に目を向けるな」や「世間の評判が悪い者とは付き合うな」、「趣味芸事に溺れるな」、「好んで酒を呑む者は勘当する(具体的な禁酒の秘薬の製法まで記述されている)」、「かなやま(金山・金鉱)の誘いには乗るな」、「ものを安く売りつけようとする者を信じるな」、「『宮様のけらいニなれの、かたなさし』になれのと勧める者は悪人だ」、その他「困窮者のための義田の金は使ってはならない」、「『せけんにふぐの魚をくやうなあほう』も多い」や「紀州で若者たちが毒茸を食べて『不残一時ニ死たり』」とか「小鳥を籠で飼のは殺生に通じるから禁止する」こと、また「はと(鳩)を食べるな」は繰り返され、これには「殊外わけあれとも記さないが「永ク此事可慎し」との附言までしている。このような、まだ見ぬ世代も含め子孫一般への遺言であれば首を傾げたくなる記述も、間近に挙措・振る舞いを認識することのできる――顔の見える子孫――「亀松」への、具体的な警告だったとすれば、殊更奇異な内容ではなくなる。

さて、そのような性格をもった『遺言集』の中で、「かねて考へ候かすり木綿」の話題は、「朝町村田地之事」の一連として登場する。

家の財産を増やすことには否定的であった松堂だが、例外的に、御所町から離れた「朝町村」に「五拾四五石」の田地・畑・山・屋敷を買っていた。ただし、これは「松堂一生之心得ニてもとめおき」したもので、購入資金は「しさい有候て此家之内」から出したものではなく、「松堂新七数年苦労をなしてもとめ」た、かなり気持ちの籠もった物件である。したがって、浅田家の家産ではなく、松堂存命中は自らが「こころまかせ」に利使用し、「死後ハ小さん・お市・おつき・おすへ・五十市」の五人に、土地からの収益(寺への寄進等で四四石に減少)が各々五分の一ずつ遺贈される。こういう話が『遺言集』のあちこちに散らばって語られ、「朝町村田地之事」では、何があっても「外へ譲り申事」はならず「たとへいかやふのなんきニ及ひ候とも質物入」をしてはならない、「小作人にも利があるように配慮せよ」、土地の管理にあたって「しはい人はかならすく無用」、そして「めんの事も百姓の事なれたる一家之内両人罷越し」て、地元の「村方衆と相談之上」で行うようにと細かく指示した上で、「かねて考へ候かすり木綿ハかつの業とせよ」とつながっていくのである。

この文脈で「かつ」を「町民の生活」と解釈することは、不可能である。「生業とせよ」と命じられた亀松のキャパシティを超えるからだ。「町民の生活」なら、亀松にではなく、地域の人(「町民」)に伝えられなければならないはずだ。

家の家業(亀松自らの業)とはしないこと。亀松がこの指示を守って「当所の産物」とするためには、自分がコントロールできる誰かを、この「業」に就かせなければならない。松堂考案の大和絣が朝町の土地と関わりで記されたとすれば、朝町の土

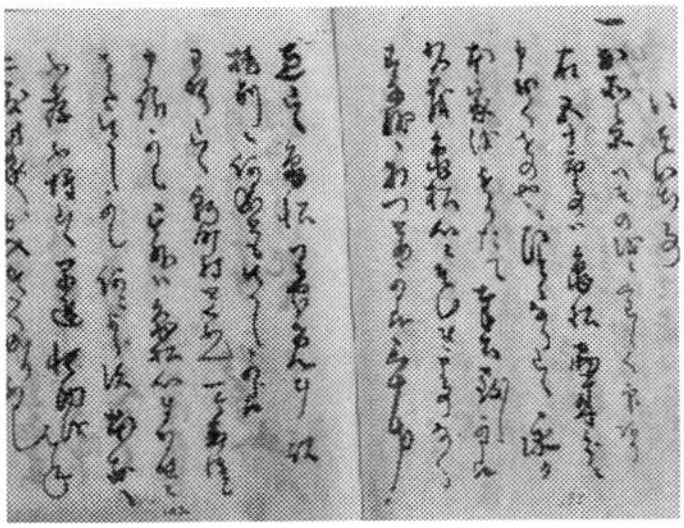

『家用遺言集』（復刻版）
該当箇所
御所市教育委員会提供

地の相続人である「小さん・お市・おつき・おすへ・五十市」の誰かの「業」とする以外には考えられない。「かつ」は上記五人のうちの誰かを指していることになる。相続人のうち「小さん」は松堂の伴侶、「お市・おつき・おすへ」は松堂の息女である。いずれも家内の人だから、業とすれば家業になる。四人は「かつ」に該当しない。

残るはひとり、「五十市」である。

(二) 五十市

大和絣の記述を含む「朝町村田地之事」の次の項目は、ずばり「いそいち事」である。未だ詳細な読み解きができていないが、「出所之品、へそのをニくわしく印あり」と書かれており、どうやら子細があって松堂が養育していたようだ。五十市は、下男下女まで載っている宝暦五年（一七五五）の宗門改帳には記されていない。『遺言集』の当時、七歳未満の幼童であった可能性が高い。松堂は五十市を八歳まで「下茶屋庄四郎夫婦のせわニ』ならせ、その後浅田家に戻らせるよう書き残している。御所の下茶屋は農村地帯である。八歳で浅田家に戻ってきたとすれば、十四、五年の間、松堂と五十市は生活を共にできていたはずだ。

大和絣と関わる朝町の土地は、先に見たとおり、支配人を置かず「めんの事も百姓の事なれたる一家之内両人罷越し」て行われることになっていた。文中の「百姓ことなれたる」家内の二人とは、松堂自身と幾分なりとも下茶屋での農業体験を経た五十市を指し、「めんの事」が土地の境界を表す「際面《さいめん》」でなく「木綿《もめん》」を意味しているとすれば、……。

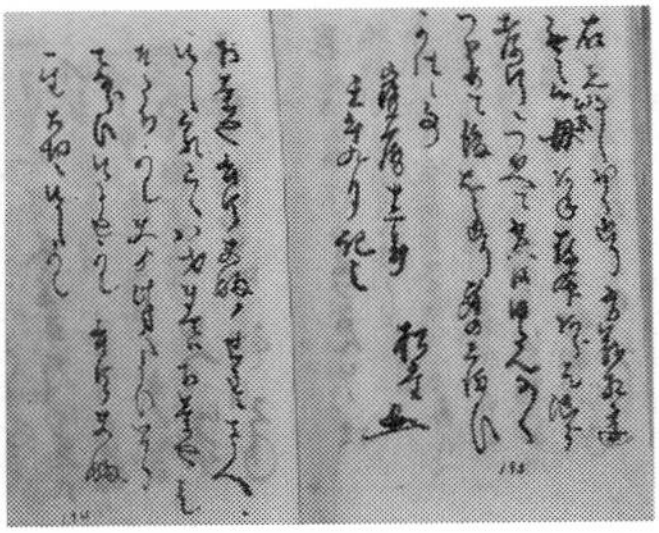

『家用遺言集』（復刻版）
該当箇所
御所市教育委員会提供

††††

「う〜ん。イラつくぅ。けっきょくセンセーは『かつ』は『五十市』って、言いたいんですよね」

「そう思っています、確証はありませんが。『遺言集』が書かれる数年前、「かすり」の考案に見通しがつくと、松堂は本格的に『大和絣』に取り組むことを決意し、その開発生産の拠点として朝町の土地を購入した。製織に至っていないのは、その前に松堂が亡くなったせいかもしれませんが、私は朝町の土地のありよう、農村地帯で田畑と屋敷を所有していたことからすると、良質の木綿栽培から優れた絣模様のデザインや織り方の工夫までを手がけ、具体の製織は御所町の布屋さんに任せようとしていたのではないか、と。五十市はパートナー。家業を継がせられない養い子に、生業を与える意味があったのかもしれません。遺言の中の『いそいち事』で興味深いのは、この項目だけ記述日が明記されていて、松堂の名と『花押』まで記されていることです。しかもその日付は、驚くなかれ、宝暦十二年壬午九月なんです」

「オドロけませんけど」

「『遺言集』の表紙と同じ年の同じ月」

「あ」

「もうひとつ。『いそいち事』には『三十才過候は、亀松りやうけんヲ以て格別ニ何成ともいたし可申候』という記述もあります」

「ええと、これも驚くなかれ系なんですかぁ」

「ちょっと驚くなかれくらいですが。松堂が没する時期が『遺言集』の15年後、つまり亀松が自分の考えで何をしてもいいよと書き残された、ちょうど30歳になるころなんです」

「イミシンなんだ」

「意味深長です。今はまだ、意味の深さも長さもわかっていませんが、この『いそいち事』だけが、普通の『遺言』っぽいんですよ」

「それで、どうなんですかぁ?」

「どうって?」

「アサダショードーって人のことは、だいたいわかったかんじですけどぉ」

「今回は、それが分かってもらえば良いと思っています」

「さいしょに、訊いておきましたよね。ショードーの発明品が、奈良メーサンの大和絣になったんですかって」

「そこがねえ……」

「って、またですかぁ〜」

(三) 分岐・拡散する後継者たち

明治三一年(一八九〇)に発行された『大和木綿仝組合沿革史』(以下『沿革史』)は、大和絣の淵源を次のように記している。

宝暦年間葛上郡御所町ニ浅田五右衛門〔……〕殖産ノ道ニ志篤ク偶マ越後布ノ

紺飛白ヲ見テ之レヲ木綿ニ織上ケムト欲シ百万意匠ヲ凝ラシ（或ハ云フ葛上郡楢原村ニ紺地ノ木綿ニ鶴ノ毛ヲ織込ミシモノアリ之レヲ見テ考案ヲ起セシト）遂ニ其織法ヲ発明シ之レヲ同町奥野某吉川某（奥野四郎平ノ祖及吉川小七郎ノ祖）ニ教エテ試織セシム是レ即チ大和飛白ノ鼻祖ナリトス

私が知る限り、近代に入って浅田松堂の名が登場する最初の記事である。発行兼編集者（著者）は大和木綿業の連合組合の役員。大和木綿に関わる公的立場からの著作である。どうやら明治三〇年ごろは、まだ『遺言集』は世間に知られていなかったらしく、松堂が大和絣を発明した経緯は贈位上申書などとは違っている。ただし松堂考案の織法を用いた試織が「同町奥野某吉川某」によって行われたとの記述は「一種ノ織法ヲ発明シテコレヲ町内ノ吉川某奥野某ニ教ヘ」という大正四、六年の上申書と一致している。これは『遺言集』には記されていない。口碑で伝わっていたのだろう。

引用文中の「吉川小七郎」は記載当時の大和木綿仝組合の役員、もう一人の「奥野四郎平」宅は、先に見た「御所町場検地絵図」では、浅田家の近辺にあった。

大和絣の発明は、松堂から子孫への『遺言集』とは別ルート、つまり地元の木綿布の製織者を通して、後世の御所の町に伝わっていたのである。そして、松堂が自ら考案した大和絣を「試織」させた以上、大和絣に込めた松堂の「ゆく〳〵当所の産物となさむ」の「志」も、同様に後世の「当所」に伝わっていたと考えて良いだろう。

『沿革史』によれば、明治三〇年ごろまでの「大和絣」は、次のように展開していた。

染板（奈良県立民俗博物館所蔵）

「御所町の峠山佐平」による「一種飛白の模様」の発明（年代不明）があり、文政五年には同じく御所町で「染工、及び職工を業とす」る「和田平兵衛」が「精巧」な「瓢及盃の図」を「織出す」ことに成功し、「扇屋飛白或は工夫飛白」として「飛白の声価」を高め、文政七年には「薩摩生紺飛白」に倣った「生紺飛白」を織る者が現れた。

天保九年になると御所町外の「高市郡小房村柴田嘉六」が「工夫筬形を発明」し、一〇年後の嘉永元年には「十市郡新賀村井村利平」が、「巨多の需要に応する能はさるを憂ひ」て、通称「ばた々々」と呼ばれる織機を「発明」した。同時期「江州の人郡田新造」が創始した「板〆絣の便法」に工夫が加えられ、以後の「製法を一変」する画期となった。

時代は下って明治三年「高市郡八木町三浦友七」が「紺板締絣」を「発明」し、明治六年「高市郡四條新町八田久七」の「繊織法」の「伝習」を経て、明治一〇年「葛上郡御所町吉川小四郎は四十通十字蚊絣染」を「発明」する。

大正三年に奈良県が発行した『奈良県産業案内』（以下『産業案内』）は、浅田松堂の「創始」に係る大和絣が「明治年代に入り益々長足の進歩を為し左記各種絣の発明者続出し遂に今日の盛況を観るに至れり」とし、次のように補足している。

朧絣は坊城綿屋作二郎、黄八丈の茶色を教へしは良福寺村辰巳喜與衛門、黄八丈の茶色を教へしは御所町島田安兵衛、布引張器を発明せしは平井次郎、海老茶絣は喜多ナラエ、板絣は井村和平、工夫絣は扇谷平兵衛、納戸織は竹上栄三郎、経〆切絣は荒木敬蔵に係れり。

なお、奈良県が大正ひと桁の時期に執着した「大和木綿歴史歌」では、各種の発明は次のように歌われている。

「茶染めの法」は「御所の万忠謹三郎」／「色染め」は「三浦菊治」／「撚糸早繰りの捩器」は蒔田孫太郎／「板締」は井村利平／「百足延台」は「田井庄村（米田）伊ヨ門」／「工夫飛白」は扇屋平兵衛／「工夫幾形」は「所小網の嘉六（柴田）さん」

『沿革史』が「飛白の模様は年を逐ふて精巧を加」えられたと記すように、絣の意匠は多様に進展したのだが、より興味深いのは地域的な広がりである。松堂の発明からわずか八十年ほどで、大和絣の「当所」は御所町から現在の橿原市に及ぶ範囲、言い換えれば奈良盆地の中・南部一帯にまで――拠点が移動したのではなく――拡張していたのである。染めの技法などは、どこか特定の場所で開発されたものが拡がったというより、各地で工夫をつなぐように進行したように思われる。大和絣の発展ぶりは、一八一四年（嘉永元年）の『西国三十三所名所図会』[7]でも確認できる。冒頭の五所とは御所町である。

五所新庄高田の辺里は惣て木綿の紺がすりをはじめ種々の異なる縞の類ひ或は絹の糸を交へてめずらしい縞を織出すことを家毎の手業とせり是を世に大和縞と号して名産となしたれば〔……〕

各地で絣をはじめとする多種多様な木綿布が織り出され、「大和縞」の名称で「名産」となっていた。これが松堂の「志」（遺言中の「こゝろ」）を継いだ結果だとすれば、「生業」とした「かつ」が、五十市その他の「誰」にせよ、あるいは「町民の生活」その他の「何」にせよ、「大和絣」は御所町の地域限定的なブランドとは意識されず、その意匠や技術が活用されて「家毎の手業」としてオープンに展開されていったのである。あるいは「かつの業」とは、この「家業の手業」を意味していたのかもしれない。

††††

「おお〜、ゴーインに『かつ』を出してきましたねぇ。要するにぃ、ショードーの考案した織物が奈良メーサンになったたっていうより、ショードーの『かすり』に込めた「当所の産物」にしたいっていう「こころ」が、奈良メーサンの『大和絣』を生んだんだって、そう言いたいわけですね」

「居眠りしていたわりにはよく聴けていました。睡眠学習の実践ですか」

「でも、あったんですよね」。

「何がですか」

「オリジナルの『かすり』。ショードーがハツメーした『かすり』ですよぉ」
「試織させたというのだから、デザインと織法は考案されていたはずです」

五　「大和絣」のオリジナル

（一）「松坂木綿のかすりより」――「縞（嶋渡り）」

松堂は『遺言集』に「木綿にかすりを織る事ハ（……）松坂木綿のかすりより考出し」と明確に書き残している。一方、この『遺言集』が世に知られる前は、先に『沿革史』の記述で見たとおり、地元御所には「越後布の紺飛白」または「葛上郡楢原村」の「紺地の木綿に鶴の毛を織込みしもの」と伝わっていたようだ。

贈位上申書も含め、松堂の「かすり」は「紺絣」で共通認識されているが、そもそも松堂が発明の「お手本」にした「松坂木綿のかすり」とはどのような織物なのか。そして、それがなぜ「越後（上）布」や「鶴の毛を織り込」んだ布と伝わったのだろうか。

松堂の遺言に現れる「松坂木綿」とは、雑な言い方をすれば、現在の三重県伊勢地方の各地で生産された綿織物の総称で、江戸市場向けの商標名である。「越後屋三井八郎兵衛」（高利、一六二二―一六九四。一六七〇年代に江戸に出店）ら松坂商人が江戸に持ち込むと、安くてじょうぶな松坂木綿は好評を博し、一説には百万人都市の江戸で、年間販売量が五十万反（五十万着分）に達したとも言われている。なかでも紺地に縦縞のものは「松坂縞（嶋）」あるいは単に「嶋」と呼ばれて、空前の大ブームを巻き起こした。どれほどのブームかというと、今日「縞」の漢字を、普通に「しま」と読ませてしまうだけの勢いを創り出したほどである。「縞」（「嶋」）とは「島渡り」、すなわち南洋の島からの渡来品（南方裂）を意味し、松坂縞の「もと」になった南方裂は、安南国（ベトナム）北部の交趾（コーチ）を原産とする「柳条布」であった。(8)

（二）絹糸と綿糸の交織——「柳条布」

「柳条布」とは、文字どおり柳の葉の葉脈のように細い縞模様の入った木綿布だが、国立国会図書館と全国図書館等が運営する「レファレンス協同データベース」でも画像などは見当たらないとされ、詳細はわからない。ただ、松阪木綿（縞）に関わって『木綿口伝』という本に次の記述が見える。

国産の縞木綿を最初に製織したのは、元和年間（一六一五―二三）に松阪で縞木綿を生産し、寛文年間（一六六一―七二）には蚕糸に縞を入れた柳条木綿を製織している。(9)

これに拠れば、「絹糸」で縞を織り出した「木綿布」が、松坂縞の「もと」になった「柳条」の名を冠して、一六六〇年代あたりに製織されていた。

整理すると、松坂木綿の「縞」の起源は「細い縞模様」の柳条布。そして「柳条」の名を冠する木綿布が、絹糸と木綿糸と交織されていた。松堂は「木綿にかすりを織ること」を「松坂木綿のかすり」より「考出」したと書いたが、この「かすり」は製品名ではなく、織り方ないし織りの見え方だろう。江戸でブランド化されていた商品の「松坂縞（嶋）」を、敢えて松坂絣と呼ぶ意味はない。松堂が目を付けたのは「掠れたように見える柳の葉脈のように細い縞模様の松坂嶋」だろう。松堂は、この「縞」の模様を「柳条布」ゆかりの絹糸との交織で織り出そうとしたのだろう。『沿革史』が松堂発明の淵源とする「越後布の紺飛白」や「紺地の木綿に鶴の毛を織込みしもの」は、その「絹糸」の使用や「交織」など「百万意匠を凝らし」た工夫の事例として、地元に伝承されていたように思われる。

暁鐘成編輯『西国三十三所名所図会 七』（1853）
（早稲田大学図書館 古典籍総合データベース）

（三）「大和絣」のプロトタイプ

松堂考案の「大和絣」は、ベトナム渡来の「柳条布」を意識した、絹・綿糸交織の細い縞柄紺絣であったと推測される。絹・綿糸交織の大和絣は実際に存在する（した）。先に見たとおり『西国三十三所名所図会』に「絹の糸を交へてめずらしい縞を織出す」[10]と書かれ、大蔵永常の『広益国産考巻之七』（一八五九刊行）にも、次の記述がある。

木綿類にて国産とよべるものにハ〔……〕大和の紺がすり糸入嶋等ハ皆其国の産物として諸国に用ひざる所なし〔……〕

引用文中の「糸入嶋」は、「絹糸を木綿糸の中に混ぜて織った織物。縞やかすりの部分に絹糸を用いることが多い」(11)と説明されるものである。

江戸で大評判となった松坂縞は、藍の濃淡や線の太さにさまざまなバリエーションがあったが、特に江戸っ子に好まれたのは、近くに寄らないと無地と見紛う細い縞模様の紺絣であった。先の馬術大会の逸話を信じるなら、松堂は宝暦二年(一七五二)に江戸に出ている。このとき大評判の松坂縞(嶋)を目の当たりにしたとすれば、地域ブランド「御所絣」を「当所の産物」にしようと思いついて不思議ではない。

なお、木綿布の「絣」は、沖縄(琉球)の芭蕉布の絣が薩摩に伝わり、「薩摩絣」として全国に波及したと言われるが、大和木綿の「大和絣」は独自に、しかも全国に先駆けて開発されている。もちろん松堂ひとりのお手柄ではない。それ以前の白木綿や縞木綿の先進的生産地域としての高い製織技術があってのことだ。

だが、太平洋上に黒船の影が見えるころ、大和随一の名産となっていた「大和絣」の起点は、宝暦年間(一七五一-六四)における松堂の「かすり」の「発明」であることは、ほぼ間違いないと思われる。

補論：大和木綿・絣はどこへ消えた。

(一)大和木綿——市場より駆逐

明治十一年の交粗製濫造の弊は到る処に行はれて底止する処を知らす我大和木

綿は将に市場より駆逐されむとするの悲境に陥る明治十二三年の交は大和木綿の一大危期たりしなり（『沿革史』）

大和木綿の名声は嘖嘖として遠近に聞えしに拘はらず爾来当業者の多くは一時の利に惑ひ粗製濫造を敢てし尺幅を短縮し染色を粗悪にし其他種種の弊害を生せし結果一時大和木綿の信用大に失墜し産額年と共に減退し明治十七八年頃の如き市場に於て殆んど取引を拒絶せらるゝの悲境に陥りたり（『産業案内』）

幕末に隆盛を誇った大和絣を含む大和木綿は、明治初年にから暗雲立ちこめ、中期には消滅の危機を迎えた。急速な転落の原因は「粗製乱造」であった。具体的には「尺幅を短縮」し、「染色を粗悪」化したこと、とされる。前者により寛文五年（一六六五）以来の規定量が守られず、後者によって、本来の伊予の藍玉を用いた「正紺」から人工着色剤の「泥紺」（注1）に切り替えて、経費節減が図られたのだ。

それにしても、なぜ市場から締め出されるほど「業界一丸」となった「粗悪化」がすすめられたのだろうか。普通に考えれば、ニーズを高めるために低価格化路線を選択したということだが、どうやらそうではないようだ。

『沿革史』が伝える粗悪化の経緯は、

明治一二年の交迄は染織純良にして尺幅十分なりしを以て産額に於ては其数を減せんと雖とも尚ほ大和木綿の名声は嘖々として他の産出を圧せり然るに同年以後世の開明に進み交通頻繁となるに従ひ俄然需要を増して販路益々拡張の域

注1．「泥紺と称し五倍子又はミラボランの煎液と木醋酸鉄液とを以て出す単に墨に適当の染料」（本文記載の『色染叢書 第六号』）と説明される。「五倍子」は「付」とも言い、ヌルデ科の葉にできる「虫こぶ」で「タンニン」を多く含む。ミラボランは植性タンニン剤。

に進み〔……〕

明治に入って他府県からのニーズが増大し、販路が拡張したから、これに乗じて利益を増やそうと粗製濫造に走ったのだという。これを『沿革史』は「悲しき哉商事思想の未た発達せさる」と嘆くのだが、この異常事態は経済理論の知識欠如で説明できるものではない。消費が増えれば、商品の市場価格が上がり、利益が上がる。価格を抑えてより流通量を増やす必要などどこにもない。これくらいの判断に小難しい理論は要らない。常識と経験で分かることだ。狂気の沙汰でない限り、理論で説明できない行為には、理論を超えた「理屈」があったはずだ。

(二) だれに「市場」を追われたか。

明治三六年に出版された『輸出綿織物』(橋本奇策、一九〇三)に、興味深い記述がある。新聞記者でもある筆者が「大和木綿問屋」に大和木綿の「品質粗悪」の原因を訊ねたときの記事だ。問屋はこう答えた。そもそも「原糸」が粗悪だからだ、と。「同地方の機業家にして品質良好なる原糸を使用して製織せば喜んでその割合に高直に購買すべし」と続け、

〔かつては〕随分高直なる〔ある紡績会社の〕綿糸を使用したることあるも、〔その紡績会社〕の綿糸のみを以て織上ぐることなく〔別の紡績会社の安価な〕製品と混同したるを以て問屋の方にてもその割合に高直に買入れざるなり

問屋は「善良なる綿糸のみを原料として」製織すれば「勿論大に喜んで高直に購買すべし」と言っ切った。この答えに「大いに満足」した筆者だが、さらに問屋は「熱心」に続ける。

大和地方の機業家が一日も速やかに善良なる製品の製織に意を注ぐやう奨励を成すべき旨を陳べたり、

これを受けて、本書の筆者は、次のように綴っている。

機業家たるものは徒らに粗品製造の旧習を守ることなく〔……〕同時に問屋の方にても品質善良のものに対しては幾分か奨励の意味を以て比較的高直に購買するやう両者相携えへて改善の途に進まんことを切に望むものなり

「善良なる綿糸」が特定の紡績会社の綿糸を指し、「品質善良」の製品が、その会社の綿糸で織った大和木綿を指していることは明らかである。この本の最後には、その紡績会社の広告が載り「当社製糸」の「御注文あらんことを希望す」ることが告げられている。これは胡乱な業界誌の記事ではない。「前内務総務長官従三位勲二等」の人物と「府立大阪商品陳列所長工学博士」とが序文を寄せた、れっきとした市販の書である。

以上の記述から類推できることは、もともと大和木綿の名声は「染織純良にして尺幅十分」に支えられていたわけではないということだ。「組合」も認めるように、「一時の外観と斥量とを衒ふを是れ力む」ことをしても、「幸に其価格の廉なるかために俄に需要を減」ずることはなかったのだ。大和木綿は「廉価（低価格）」で評価されていた。もちろん価格に比して品質が良いからこそ「俄然需要を増し」たことは確かだろうが。

大和木綿の顧客が、価格上昇への対応が難しい社会階層の人たちであったすれば、「粗製濫造」を嫌ったのは、最終消費者ではない。市場から駆逐しようとし、取引を拒絶したのは、先に見た大和木綿問屋や、ある紡績会社の類いではなかったか。

大和木綿の「粗製濫造」路線は、低価格を維持し、必要とする購買者に行き渡らせるためであり、これが大和木綿製織者の信念として堅持されていたように思える。ひょっとすると、松堂の遺言である「かつの業」とは、生産者と消費者をつなぐ「且つ」の意味でもあったかもしれない。

††††

「うわあ〜、またゴーインに『かつ』を持ち出しましたねえ」

「本音を言うと『かつ』は人の名を示しているというより、「活（かつ）」や「且つ」を意味していると考えた方がしっくり来るんです。ただ「活の業」とか「且つの業」の表現というかコロケーションが当時あったのかどうか、わからない。このあたりをもう少し踏み込んで研究したいと思っています」

「で、ケッキョクですよ、大和木綿はメッボーしちゃったんですよね。それって、売れなくなったからでしょう」
「それが、そうも言えなくて」
「？」

(三) 市場からの退出

「大和木綿の「粗製濫造」を問題視し、その根絶を目指す同業者内部有志の熱意は「当局者」を動かし、明治一五年（一八八二）「大和飛白共進会」が開かれ、その会期中に「染色法改良」と「尺巾改良」が決議され、取締機関として「織屋組合」と「木綿商組合」が設立された。だが個々の製織者たちは抵抗する。まず「尺幅の不足」は問題でないと「尺巾改良」を撤回させ、原因を「染色の不良」に絞り込み、すでに何年分もの泥紺を保有していると言い立てて「染色法改良」の決議にも応じなかった。

対立は闘争に発展し、ついに明治二〇年（一八八七）五月「大和木綿改良史上有名なる常照寺会合」で改良派と守旧派との武力衝突が勃発するに至る。混乱状態を収拾したのは奈良県の再設置であった。「常照寺会合」の半年後、十年ぶりに奈良県が置かれると、改良派は「大和木綿業組合」を組織し、行政とタイアップした「改良」の取り組みがなされていく。『産業案内』は以下のように記す。

明治四十四年七月大和木綿検査取締規則を発布し製品の検査を強制して粗製を防きしに其効果顕著にして製品漸次優秀となり曩に失墜せし大和木綿の名声を回復するは近き将来にあるへき

一方、同書には、気になる記述も見られる。

本県に於ける莫大小業は明治三十七、八年頃より行われたるもの、如しと雖も当時僅に奈良市に於て一二を算するのみにて其工業的地位は比較的低かりしか近年本県重要物として隆盛を極めたりし大和木綿か一時悲況に傾きつ、ありしを以て其製造業者は之に代はるへき他の工業を得んとしつ、あるに際し本品か内地は勿論支那印度等に益々其需用を増加し将来大に有望なりと認めたる結果明治四十四年以来該製造業者中之か製造を企つる者の続出し〔……〕

この状況をどう捉えるかは難しい。木綿業者自らが、沈みかけた織物(大和木綿)の船を見捨て、新しい編物(莫大小／めりやす)の船に乗り換えた見ることもできる。一方で、消費者からの需要増に低価格で応えた大和木綿の生産者とその後継者は、公権力と結びついた「改良」に展望を見いだせず、やむなくこれを見限ったとも見做し得る。本稿では、最も公正で冷静な『町誌』の評価を挙げておく。以下である。

現在町内は勿論県下全般を通じて紡績、メリヤス等の工場経営に成功を収められている人々の大部が、大和絣の織屋或はその関係者であつた事実は従来の技術、経験を新興産業に生かしたものとしてこれ又大和絣の強い影響と思われます。

✝✝✝✝

「紺絣」（奈良県立民俗博物館所蔵）

「大和木綿は消えました、と。でぇ、大和絣はどーなんですか。木綿と一緒に消えちゃったんですか」

「それが、そうも言えなくて」

「……そんなのばっかり」

(四) 大和絣が「消えた」理由

大和絣は一九六〇〜七〇年代にかけてはまだ一定量、市場に出回っていたとされるものの、今日ほとんど残されていない。大和絣は大別すると「紺絣」と「白絣」に二分され、事情は少々違っているようだが、絣の消えた理由は、「染色」と関わっているのではないかと思われる。以下『色染叢書　第六号』（桐生高等工業学校染色会、一九二二？）の内容を略述する。

紺絣の染色には、「白場」のところを糸で括る「括染」と、模様を彫刻した板で挟みこむ「板締染」との二種類の方法が用いられる。ながく前者の括染だけで行われていたが、後者・板締染が明治の初めに開発されると、断然こちらが主流となった。もともと絣糸の染めには良質な藍玉の濃厚液が用いられたが、「白場」を残すために長時間の煮沸ができないため、他の木綿布に比べると、堅牢度が低かった。後者の板締染は、廉価かつ大量に生産でき、複雑な模様も正確に織り上げられたが、染料の浸潤に備えて短時間に染め上げなければならず、括染よりも一層堅牢度は低くなり、時間が経つと絣染めの糸だけが早く褪色し

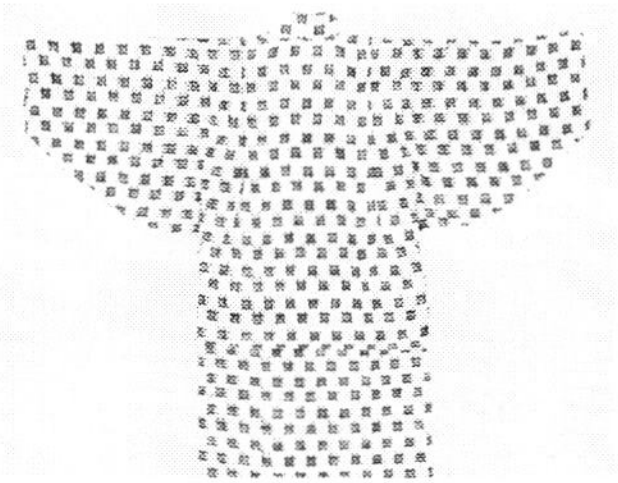

「白絣」（奈良県立民俗博物館所蔵）

見た目も悪くなった。

つまり、紺絣が消えたのは、「絣染」そのものの本質的な脆弱性によるものであったようだ。

では、白絣はどうか。

白絣の染色法は、紺絣と違って「捺染」（プリント）に属する。主に夏物用として明治三八年（一九〇五）ころに登場したが、染色が不完全で、布質も脆弱であったために、二～三年で市場から消えた。大正後期に復活したが、染色法は各生産所で秘匿された。

したがって詳細は不明だが、一般に染料には「植物染料と之にアリザリン属黒及び茶」、そして「媒染剤として醋酸クロムと之に酸化剤として塩酸加里」などが用いられ、描き出す模様によって「摺込法又は簡単なるロール式捺染機を以て捺染」された。このあと「水洗」をして整織の工程に入るが、染色後から水洗までには、二～三か月から六か月、長ければ一年もの時日を要した。

どうやら、この染色から水洗までの期間に、布が激しく「脆弱」したようだ。

特に「染色にガムビア[注2]を用ひて所要茶色を得るに醋酸クロムのみを用いひたるもの」は、「大気中に二ヶ月間放置」しないと発色しないが、「三〇％前後の脆

注2．東南アジア産の蔓系植物。「タンニン剤」として皮革の鞣しに用いらる（た）。

弱を示」す。また「適当の媒染色剤助剤を加へて染色したるもの」は、蒸熟後直ちに「三〇％余の強力を減し又之を二ヶ月間経過せるものにありては実に六〇％余の脆弱」となる。

実験結果によると、染料（「ガムビア」）が繊維を弱め、さらに補助剤の添加によって「尚一層著しく」脆弱化する。

この本の筆者は、奈良県の試験場に通じていた人のようで、末尾に「目下県立試験場にては是か予防改良法を研究中なれば良法の発表の遠からざるを信ず」と記しているが、どうやら「白絣」の弱点を克服する改良法は開発できなかったようだ。

大和木綿の白絣は、そもそもが耐久性の低い染め物であった。それが今日に残っていない最も大きな原因と言えるのではないか。

大和木綿及び大和絣ほか
御所町の旧家所蔵
御所市観光協会提供

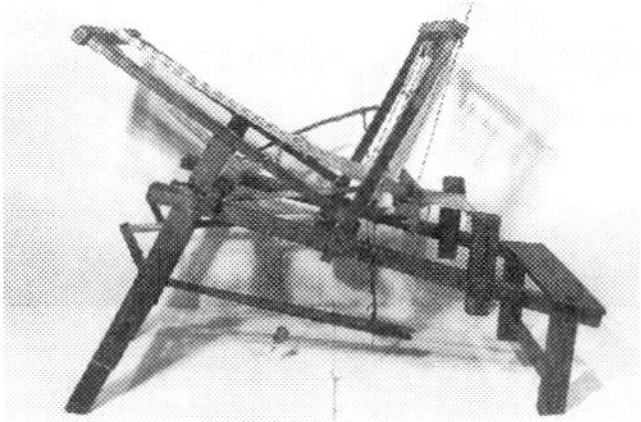

大和の傾斜型高機
いわゆる「大和機」(奈良県立民俗博物館所蔵)

† † † † †

「ふぅ〜。疲れたぁ。アサダショードーは、これでおしまい?」

「いやいや。『家用遺言集』は謎だらけだし、絣を織った機《はた》も解明できていません」

「ふうん、それって、特別なキカイなんですか」

「ええ、奈良晒という江戸期の最高級麻布を織っていた『大和機』だと思っています。なので」

「なので?」

「次回は、『家用遺言集』と『大和機』、それに大和絣の製織法もテーマにします」

「うわあ〜!」

《注》

1. 『大正六年　大演習贈位内申事蹟書　巻二』国立公文書館所蔵
2. 上田正昭他監修『講談社日本人名大辞典』(二〇〇一)講談社、三七頁
これ以降の参考引用文献等については必要に応じて本文に記載し、注記を要すると判断したもの以外は、基本として資料名・引用箇所等の明記は省略する。不明の点は編集責任者あてお問い合わせください。
3. 現存する資(史)料料かどうかは不明。
4. 御所町の旧家所蔵。小松明日香さん(御所市教育委員会事務局文化財課)のご配慮で閲覧できた。小松さんには本稿に関わってたくさんのご教示をいただいた。お礼申し上げる。

5. 『角川日本地名辞典　二九巻　奈良県』（一九九〇）角川書店
6. 『歴史から学ぶ　奈良県の災害史』（二〇一四）奈良県総務部知事公室　防災統括室
7. 中井陽一「近世後期大和国御所町に関する研究」（二〇一二）関西大学（博士論文）
8. 松坂市『松阪市史 第十四巻 史料篇 近代（1）』（一九八二）の「松阪木綿」の由緒・由来には記されていない。ただし、織物や木綿布関連の文献、また松阪市のホームページを含め松阪（坂）木綿に関する資料等には多く載せられている。
9. 福井貞子『木綿口伝（ものと人間の文化史93）』（二〇〇三）法政大学出版局
10. 「絹の糸を交へてめずらしい縞を織出す」と記述と描かれた絵の中の機《はた》が高機（「大和機」）であるところに注目したい。
11. 農山漁村文化協会『日本農業全集　第十四巻』（一九七八）

大和高田の豪商村島氏と長州藩

―繰綿と塩の交易をめぐって―

谷山　正道

はじめに

周知のように、長州藩や薩摩藩などは、天保改革以降の藩政改革によって藩権力の強化をはかり、雄藩として台頭するようになった(また、ウエスタン・インパクトのもと、朝廷の政治勢力化も進むようになり、幕末の政局は、幕府(武)と台頭してきた雄藩(武)、そして朝廷(公)とのバランスオブパワーのなかで展開していくことになった)[1]。

やがて倒幕の担い手となる雄藩の台頭は、新たな交易関係の展開とパラレルであった[2]。その一つは「藩際《はんさい》交易」[3]の展開であり、もう一つは上方など中央市場の豪農商との新たな物産交易の展開であった[4]。

本稿では、後者に光をあて、「綿業のまち」大和高田の豪商であった村島氏と長州藩との物産交易のあり方[5](その実態と両者の関係)について、村島家文書[6]などを活用しながら検討することにしたい。

一　大和高田と村島氏

高田村での町場の形成と発展

村島氏の居村であった高田は、大和の葛下郡に属する大村であり(村高は太閤検地時に一五七八石余、幕末には一五九五石余で、寛永から元禄までの間に山内村を分村している)、慶長六年(一六〇一)から天和《てんな》二年(一六八二)までは布施(新庄)

専立寺本堂（大和高田市）

藩領、それ以降は幕府領に属していた。当初は本郷がその中心であったが、慶長年間に村内を流れる花内川の西側に真宗寺院（のちの専立寺《せんりゅうじ》）がつくられたことから寺内町が形成されるようになり、また村内を東西に貫く初瀬街道（横大路）に沿って町場（新町）が形成されるようになった（さらに、下《しも》街道も村内を南北に通っており、高田はまさに交通の要衝に位置していた〔次頁図参照〕）。(7)

その後、町場の発展とともに、一八世紀の中頃には、本郷の百姓らが「高田村之内寺内町・新町と申ハ町場ニ而、家数も多商人多御座候得ハ、自然有徳人《うとくにん》も多御座候故、本郷百姓次第相衰、右之者共江田地多買請候故、本郷高之出作百姓と申ハ都《すべ》而《て》寺内町・新町ニ多御座候」(8)と述べるような状況に立ち至っていることが知られる。なお、明和六年（一七六九）の「様子大概書」(9)には、「此村町場にて壱ヶ月ニ六度宛市立」「此村里方市場故少々賑《にぎわ》ひ有」という記述が見られる。

綿作の進展と繰綿取引の展開

年代が再びさかのぼるが、高田村は、一七世紀の半ば以降、奈良盆地における綿作を中心とした農民的商品生産の進展に対応して、遠隔地取引の拠点および地域市場の中心地として発展するようになった。たとえば、一八世紀前半の葛下郡の神楽《じんらく》村と曽根村の明細帳(10)に、それぞれ「田方反別弐拾四町五反余、例年六七分木綿仕付申候」（元文元年〔一七三六〕）、「田木綿作六分位仕候」（延享元年〔一七四四〕）と記されているように、高田村の周辺地域は、奈良盆地のなかでも最も綿作率が高かった地域であり、これに対応して、同村では実綿の繰綿への加工が盛んに行われ、問

大和高田市中心部　※　　はショッピング街

（『大和高田商物語』〔たかだ歴史文化叢書編集委員会、1996〕より）

屋によって集荷された繰綿が関東をはじめとする各地へ販売されていた。元禄一五年（一七〇二）の史料[11]によれば、同村には人数は不明ながらも多数の綿繰屋が存在するとともに、綿屋徳兵衛・井筒屋六兵衛・佐渡屋庄次郎の三名が繰綿問屋を営んでいたことが判明し、また安永二年（一七七三）には、一七軒の綿繰屋と二七軒の綿仲買が寺内町を中心に存在していたことが知られる[12]。

繰綿問屋についていえば、一八世紀の前半から半ば過ぎにかけて、その顔ぶれに大きな変化が見られるようになった。大和の各地の繰綿問屋とともに、集荷した繰綿を関東の在町[13]（常州の真壁《まかべ》・下妻《しもつま》・下館《しもだて》や野州の久下田《くげた》など）の商人へ主に売り捌いていた前述の三名の問屋が、明和期に至るまでに揃って姿を消し、これにかわっ

綿花

て江戸の繰綿問屋の注文をうけて大和の繰綿の買い次ぎを行う問屋[14]が新たに出現するようになったのである。

その後、江戸の繰綿問屋への大和繰綿の販売高は、関東における綿作の展開に伴って、一八世紀の末頃から大幅に減少するようになり[15]、これと歩調をあわせて（肥料代の高騰などもあって）大和の綿作は衰退傾向を示すようになったが、高田をはじめとする奈良盆地の中・南部では、漸減の傾向を示しつつも、綿加工業の進展にも対応して、幕末までなお高い綿作率を維持し続けた[16]。

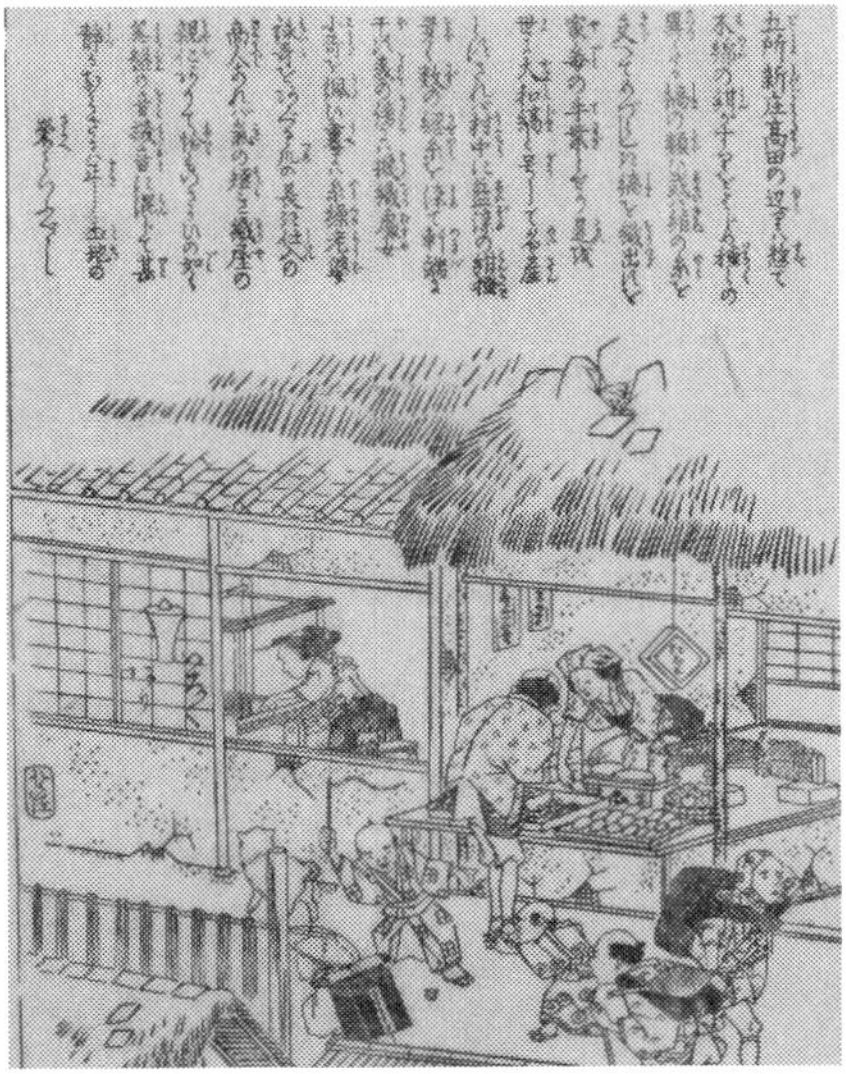

（暁鐘成 編輯『西国三十三所名所図会』）

綿加工業の進展と高田の賑わい

一八世紀の後半以降、奈良盆地の中・南部では、木綿織生産が進展するようになり、一九世紀の初頭には農村内部にも専業的織屋が形成されるまでになった。こうした木綿織生産の発展は、生産用具の改良（いざり機から高機《たかばた》への転換）を伴うものであり、綿織生産力の飛躍的上昇に刺激されて、紡糸生産もおおいに進展するようになった[17]。

その後、当地では、幕末にかけて、工程分化を伴いながら、綿加工業がさらなる発展をとげるようになったが、木綿織に関しては、①年間の織出高が一万五〇〇〇反にも及ぶ織屋や一〇〇機もの織機を有する織屋すら出現するようになったこと、②当時織り出されていた木綿の中心は大和《やまと》絣《がすり》や種々の縞《しま》木綿で、織り方に様々な工夫が加えられるようになっていたこと、紡糸に関しては、嘉永六年（一八五三）に当地を訪れた吉田松陰がその盛んな有様に驚き、「河泉之間、高田・上市・八木・今井女工甚盛、男子閑亦則紡績亦一奇也」と印象を述べていることに、それぞれ注目しておきたい。[18]

【表1】 文政2年（1819）高田村町別諸商諸職表

諸商職名／町名	寺内	新町	本郷	東口	八丁	古川	合計
酒造方	5	1		1	1		8
請売酒屋	8	1	2		3		14
醤油造方	3	1		1			5
糀売人	7	1		1		1	10
酢造方	4						4
味噌造方	3						3
絞油屋	3						3
請売油屋		1	1			1	3
藍染方	4						4
形附紺屋	2						2
荒物商人	12						12
木綿類売人	18	2	2				22
絹布類売人	4	1				2	7
青物類売人	7	2					9
菓子屋	3						3
小間物類売人	4			1			5
饅頭焼餅屋	5			1			6
旅籠宿並茶屋	3	1		3			7
饂飩蕎麦切	5	1				1	7
豆腐蒟蒻屋	7					1	8
素麺請売人	12	2				1	15
田葉紛屋	4	2	5			2	13
古手売人	6	2		1		3	12
柴薪売人	2		2			2	6
下駄草履売人	4			2			6
薬種屋	2	1					3
魚類売人	2		3				5
道具屋	3	3					6
材木屋	3	1	1			1	6
硫黄付木屋		6	9			4	19
実綿繰綿商人	12	2	3	1		4	22
大工職	10	1	1				12
左官職	2						2
屋根ふき職	1						1
綿打職	5		2				7
桶輪入職	5	1				1	7
鍛冶職	1						1
あんま導引	8						8
髪月代	4	1				1	6
ちょうちん屋	3	1					4
手伝小手口職			4				4
諸色中買口銭方		3	4			7	14
樫木職	4						4
合計	200	38	39	12	4	32	325

〔備考〕『改訂大和高田市史』後編（大和高田市、1987）168頁所掲の表を転載。

高田は、こうした大和綿業の一中心地であり、寺内町を中心に、綿の加工・流通に関わる様々な稼に従事する人々が数多く存在するようになっていた。この点は、文政二年（一八一九）と明治二年（一八六九）における同村の諸商・諸職の人数を業種別にそれぞれ示した表1と表2から、よくうかがえよう（後者においては、より詳細な調査が行われており、木綿織屋〔三七人〕や糸屋〔二〇人〕をはじめ、数多くの関係稼人の存在が知られる）。

【表2】明治2年（1869）高田村諸商諸職人数

諸商職名	人　数	諸商職名	人　数
綿商内	12 (1)	小間物屋	16 (1)
木綿諸国出シ問屋	2	刻田葉紛渡世	21
綿打職	11	田葉紛仲買	10
じんき屋	5 (2)	蝋燭并鬢附	4
糸　屋	20 (2)	提灯屋	2
絹糸屋	4	硫黄屋	5
木綿織屋	37 (8)	鍋釜小売	1
木綿商内	13 (4)	鳥　屋	1
呉服并唐物切商内	14	白書屋	3 (1)
紺屋并糸染稼	13 (4)	木綿包渋紙羽口	1
染物職	2	簾　屋	2
綟　屋	2	幟　屋	1
機大工職	2	菅笠商内	1
人力油稼	11 (4)	絵馬屋	1
請売油屋	4	箒　屋	1
油包職	1	傘　屋	2
醤油稼	5	べっこう屋	1
酢造稼	1	木綿銀附	1
請売酒屋	4 (2)	かもじ屋	1
酒道具一式	1 (1)	大工職	16
酒中次	1	左　官	7
水車稼	1	鍛冶職	4
薬種屋	2	瓦　職	1
合薬屋	6	桶　屋	5 (1)
質　屋	35 (3)	石　工	1
三商売	96 (29)	樫木職	2
雑穀仲買	9 (2)	屋根葺	1
米屋并雑穀小売	32	下駄屋	3
塩商内	8 (1)	畳　屋	3
魚問屋	5	植木庭造	2
魚　屋	42	髪　結	3
青物問屋	2	手伝職	13 (3)
八百屋	44 (2)	金物餝屋	2
豆腐屋	7	指物師	2
こんにゃく屋	4	表具師	2
果物屋	14	刀根職	1
湯葉屋	1	明珍屋	1
煮売屋	8	塗師職	5
膳飯屋	3	餝銀細工	2
茶　屋	2	雛人形	2
煎餅屋	1	肥屋渡世	14 (2)
菓子屋	14	荷次問屋	3
まんちう屋	1	旅籠屋	5
紙類砂糖	1 (1)	風呂屋	4
材木屋	2	医　師	3
荒物屋	22		

〔備考〕明治2年「葛下郡諸商職人名前帳」（葛城市新庄・角尾家文書）から作成。（　）内の数値は新規稼人数。

このほか、同村には、やはり寺内町を中心に、絞油・酒造・醤油造といったかなりの資本力を有する加工業を営む者や、金融業に携わる者、売薬業を行う者、食料品や日用雑貨を販売する者、穀物の流通に関わる者や肥料商、旅籠屋や荷継《につぎ》問屋を営む者、各種の職人など、様々な業種の稼人が数多く存在しており（明治二年時点での延べ人数は実に七〇九人）、その数は、文政二年から明治二年にかけて、（調査の内容に精疎《せいそ》があるため単純には比較できないが）増加傾向にあったこともうかがえる。これと関連して、同村の人口が、明和六年（一七六九）の二四六三人から、天保九年（一八三八）の二四九九人、明治六年の三〇七三人へと増加し、戸数も、明和六年（六七四軒）から明治六年（七二二軒）にかけて増加している[19]、という事実も指摘しておきたい。

繰綿買次問屋を営んだ村島本家

そうした高田の代表的な豪商が、村島氏であった。その来歴については明らかではないが[20]、本家の善四郎は宝暦一〇年（一七六〇）から繰綿の買次問屋を営むようになっており、寛延三年（一七五〇）から営業を開始していた同町の松村屋善助とともに、明和四年（一七六七）に結成された「和州江戸注文繰綿買次問屋仲間」に加わっていることが判明する。

この株仲間には、大和国内の一三軒の買次問屋が加入したが、江戸の繰綿問屋との取引高は村島本家が群を抜いており、寺内町の寺門裏町通り＝寺内新町[21]にあった当家の店は、「ここはどこのかど《門》　村島のかど《門》や　綿のでんぼで　せ《狭》もござる」と謡われるほどに、賑わいを見せる状況にあった。[22]

この後、江戸の繰綿問屋への大和繰綿の販売高は、天明六年(一七八六)の一史料[23]に「宝暦年中之頃迄ハ、仲間荷高壱ヶ年ニ壱万五、六千駄も積入候処、近年之平均壱万駄ニも不足之姿」とあるように、程なく減少するようになった。前述したように、関東における綿作の展開によって販路を狭められるようになったことによるものであり、江戸の繰綿問屋からの注文駄数の減少は、一九世紀の前半にかけてさらに顕著に見られるようになった。[24]その数は、文化九年(一八一二)には三〇〇二駄、天保一二年(一八四一)には一〇四一駄にまで減少している。[25]そうしたなか、営業不振に陥り、休業や株の譲渡を余儀なくされる買次問屋が、相次いで見られるようになった。

当主が長兵衛と名乗るようになっていた村島本家の場合には、営業を継続しているが、江戸の繰綿問屋からの注文駄数は、文化九年には九四四駄、天保一二年には一五二駄と大きく減少していることが知られる。[26]

村島長兵衛家(本家)の経済状況

このように、村島長兵衛家(本家)の繰綿買次問屋としての経営は悪化を免れなかったが、後述するように、当家は他の経営部門も兼営していたようであり、それらも含めて経営状況を把握する必要がある。長州藩との物産交易を開始した安政期の当家の経済状況を直接的に示す史料は、今のところ見あたらないが、その前後の時期の当家のそれに関しては、間接的ながら、次のような諸事実を確認することができる。

①飢饉に備えて、天保四年（一八三三）に高田村で囲米を行うことになった際に、村内で最も多い二〇石もの米を醵出《きょしゅつ》している。(27)

②弘化三年（一八四六）に、同村の村島屋善四郎（造酒屋）と連名で、銀札の引請所となることを認めてほしいと、津藩の古市銀札会所へ願い出ている。(28)

③慶応三年（一八六七）一二月に、年貢皆済用として、一挙に五〇〇両もの金を高田村へ貸与している。(29)

④明治二年（一八六九）二月の時点では、資本力を要する人力油稼をはじめ、質屋、三商売、肥屋、太物絹物屋、荒物屋など、多角的な経営を展開している。(30)

⑤明治三年（一八七〇）正月に、窮民救済のため、村内で最も多い二五石の玄米を一挙に醵出している。(31)

この間に繰綿買次問屋からは手を引くようになっているが、絞油業をはじめ多角的な経営を展開しており、その堅調ぶりが看取されるとともに、資金力の高さがよくうかがえる。

村島長三郎家（分家）の経済状況

村島家文書によると、一族のうち、長州藩との物産交易に関わった人物として、本家の長兵衛をはじめ、分家の長三郎や内蔵進《くらのしん》のほか、多くの名前を確認することができる。史料の制約があるため、ここでは長三郎家の幕末・維新期の経済状況について見ておくことにしたい。これに関しては、次のような諸事実を確認すること

現在の村島長三郎家

ができる。

① 嘉永四年(一八五一)に株仲間が再興された際に、本家にかわって「和州江戸注文繰綿買次問屋仲間」に加入している。[32]

② 元治二年(一八六五)二月に、四〇両の御用金を上納している。

③ 明治二年(一八六九)二月の時点で、繰綿・実綿諸国買次問屋をはじめ、質屋、肥屋、塩屋、荒物屋などを兼営している。[34]

④ 明治三年(一八七〇)正月に、窮民救済のため、玄米六石を醵出している。[35]

こうした間接的な事例からであるが、当家も多角的な経営を展開しており、本家ほどではないが、かなりの資金力を有していたことがうかがえる。

なお、④に関わって注目しておきたいのは、このとき村内で施行出米を行った二一軒のうち、六軒が「村嶋屋」もしくは「村嶋氏」と記された家であり、全醵出高一八七石五斗のうち三〇パーセント余にあたる五七石五斗を醵出しているという事実である。この時点における村島氏一族の、村内での勢力の大きさがよくうかがえよう。

梅田雲浜肖像
（『梅田雲濱遺稿並傳』より）

二　村島氏と長州藩との物産交易

梅田雲浜による交易の仲介

村島氏をはじめとする上方の豪農商と長州藩との物産交易のルートは、梅田雲浜《うんぴん》が仲介することによって新たに切り拓かれた。雲浜は元小浜藩士で、尊王攘夷派の志士たちの先鋒となり、幕政を激しく批判したため、「安政の大獄」に際して真っ先に捕縛《ほばく》され、安政六年（一八五九）九月に江戸の獄中で病死することになった人物である。(36)

その三年近く前、同三年の年末に京都を出立した雲浜は、長州の萩を訪れ、当時政権の中枢にあった坪井九右衛門と面談した。雲浜にとって、この萩入りは「政事向の事」であり、(37)長州藩と「天朝」とを結びつけ、「他日」当藩に「天朝」「御守護」の役割を担わせようとする政治的な思惑にもとづくものであった。(38)その端緒を開くために、雲浜は思慮をめぐらし、坪井と面談した際に、毛利家が朝廷と格別に由緒ある家柄であることを力説して、「長州様」で一つ勤王の事に御着手下さるようにと願い出、つぎのように述べて、上方との物産交易を行うように勧めたという。(39)

長州には紙・蝋《ろう》・食塩といふやうな産物がありますから、それを大阪で販売し、さうして五畿内地方の産物又は其の他の物と交易するといふやうなことにして、其の間に有志の士を入れて京摂の事情を探索するやうになさったならば、始終形勢に通ずることが出来ると思ふ。さうして置きますれば、機会があった

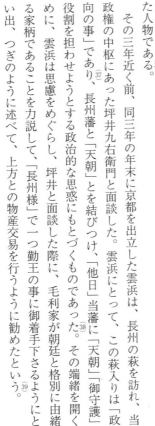

時、直ぐにも手を出すことが出来ますから、先《ま》づ之《これ》を端緒《たんしょ》として物産の交易を御開きになってはどうか（下略）

この時、坪井は、尊王攘夷論者であった雲浜の政治的な意図については警戒感を抱きながらも、彼が提案した上方との物産交易については、「国力を富ますには、産物を奨励し」「其の販路を広めなければならぬ」という考えにもとづいて、これに応じることにした。長州藩が、領内の「産物取立」に力を入れ、「産物交易」を盛んに行うことによって、国益の増進をはかろうとする政策を積極的に推進しようとしていた折のことであり、坪井の決断は、まさにこの方針に沿うものであった。その翌年の五月、長州藩は、京都留守居《るすい》役宍戸《ししど》九郎兵衛を物産取組内用掛に任じるとともに、閏五月からは坪井自身が上方に赴いて、雲浜や豪農商との間で物産交易についての詰めの協議を行っていった。(40)

交易のメンバー

雲浜は、萩で坪井と面談した際に、交易相手や交易品について、つぎのような話をしたという。(41)

私の親戚で大和（高田）の豪商に村島長兵衛といふ者が居る。此の者を御用になってはどうか。さうして大阪へ販売所を拵へて、其処で長州の物産を売捌かせる。それに大和辺は山国の事で、食塩などは最も乏しい所だから、其の食塩を大和へ入れて、さうして大和に沢山あるものは材木だから、その材木と交易して、それを伐り出して大阪で売る。又是からは外国に対して攘夷の戦をすれば、大きい船などを造らなければならぬから、材木は最も必要でありませう（下略）

このなかで雲浜は、交易相手として大和高田の豪商村島長兵衛の名を挙げているが、「私の親戚」としているのは、前年の六月に雲浜が村島分家の内蔵進の長女千代（のち千代子）を後妻としていたことによる。

　この後、実際に長州藩と物産取引を行うことになったのは、雲浜に連なる上方の豪農商（「親類・門人ノ者」）であり、大和高田の村島氏一族、五條の下辻又七（木綿問屋）・乾十郎（医者、後に天誅組に参加）、奈良の加賀屋助蔵（薬種屋・合薬屋仲間取締役）、十津川郷士の上平主税《かみだいらちから》（後に横井小楠《しょうなん》の暗殺に関与）・野崎主計《かずえ》（後に天誅組に加勢）と、京都近郊の川島村庄屋山口薫次郎（豪農）とその親族小泉仁左衛門（宿場町樫原《かたぎばら》の油商）、縮緬《ちりめん》問屋の吉田清兵衛（松坂屋）らが主要なメンバーであった。藩を相手に物産交易を行うためには、相当な資金力が必要であり、また、雲浜が「産物余程多分の事に候へば、一人にては出来不申《もうさず》候、京にても大家の内、人柄五、六人選び候事に候」[42]と述べているように、「大家」（しかもそのグループ）でなければなしえないことであった。

　右記のメンバーのうち、代表格と言える存在は、当時大和高田において最も経済力のあった村島氏一族であり、その中心は本家の長兵衛と分家の長三郎・内蔵進であった。[43]

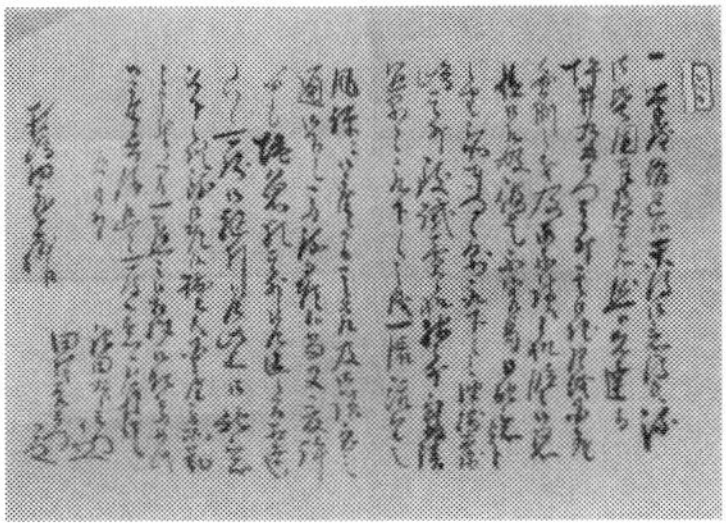

九月五日付　村島内蔵進宛書状

（村島家文書、奈良県立図書情報館所蔵）

安政四年（一八五七）七月一六日、坪井九右衛門は大和高田の村島家まで直々に足を運び、当地の物産を見分するとともに、交易に関する細かな打ち合わせを行っている。こうした準備をふまえて、いよいよ物産交易がスタートするはこびとなったのである。

双方の交易品

長州藩の「国産方」に勤務することなった神田九郎右衛門・田村吉右衛門の両名から、安政四年（一八五七）九月五日付で村島内蔵進宛に出された書状（村島家文書）には、①御地の「油・綿・木綿嶋其外」を領内で試売したところ「殊之外《ことのほか》」評判がよかったので、それらを早々に送っていただきたい、②当方からも「塩魚類其外」を送るので、その販売について御地でよろしく対応していただきたい、と記されており、同年九月には双方の物産の取引が軌道に乗り始めるようになったことがうかがえる。

長州藩と上方の豪農商との交易物産については、『梅田雲濱遺稿並傳』に記載が見られ、長州からの販売品は「米・塩・蝋・干魚・半紙の類」、上方からのそれは「呉服類・小間物・薬種・材木の類」であったとされている。[44] また、村島家文書のなかの、安政四年八月付の覚書には、村島側の販売品として繰綿と木綿、長州藩側のそれとして塩・塩魚・蝋燭《ろうそく》・荒物・白木綿・半紙の名が記されており、物産交易に関する書状類からは、繰綿・縞木綿・油・灯芯《とうしん》などが前者、塩・塩魚・蝋燭・釘などが後者の販売品であったことが判明する。

繰綿価格・送料に付「覚」

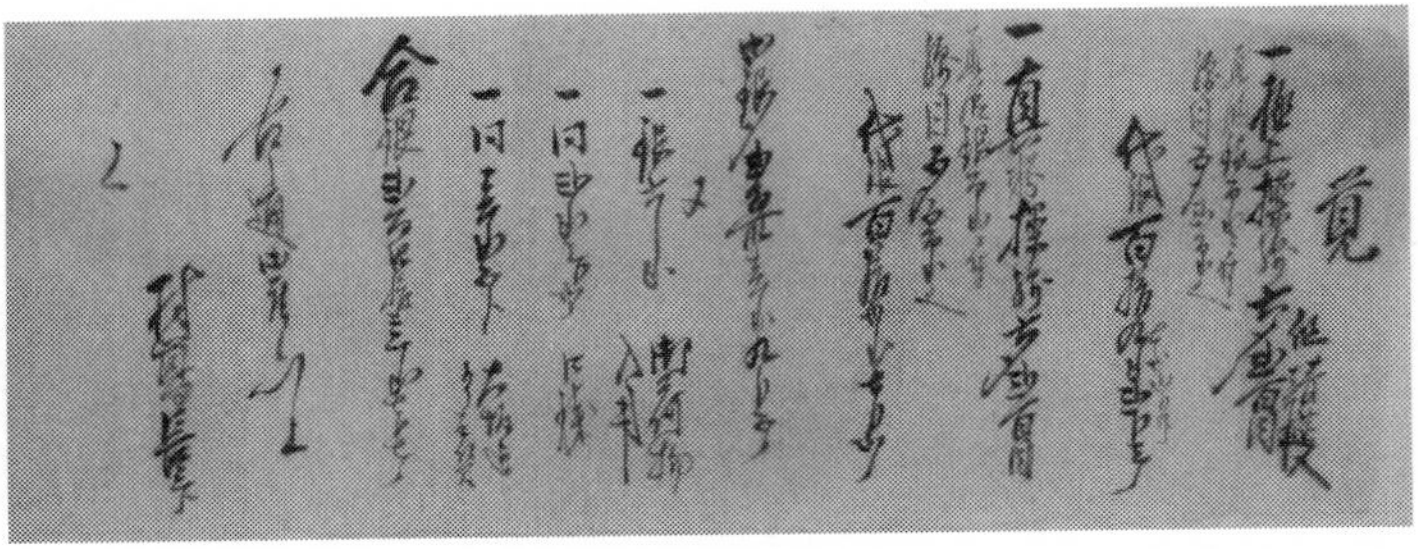

（村島家文書、奈良県立図書情報館所蔵）

繰綿の販売

大和の村島側から長州藩への販売品の中心は繰綿であった。当時、村島分家の長三郎が本家に代わって「和州江戸注文繰綿買次問屋仲間」に加入していたが、前述したように、関東での綿作の展開を背景とする江戸の繰綿問屋からの注文高の減少によって、新たな販路開拓の必要性に迫られていた。また、長州藩の側でも、領内での木綿織生産がその原料の大部分を他国産の繰綿に依存する形で行われていたことから、「糸口」に適した質のよい繰綿を確保する必要に迫られていた。こうした事情により、繰綿が大和側の第一の販売品となり、長州に向けて送り出されることになったのである（なお、当時の大和では、前述したように、木綿織生産も進展するようになっており、織り方に工夫がこらされた、種々の縞木綿（「大和縞」）や絣（「大和絣」）が織り出されるようになっていた。このうち縞木綿は、繰綿に次いで重要な長州藩への販売品となった）。

安政四年（一八五七）九月二六日に、大坂に出向いていた本家の長兵衛が、高田の長三郎に送った書状（村島家文書）には、次のような記載[45]が見られる。

只今藤八御屋敷江罷出《まかりいで》候処、山県様被仰《おおせられ》候ニ者《は》、坪井様より綿・木綿夫々《それぞれ》
御持下り之品々御国受方宜敷《よろしく》候ニ付、右品々追々買入積下し候様申参り候ニ付、
其段村嶋方へ早々申達し候との事、山県様より御咄し御座候、依而《よって》御国行綿も
出残之分追々御送り出し可被下《くださるべく》候

点である。前述したように、村島氏が長州藩との物産交易を開始した安政期を挟む時期の長兵衛家（本家）と長三郎家（分家）の経済状況は、「経営的に破綻しつつあった」ようにはとても見られない。その堅調ぶりと資金力の高さがうかがえるのであり、井上氏の①の指摘は当たらないと考えられる（幕末の時点での両家は、服部氏のように「マニュファクチュア段階のブルジョアジー」[68]とは言えないが、財力のある「地方産商業家」であり、のちにブルジョア化するその前身的存在であった」。また、②の指摘は明治四年（一八七一）二月に村島長兵衛・善之助の両人から長州藩産物方役人に提出された願書の記載にもとづいてなされたものだが、安政六年に買い上げられたのが「村島長兵衛の大坂江ノ子島の出店と借家」であったということは、文中には一言も書かれてはいない（長兵衛の大坂出店は、江ノ子島ではなく江戸堀三丁目に所在した）。長州藩による江ノ子島での家の購入と会所の設立の経緯については前述したとおりであり、井上氏の史料解釈は誤っていると言わざるをえない。以上のことから、「村島一族」は長州藩の「従属商人」になったという井上氏の論は、成立し難いように思われるのである。

最後に、幕末期の村島氏の活動に関して注目される事例を二つ紹介し、本稿を終えることにしたい。

その一つは、村島分家の長三郎が、慶応期には薩摩藩との物産交易にも参画するようになったという事実である。「薩州産物一条諸事控」と題する村島家文書によれば、薩摩藩との交易に関して、元治元年（一八六四）に奈良の岡村左右衛門[69]から高田の村島長三郎へ話があり、翌年には石河正昭が村島宅を訪問するなど、

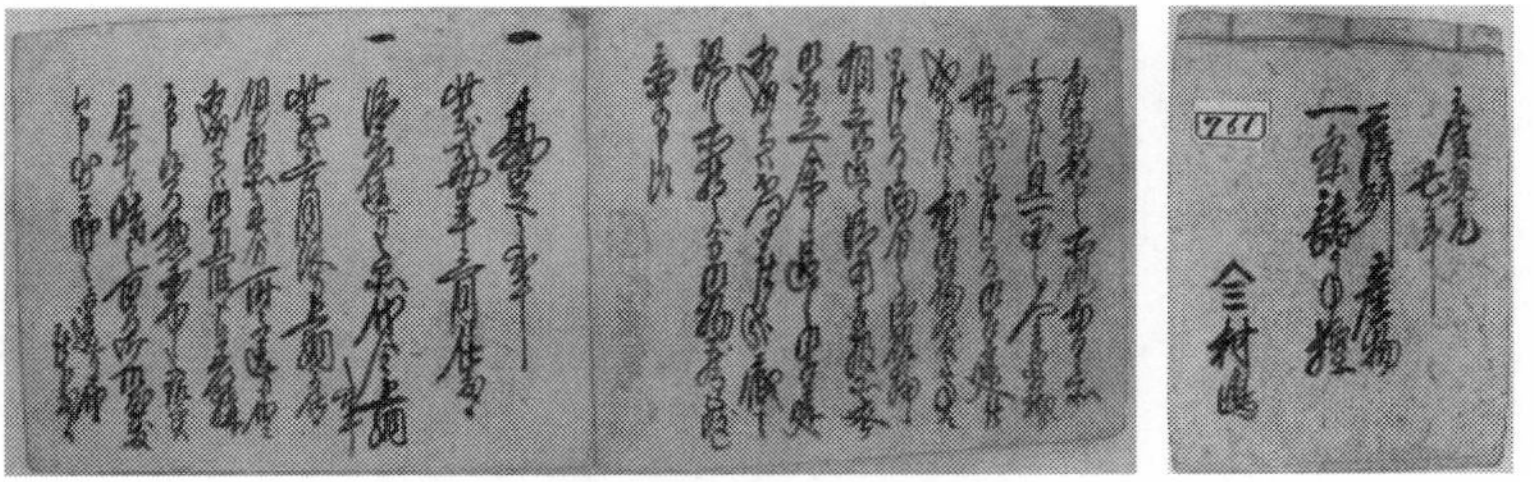

薩州産物一条諸事控（村島家文書、奈良県立図書情報館所蔵）

下準備となる動きがあったことや、慶応二年（一八六六）九月[70]に高田へやってきた薩摩藩の「御用人」伊地知貞馨《いじちさだか》や「大坂御留守居《るすい》」の木場伝内《こばでんない》・税所篤《さいしょあつし》らと、大和の豪農商（高田の村島と田中平助、葛下郡長尾村の大庄屋椿本伊右衛門、下田村の村井又次郎、奈良の岡村と辻川半兵衛）との間で、会合が行われたことが記されている。この会談後に、高田に薩摩藩の会所が設けられることになり、大和出身の薩摩藩士石河正竜・正昭兄弟を窓口として、村島ら大和の豪農商との物産交易が開始されるはこびとなったのである（これに先立って、大和の北方では、元治元年に薩摩藩が奈良に設けた会所を拠点に物産交易が開始されるようになっていた）[71]。村島長三郎が薩摩藩との物産交易にも参画するようになったという事実は、「村島一族」が長州藩の「従属商人」になったという井上氏の評価にはそぐわないように思われる。

もう一つは、文久三年（一八六三）三月に、村島蔵之進が、乾十郎・山口薫次郎とともに、吉野川の分水を計画し、これが実現すれば大和国中（奈良盆地）で二〇万石の米を増産でき、有事の際に京都の食糧を確保することができるとして、当事業の推進を国事御用掛《ごようがかり》であった中川宮に願い出ていることである[72]（乾・山口とともに長州藩との物産交易に関わった人物であり、乾はこのあと天誅組の変に参加したが捕えられ、京都で処刑されるに至っている）。

以上のように、長州藩との物産交易に参画した彼らは彼らなりに、新しい時代を切り拓くべく、経済の分野を中心に、人によっては政治の分野においても、主体的な活動を幕末に展開していたことが確認されるのである。

《注》

1．田中彰「幕府の倒壊」（『岩波講座日本歴史』近世5所収、岩波書店、一九七五）など参照。

2．雄藩の台頭に先立って、西日本では、天保改革の前夜に、①従来「百姓・町人」から大坂へ送られていた商品が藩専売制の実施に伴って藩によって買い占められ、「蔵物」として「勝手之場所」へ直送される、②国々から大坂に向けて送られる商品が、長州の赤間関（下関）をはじめ瀬戸内の浦々などで、集ってきた各地の商人によって「途中売買」される、という動きが見られるようになっていた（天保改革期に大坂町奉行であった阿部正蔵が提出した意見書の記載による）。

3．大坂市場を介さない藩と藩との物産交易。少し年代が下がるが、幕末の薩長交易はその代表例である。

4．井上勝生「尊王攘夷運動と公武合体運動」（『講座日本近世史』7所収、有斐閣、一九八五、のち『幕末維新政治史の研究』〔塙書房、一九九四〕に収録）参照（一七六頁には「長州藩、幕末期産物交易図」が掲載されている）。

5．先行研究については、本稿末の《参考文献》の服部・井上・谷山の稿を参照されたい。なお、本物産交易に関しては、地元の自治体史である『大和高田市史』（一九五八）や『改訂大和高田市史』後編（一九八七）では全く言及されておらず、『大和高田商物語』（一九九六）では触れられているものの「長州との交易計画は実現せずに挫折」（六九頁）したと、誤った評価がなされている。

6．村島氏一族のうち、分家の長三郎家の文書が残っている（大和高田市内本町・村島正一氏旧蔵文書、奈良県立図書情報館で保管）。残念ながら、本家の文書は見つかっていない。

7．高田に関する以上の記述は、『改訂大和高田市史』後編（以下「高田後編」と略記）などによる。

8．欠年「乍恐奉願上口上書」（『改訂大和高田市史』史料編〔以下「高田史料編」と略記〕三五一～三五五頁所収）。

9. 同前三六三頁所収。
10. 元文元年七月「大和国葛下郡神楽村差出帳」(同右六二二～六二五頁所収)、寛保四年七月「(曽根村)村明細帳」(同右五七八～五八一頁所収)。
11. 元禄一五年九月「乍恐謹而返答言上」(同右一四三～一四五頁所収)。
12. 安永二年「綿方一件」(『斑鳩町史』史料編四二〇～四二六頁所収)。
13. 林玲子『江戸問屋仲間の研究』(御茶の水書房、一九六七)第一章第一節、谷山正道「近世大和における綿作・綿加工業の展開」(『広島大学文学部紀要』四三巻、一九八三)参照。
14. この問屋に関する先駆的研究に中村信二『近世大和の商品流通』(私家版、一九六七)があり、関係史料(村島家文書)も掲載されている。
15. 杣田善雄「和州繰綿買次問屋仲間の存在形態」(『日本史研究』一六〇号、一九七五)参照。
16. 谷山前掲注13論文参照。
17. 同右、および高田後編一一六～一二一頁参照。
18. 同右。
19. 明和六年「葛下郡高田村様子大概書」(高田史料編三六三頁所収)および『大和高田市史』二四二頁による。
20. かつて故村島忠一氏に拝見させていただいた「村島一統」の「旦寺帳」には、「村島家開祖　法名釋妙信　善四郎」とあり、寛保元年(一七四一)一〇月一二日に「禅門教信」と改めたと記されている。
21. 現在の市町筋にあたる。本町筋の寺内表町に対して寺内裏町とも称されていた。
22. 『大和高田市史』二八一頁。
23. 天明六年五月「一札之事」(中村前掲注14書一七三頁所収)。
24. 江戸の繰綿問屋の数も、文化一〇年(一八一三)の七〇軒から文政二年(一八一九)の二〇軒へと激減している(林前掲注13書一九二頁掲載の表参照)。
25. 杣田前掲注15論文六五頁掲載の表参照。

26. 同右。
27. 天保四年一一月「村々囲米取締書上帳」（高田史料編三七六～三八〇頁所収）。
28. 弘化三年八月「乍恐奉願上口上書」（同右三八一～三八二頁所収）。
29. 慶応三年一二月「銀子借用証文之事」（堀江彦三郎『高田の星』（堀江歯科医院高田郷土文庫、一九六九）三〇〇～三〇一頁所収）。
30. 明治二年二月「（高田村）諸商売諸職人取調書上帳」（葛城市新庄・角尾家文書）。
31. 明治三年正月「（高価ノ事ニ当リ窮民救助ノ記録）」（高田史料編四一八～四二二頁所収）。
32. 『大和高田市史』二八四～二八五頁参照。
33. 元治二年二月「御用金員数請印帳」（高田史料編四〇二～四〇四頁所収）。
34. 注30と同。
35. 注31と同。
36. 明治一六年（一八八三）に催された雲浜没後二五年慰霊祭の「賛成諸家」には、村島長兵衛・村島潔（蔵之進）や上平主税らの名前も見える（梅田昌彦氏の御教示による）。
37. 安政四年三月二五日付山口薫次郎宛雲浜書状（『梅田雲浜関係史料』（東京大学出版会、一九七六復刻）八一～八二頁所収）。
38. 安政五年三月二二日付赤祢忠右衛門宛雲浜書状（同右九六～九九頁所収）。
39. 後年の中原邦平の談話「梅田雲濱と長州」（『梅田雲濱遺稿並傳』（有朋堂出版、一九二九）一二二～一二六頁所収）による。
40. これに関して注目されるのは、坪井からの申し入れによって、「表向」には雲浜が本件から手を引くという形をとるようになったことである。当時長州藩は尊王攘夷をまだ藩論としておらず、過激な尊王攘夷論者であった雲浜との関係が幕府に発覚するのを恐れてのことであったと思われる。雲浜は、いったんはこれに応じたが、その後、安政五年三月に、「不都合ノ事」も折々生じるようになり「迷惑」しているとして、「何卒下拙《げせつ》表向御出入、上方形勢探索聞合、御産物等迄心付候様」主君へ上申してほしいと、赤《あか》祢《ね》忠右衛門へ懇願するに至っている。有名な、「此度御産物之起リハ、下拙一人之胸中ヨリ出候事」という有名な一文は、こうした経緯のなかで記されたものであった（注38と同書状）。

41. 注39と同。
42. 注37と同書状。
43. 村島家文書によれば、一族のうち、長州藩との物産交易に関わった人物として、本家の長兵衛、分家の長三郎・内蔵進のほか、長次郎・長七郎、市兵衛（長兵衛大坂出店支配人）・藤八（大坂在、内蔵進分家）・善之助（大坂江ノ子島会所支配人）らの名前を確認できる。
44. 注39と同。
45. 引用文中の「藤八」については、安政五年一一月七日付「梅田源次郎《（雲浜）》御吟味申口承書」に「村嶋屋藤八と申候儀者、村嶋蔵之進分家之旨申之候」とあり（「梅田雲浜安政大獄吟味関係資料」（『福井県文書館研究紀要』一三、二〇一六）七九頁）、「御屋敷」については、土佐堀一丁目・江戸堀三丁目に所在した長州藩の大坂蔵屋敷と考えられる。
46. 安政四年九月一七日付長三郎宛長兵衛書状（村島家文書）。
47. 安政六年一一月「乍恐口上書ヲ以奉申上候」（村島家文書）。
48. 万延元年一〇月二五日付長三郎宛内蔵進書状（村島家文書）の記載による。
49. 同右。
50. 安政五年八月一五日「乍恐以書付奉申上候」（山口県文書館毛利家文庫「部寄」に収載）。
51. 安政五年八月二〇日「乍恐以書付奉申上候」（山口県文書館毛利家文庫「部寄」に収載）。
52. 安政五年一〇月二日付の「（梅田）源次郎申立承り書」には、「大坂表ニ而懇意ニいたし候」の一人として「大坂江戸堀三丁目　問屋　村嶋屋市兵衛」の名が挙げられ、「長州産物取扱いたし、長州江御出入罷在《まかりあり》、表名前者長兵衛と申者ニ而、市兵衛ハ此者親類之旨申之候」と記されており（注45と同、一一一〜一一二頁）、「村嶋屋長兵衛用場村嶋屋市兵衛方」「用場と申ハ長州産物取扱人市兵衛之住所」という記載も見られる（同一一〇頁）。
53. 安政五年九月二日「乍恐口上書」（山口県文書館毛利家文庫「部寄」に収載）。
54. 文兵衛の本家にあたる具足屋孫兵衛についても、安政五年一一月七日付「梅田源次郎御吟味申口承書」に、「堺町人具孫と申候者、水府（水戸）・長州共産物之世話いたし罷在候」という記載が見られる（注45と同、七五頁）。

55.「御館入」与力とは、幕府の奉行所の与力でありながら、特定の藩と関係を結び、情報の提供やアドバイスを行う見返りとして、藩から扶持米などを支給されるようになっていたものを言う。

56.安政五年九月九日「（山本善太夫の処遇に付村島長兵衛・内蔵進伺状）」、同九月一三日「覚」（ともに山口県文書館毛利家文庫「部寄」に収載）。

57.山口県文書館毛利家文庫「自安政四年八月至元治元年　産物事」に収載。

58.明治四年二月「乍恐御歎願奉申上候」（国文学研究資料館所蔵三井高維収集文書）。

59.八月晦日付「（江之子嶋長州産物会所村島長兵衛宛松本謙三郎書翰）」（久野長松『松本奎堂《けいどう》遺墨集詳解』（刈谷市教育委員会、一九六七）八六頁所収）の末尾には、「江之子嶋西浜手ニて東側　大和より出店　長州産物会所　村島」とあり、その略図が記されている。

60.これに関わって注目されるのは、京都にも長州藩の国産会所が設けられた（大黒屋太郎右衛門方がそれにあてられた）という事実である（安政六年一〇月一二日付周布《すふ》政之助宛福原与三兵衛書状（山口県文書館毛利家文庫「綴込記録け印」に収載））。大坂江ノ子島会所 → 京都国産会所というルートを介しての「京都・近江其外」への塩の販売が試みられたと考えられる

61.断片的ながら、「薩州御交易記録」七ノ一（山口県文書館毛利家文庫）のなかに、文久三年正月付の村島長兵衛に関する記事（「御国産物引受人　江之子嶋ニ御国之会所有之」）があり、明治四年二月付の注58の願書（村島長兵衛・善之助より長州藩産物方役人宛）には、「近年御変革ニ付御産物御廃シ被仰出候ニ付、一昨年来より数度御歎願奉申上《もうしあげたてまつり》候」という記載が見られる。また、同二年二月の時点で、村島長三郎家は「塩屋」も営んでいたことが知られるが、長州産の塩を販売していたものと思われる。

62.雲浜については、吉田松陰と対比しながら、「松陰はせいぜい長州一藩の組織しかできない。インター国家的な組織ということは松陰の関するところではない。雲浜は松陰と

同じ段階において、幕末における最初のインター藩的な、超藩《ユーバー》的な、西は瀬戸内海沿岸を経て九州におよび、北は山陰、北陸から蝦夷におよぶ国内商業の新しい組織の網を着々と伸ばした。雲浜によって組織されたこの種の産商業家の組織が一つの政治的経済的な地下組織となって、雲浜処刑後の、あの安政の大獄直後の猛烈な反動の嵐の中にビクともせずに残っていた」と評されている（服部『近代日本のなりたち』〔青木文庫、一九六一年〕一六四頁）。なお、引用文中に私が付した傍線部は、安政四年一〇月四日付の下辻又七宛雲浜書状（注37と同、八六〜八八頁所収）などによるものであるが、本書状のなかで雲浜は「若州（若狭）」さらには「北海道七ヶ国・奥羽・松前・蝦夷」などへの薬種販売のルートの開拓の件について述べ、これは「貴兄」の「知恵」によるものだとして、謝意を表している。このことからすれば、大和五條の下辻又七は「知恵」をはたらかせて「計略」を練り、物産の販路拡大のために雲浜を活用しようとしていたと言うこともできる。

63. 服部前掲注62書一六三頁。

64. 同右一六五頁。

65. 『服部之総著作集』第一巻（理論社、一九五四）参照。

66. 井上勝生「尊王攘夷運動と公武合体運動」（『講座日本近世史』7所収、有斐閣、一九八五、のち『幕末維新政治史の研究』〔塙書房、一九九四〕に収録）一八五頁および一九九頁。

67. 同右一八三〜一八五頁。

68. 年代が下がるが、村島長一郎（本家）と村島長三郎（分家）が、大和紡績株式会社（明治二九年開業）や高田銀行（同二七年開業）の設立・運営の中心メンバーとなったことなどを念頭においている。

69. 梅田昌彦氏の御教示によると、梅田千代子（村島内蔵進の娘、雲浜の後妻）の旧戸籍謄本（明治四五年請求）には、「高田東一丁目 村島潔長女」とあり、「奈良東寺林町十一岡村左近亡長女」という記載も見られるという。また、奈良の称名寺の岡村家墓石に「高田村の村島善四郎は奈良に出て、岡村家の嗣となり、一乗院宮に仕えて岡村左衛門と称し、後に柳沢市正と改める。享年八十八。嘉永四年没」という旨の文面が見られるという。これらによれば、村島潔（内蔵進）＝岡村左近ということになり、内蔵進の父が善四郎であるなら、村島内蔵進＝岡村左右衛門という可能性が高いと思われる。

70．第二次長州戦争で幕府方が敗北を重ね、将軍家茂《いえもち》の急逝を経て、休戦協定が締結される時期であり、交渉にやってきた伊地知や税所らには、「他日緩急《かんきゅう》の日」に備えて大和とのパイプを強くしておき、有事の際には「兵を屯営」する場所と兵糧を確保したい、という軍事的な思惑も存在していた。

71．詳しくは、谷山正道「石河正竜」（奈良県立大学ユーラシア研究センター編『奈良県立ユーラシア研究センター学術叢書1 vol.2 谷三山 師の師たる人』所収、京阪奈情報教育出版、二〇二二）など参照。

72．文久三年三月「乍恐口上書」（『贈正五位乾十郎事蹟考』〔武岡豊太、一九一七〕二六〜三〇頁所収）による。

《参考文献》

・『梅田雲濱遺稿並傳』（有朋堂書店、一九二九）。
・『梅田雲浜関係史料』（東京大学出版会、一九七六復刻）。
・「梅田雲浜安政大獄吟味関係資料」（『福井県文書館研究紀要』一三、二〇一六）。
・服部之総『志士と経済』（岩波文庫、一九三四）。
・『服部之総著作集』第一巻（理論社、一九五四）。
・服部之総『近代日本の成りたち』（青木文庫、一九六一）。
・田中彰「幕末薩長交易の研究（一）・（二）」（『史学雑誌』六九編三・四号、一九六〇）。
・同『幕末の藩政改革』（塙書房、一九六五）。
・同「幕府の倒壊」（『岩波講座日本歴史』近世5所収、岩波書店、一九七五）。
・林玲子『江戸問屋仲間の研究』（御茶の水書房、一九六七）。

・中村信二『近世大和の商品流通』（私家版、一九六七）。
・杣田善雄「和州繰綿買次問屋仲間の存在形態」（『日本史研究』一六〇号、一九七五）。
・谷山正道「近世大和における綿作・綿加工業の展開」（『広島大学文学部紀要』四三巻、一九八三）。
・同「幕末大和の豪商と雄藩」（佐々木克編『明治維新期の政治文化』所収、思文閣出版、二〇〇五、のち『民衆運動からみる幕末維新』（清文堂出版、二〇一七）に収録）。
・同「石河正竜」（奈良県立大学ユーラシア研究センター編『奈良県立ユーラシア研究センター学術叢書1 vol.2 谷三山 師の師たる人』所収、京阪奈情報教育出版、二〇二二）。
・井上勝生「尊王攘夷運動と公武合体運動」（『講座日本近世史』7所収、有斐閣、一九八五、のち『幕末維新政治史の研究』（塙書房、一九九四）に収録）。
・同『開国と幕末変革』（講談社、二〇〇二）。
・『大和高田市史』（大和高田市、一九五八）。
・『改訂大和高田市史』史料編（大和高田市、一九八二）。
・『改訂大和高田市史』後編（大和高田市、一九八七）。
・『大和高田商物語』（大和高田市、一九九六）。

〔付記〕　本稿を草するにあたり、梅田雲浜の後裔にあたられる梅田昌彦先生から様々な御教示をいただきました。この場を借りて心よりお礼申し上げます。

豊井紡績所と前川迪徳

谷山　正道

はじめに

天理市の豊井町、布留川上流の「一ノ井」の近くに市の浄水場がある。かつてこの場所に、大和（現奈良県内）では最も早くに開設された紡績所が存在したが、そのことを知っている人は、地元でも数少ないのではないだろうか。

豊井紡績所は、明治新政府による紡績業育成政策のもと、紡績機械の払い下げを受けて、明治一〇年代に開業した「十基紡《じゅっきぼう》」と呼ばれる民間の紡績所の一つで、その経営を担ったのは元小泉藩士であった前川迪徳《みちのり》らであった。

本小稿では、「豊井紡績所と前川迪徳」をテーマとし、幕末開港による在来綿業への影響と明治新政府による紡績業育成政策に言及したうえで、本紡績所の開設に至る経緯、経営形態と操業状況、営業成績と廃業に至る経緯などについて述べることにしたい。

幕末開港と在来綿業

外圧のもと、江戸幕府は安政五年（一八五八）にアメリカをはじめとする列強五か国と通商条約を締結し、翌年から貿易が開始されることになった。わが国からの主な輸出品は生糸と茶、主な輸入品は綿製品（綿布・綿糸）と毛織物であり、これに伴って国内では養蚕・製糸業や製茶業が活況を呈するようになる一方、絹織物業や綿業は深刻な打撃を被ることになった。(1)

大和機

（奈良県立民俗博物館所蔵）

綿業への打撃は、大和においても例外ではなく、洋糸の輸入に伴って、開港前までなおかなり高い綿作率を維持していた中・南和の村々においても、開港以降（特に慶応期以降）急激に綿作率を低下させる村方が増えていった。(2)とりわけ深刻な状況に陥ったのは外来の綿糸と競合する紡糸の生産＝紡績業であり、外来の綿布と競合する織物の生産＝綿織物業も打撃を被った。

しかし、綿織物業の方は、明治三年（一八七〇）頃の一史料に(3)「当時唐糸《からいと》ト称スルモノ夥《おびただし》ク新来シ、各織屋ハ競テ之《これ》ヲ使用シ、其原料ノ潤沢《じゅんたく》ナルニ随ヒ、機業モ亦一層旺盛《おうせい》ノ域ニ達シタリ」とあるように、従来の手紡糸を輸入紡績糸に切り替えることによって息を吹き返し、コストの引き下げもはかりつつ外来綿布と対抗していくようになっていった。原料糸の切り替えが可能であったのは、いざり機にかわって高機が使用され、紡糸工程と織布工程の分化（また従事する人々の分化）＝社会的分業の進展が見られるようになっていた地域（大和・和泉・尾西《びさい》など）であり、こうした地域の奮闘によって、輸入綿布は国内市場から次第に駆逐されつつあったのである。

新政府による紡績業育成政策

明治維新は、国内の綿業がこうした状況にあった時期に行われた。戊辰《ぼしん》戦争に勝利した新政府は、廃藩置県を断行して中央集権国家を構築するとともに、近代化政策を矢継ぎ早に実施して国力の充実をはかろうとした。

殖産興業政策は、そうした政策の一支柱をなすものであり、近代産業を育成し輸

豊井紡績所跡（現・天理市浄水場）

出の「増進」と輸入の「防遏《ぼうあつ》」をはかることにその狙いが置かれていた。なかでも重視されたのが、製糸業のさらなる発展（→生糸輸出の増進）と綿糸紡績業の育成（→綿糸輸入の防遏）であり、後者は、機械によって製造された「良質」で「安価」な洋糸が、開港以降に国内市場へ大量に流入するようになっていたことへの対抗策であった。

明治一〇年代に入ると、政府は機械紡績の導入と育成に本格的に乗り出すようになり、同一一年には、イギリスから二、〇〇〇錘《すい》のミュール紡績機二基を購入して広島と愛知に官立の紡績所を設立することを決め、その翌年には、同様に一〇基を購入して無利子一〇か年賦で民間に払い下げることを決定している。後者によって、同一〇年代の後半にかけて設立されるようになったのが、「十基紡」と呼ばれる一〇か所の民間の紡績所であり、[4] 豊井紡績所はその一つであった。

豊井紡績所の開設

明治一三年（一八八〇）一月、葛下郡長尾村（現葛城市）の椿本《つばきもと》伊作（元郡山藩大庄屋家の出身）と平群郡額田部村（現大和郡山市）の篠《しの》織太郎（元郡山藩の代官）が発起人となって紡績機械の払い下げを内務省へ願い出、四月に認可された。その後、翌年三月にイギリス製の紡績機の払い下げが行われ、七月には発起人の一人が椿本から添下郡小泉村（現大和郡山市）の前川迪徳に交代することになった。

前川は元小泉藩士で、弘化三年（一八四六）二月九日に生まれ、維新期には当藩の「大監察」をつとめた。廃藩置県後には、奈良県の「大属」となり、戸籍掛《がかり》や社寺

豊井紡績構内想像図

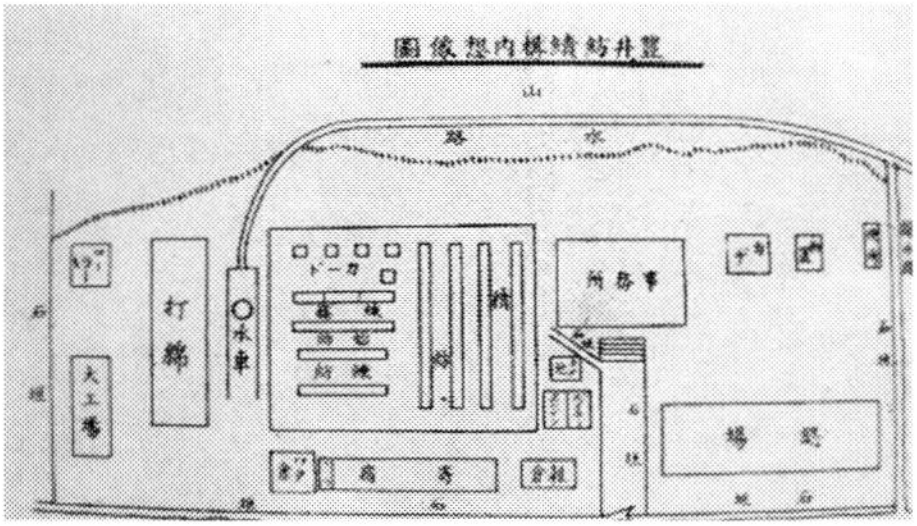

（絹川太一『本邦綿絲紡績史』第二巻〔一九三七〕より）

庶務掛を担当した後、堺県に出仕し、勧業課長として手腕を発揮した。妻が篠氏の出であったことから、織太郎とは義兄弟にあり、また堺に紡績所が存在したことから、紡績についての知識を有していた人物であった。

紡績所の設置場所について、当初は前川の出身地であった添下郡小泉村が候補地となっていたが、布留川の水力の利用を考慮して山辺郡豊井村（現天理市）に変更された。滝本村（同）に近接する場所（北に山があり南に川が流れる三〇間ばかりの地）で、敷地面積は二、〇〇〇余坪を数えた。

紡績所の建設工事は、農商務省の「工務局雇」石河正竜《いしかわせいりゅう》[5]の指揮のもと、一五年（一八八二）三月から開始され、敷地の整備工事を皮切りに、工場の建設、水車の架設、機械の据付等[6]の工事（作業）が進められていった。竣工は翌年の九月で、試「運転」と「整頓」の後、出来あがった施設は、石河から「設立主」へ一二月一九日に引き渡された。

動力不足をめぐる問題への対処

操業にあたって、元薩摩藩紡績所の熟練技師（堺紡績所の田原藤太・深井宗吉と鹿児島紡績所の楕松某《あべまつなにがし》[7]）が、石河の指図により「巡回教師」として派遣され、技術面の実地指導にあたった。

紡績機の運転は、明治一六年（一八八三）一〇月から開始されたが、翌年一月一四日付で前川迪徳が大阪府知事建野郷三《たてのごうぞう》[8]へ提出した願書のなかで、「客年九月ニ至リ落成ニ付、十月以来運転始業仕候処、河水非常増量ノ砌《みぎり》ニ全機（二千錘）運転可致《いたすべく》候得共、平常ノ流水ニテハ半機タモ運転之勢力無之《これなく》、（中略）到底此儘ニテ将来ノ目途難相立《あいたちがたく》」と述べているように、動力不足という大きな問題に直面することになった。布留川の流水を利用した水車による動力だけでは、「平常ノ流水」時には紡績機をフルに稼働させるには全く不十分であり、蒸気機関との併用を余儀なくされることになったのである。蒸気機関の設置は、明治一七、八年頃に行われたようで、同二〇年代の『奈良県統計書』によれば、蒸気機関は一台で六〇馬力（二三〜二五年は二台で九〇馬力）、水車は三六馬力となっている。

前川迪徳
（絹川太一『本邦綿絲紡績史』第二巻〔一九三七〕より）

経営形態と操業状況

豊井紡績所の資本金は五万五〇〇〇円で、設立当初の出資者（出資の歩合）は、前川迪徳（五〇パーセント）・篠織太郎（二五パーセント）と前川の妹婿にあたる松井五郎（二五パーセント）の三名であった（その後、篠が投資に失敗して退き、出資の歩合は前川（七五パーセント）・松井（二五パーセント）となった）。

本紡績所は、明治二〇年（一八八七）五月に大和紡績会社と改称し、前川が頭取、松井が取締役に就任した後、同二六年六月には「前川迪徳一己之所有」＝個人経営となり、これに伴って前川紡績所と名を改めた。[9]

『奈良県統計書』の記載によれば、明治二〇年代の当紡績所の職工数は平均七四人余で、最少は二三年の四一人、最多は日清戦争終結の年にあたる二八年の一一八人（男三三人・女八五人）であった（次頁表参照）。二一年（九四人）から翌年にかけての職工数の急減は、わが国最初の経済恐慌の影響によるものであり、最多の人数

【表】豊井紡績所の経営状況

年度	株主人員 (人)	役員 (人)	職工 (人)	雇人 (人)	蒸気機関 (数)	(馬力)	水車 (数)	(馬力)	営業収入金 (円)	支出金 (円)
明治 16年（1883）									714	691
17年（1884）									20,167	17,643
18年（1885）									20,614	20,351
20年（1887）	3	7	73	4	1	60	1	36	74,683	62,116
21年（1888）	4	5	87	5	1	60	1	36	84,970	76,128
22年（1889）			94		1	60	1	36		
23年（1890）			41		2	90	1	36		
24年（1891）			48		2	90	1	36		
25年（1892）			51		2	90	1	36		
26年（1893）			115		1	60	1	36		
28年（1895）			118	(男33／女85)						
29年（1896）			70	(男20／女50)	1	60	1	36		

〔備考〕明治16〜18年の数値は、絹川太一『本邦綿絲紡績史』第2巻（日本綿業倶楽部、1937）363頁、20年以降の数値は各年度の『奈良県統計書』による。なお、数値が記載されていない項目は、空白にしてある。

を記録した二八年は、前年の七月に綿糸輸出税が撤廃され、紡績業界が好況を呈するようになっていた時期にあたっていた。二九年の職工一人あたりの平均日給は男一六銭・女一〇銭で、一日の平均就業時間は一二時間（長時間労働）、年間の営業日数は二九一日であった。[10]

営業成績と廃業の経緯

当紡績所の営業収支については、明治一六〜一八年分と、二〇・二一年分が判明し、いずれも黒字であったことが知られる（表参照）。資金繰りに窮した時期もあったようだが、[11]その後に襲来した経済恐慌の荒波もなんとか乗り越えた。「日清戦争の当時紡績盛なる頃は毎日一千円づゝの純益を挙げた」[12]とされているが、それから五年も経たないうちに前川紡績所は閉鎖されることになった。父迪徳の片腕として大阪安土町の出張所で原綿の購入や紡糸の販売にあたっていた嗣子《しし》（迪適《みちゆき》）が、北海道の石炭山を思惑買いし、経営に失敗して大きな負債を抱えるようになってしまったためで、これに伴って紡績業の方も、明治三二年（一八九九）一二月に廃業を余儀なくされるに至ったのである。なお、開業から廃業に至るまでの、当紡績所の経営動向（収支など）の推移については、その一部が明らかになっているにすぎず、『営業報告書』類の発掘と分析が大きな課題として残されている。

おわりに

明治政府による紡績業育成政策のもと、設立された「十基紡」のほとんどは、二、〇〇〇錘ミュール紡績機一基を備えた、職工五、六〇人程度の小規模なもので、資金面や動力面も十分なものではなく、経済不況の影響もあって、経営難に陥るケースも少なくなかった。[13]

このように、わが国における紡績業発展の道は、決して平坦なものではなかったが、明治一六年（一八八三）に渋沢栄一らの主唱により設立されていた民間企業（株式会社）である大阪紡績会社が成功を収めたの[14]を皮切りに、二〇年代に入ると、急速に発展するようになった。これに応じて、二七年に綿糸輸出税、続いて二九年に綿花輸入税が撤廃され、三〇年には綿糸の輸出額が輸入額を上回るようになった。綿糸紡績業は、製糸業とともにわが国の基幹産業の一つとなるに至ったのである。

こうした情勢のもと、奈良県内でも、二六年に添下郡郡山町で郡山紡績株式会社[15]、二九年に葛下郡高田町で大和紡績株式会社[16]が設立されている。前者のスタートにあたって、前川迪徳は請われて初代の社長に就任しているが、豊井紡績所での実績や二二年から二五年にかけて社長をつとめていた泉州紡績株式会社での経営経験をふまえてのことであった。郡山紡績では、士族の子女二〇〇人ほどを泉州紡績で見習いさせたうえで雇用したほか、前川社長を慕って応募してくる職工も多くいたという。前川は、三〇年九月に社長を退いたが、それまでの当社の業績は概《おおむ》ね「好調」

であった。(17)

この後、大和紡績は明治三五年、郡山紡績は四〇年に摂津紡績(18)との合併を余儀なくされるに至っているが、前川迪徳は、大和の地（奈良県）において近代紡績業の礎を築いた人物として評価することができるだろう。(19)

《注》

1．中村哲『明治維新の基礎構造』（未来社、一九六八）、山崎隆三「幕末維新期の経済変動」（『岩波講座日本歴史』近世5所収、岩波書店、一九七七）、芝原拓自『日本近代化の世界史的位置』（岩波書店、一九八一）など参照。

2．『改訂大和高田市史』後編（大和高田市、一九八七）一一六～一二六頁など参照。

3．菊浦重雄「明治期の大和木綿の資料（Ⅰ）」（『東洋大学経済経営論集』一九号、一九六〇）七一頁。

4．豊井紡績所のほか、玉島（岡山県）・市川（山梨県）・三重（三重県）・下村（岡山県）・遠州（静岡県）・島田（静岡県）・長崎（長崎県）・下野（栃木県）・佐賀（佐賀県）の各紡績所がこれにあたる

5．大和出身の蘭学者で、島津斉彬《なりあきら》によって薩摩藩士として召し抱えられた。幕末・維新期に、薩摩藩の殖産興業政策の推進に大きく貢献し、廃藩置県の後には新政府に出仕して、近代産業（なかでも綿糸紡績業）の育成のために奔走し、わが国「近代紡績の父」と称された。詳しくは、谷山正道「石河正竜」（奈良県立大学ユーラシア研究センター編『奈良県立大学ユーラシア研究センター学術叢書1 vol.2 谷三山 師の師たる人』所収、京阪奈情報教育出版、二〇二二）などを参照されたい。

6．明治一五年（一八八二）春、紡績機械を輸送中にチンローラーの一部が暴風のために淀

川に沈んでしまうという出来事も起きている。

7. 岡本幸雄「薩摩藩紡績所の技術者・職工」(『薩摩藩の構造と展開』所収、西日本文化協会、一九七六)参照。

8. 明治一七年一月「御願」(絹川太一『本邦綿絲紡績史』第二巻〔日本綿業倶楽部、一九三七〕三三九~三四〇頁所掲)。

9. 明治二六年六月「御願」(大和紡績会社頭取前川迪徳・取締役松井五郎より奈良県知事小松昌業宛、奈良県立図書情報館所蔵「奈良県行政文書」)。

10. 絹川前掲注8書三六五~三六五頁には、「男女は入社当時は総《すべ》て二十日間七銭の日給だ。二ヶ月位で二銭づゝの昇給が行はれたが、ハンドル繰りでさへ漸く二十銭に過ぎなかった。水量の多い全運転の場合には臨時賞二十銭を給された。ボイラー据付後には始終全運転となり右賞与も自然なくなった。休日は十日交替でありしが、時々居残作業を課せられ一日十八時間も働いた。休憩は昼三十分、九時と三時に十五分。(中略)此紡績では他に見習生を出さず、総て他紡績の熟練工のみを採用したものらしい。職工の配置は打綿男二人づゝ、昼夜四人、梳綿《すきわた》男一づゝ、練篠女二人づゝ、四人、始紡一人づゝ、練紡一台一人、カードから男工が練紡に来て手伝った。ミュールは女二人廻はし四台に男工一人附いた。工場のある坂下に二本の松あり、その辺に紡績職工を専門の相手とする料理屋兼旅館があった」という貴重な記述が見られる。

11. 同右書三六〇頁には、「二十年五月に大和紡績会社と改称した。当時資金欠乏し前川、松井両氏は草鞋《わらじ》がけで吉野郡に大和の長者土倉庄三郎《どくらしょうざぶろう》を訪問し運転資金の借入を請《こ》ふた」という記載が見られる。

12、同右書三六〇頁。

13. 高村直助『日本紡績業史序説』上(塙書房、一九七一)序章第二節「二千錘紡績の限界」など参照。

14. この会社が成功を収めた理由としては、①資金が潤沢であった、②スタート時から一万五〇〇〇錘・職工三二二人という、当時としては大規模な会社であった、③動力に蒸気力を用いた、④一日二交代制を採用して徹夜作業を実施し機械をフル稼働させた、④当初はミュール紡績機を使用していたが、増設過程でリングに転換していった、という四点が挙げられている（同右第一章第一節「大阪紡績会社の成立」参照）。

15．紡績によって町勢の挽回《ばんかい》をはかるべきであるという東京工科大学教授谷口直貞《なおさだ》博士（旧郡山藩士）の提唱を受けて、旧郡山藩家老家の三木忠方《ただかた》ら旧藩士や、天野善七・中村喜重郎をはじめとする町内の商工業者らが発起人となって、創業にこぎつけた。資本金は二五万円（二八年に三五万円に増額）で、合計一万株、筆頭株主は柳澤保承《やすつぐ》の一〇〇〇株で、社長の前川は二〇〇株であった。創業当初の錘数は五三七六で、イギリスのプラット社から購入したリング紡績機を使用した。詳しくは、『本邦綿絲紡績史』第七巻（日本綿業倶楽部、一九四四）第二章「大和紡績会社」、田辺靖彦「奈良地方における産業資本の展開と地主層の動向」（『日本史研究』六九号、一九六三）、北井直樹「郡山紡績の設立と経営動向」（『奈良歴史研究』八一号、二〇一四）を参照されたい。

16．絹川太一『本邦綿絲紡績史』第七巻 第二章「大和紡績会社」参照。当初予定した資本金は六〇万円（創業までに集まったのは四〇万円）で、創業当初の錘数は一万一五二〇。

17．北井直樹前掲注15論文参照。

18．明治二二年（一八八九）の創業で、大正七年（一九一八）に尼崎紡績と合併して大日本紡績となり、昭和初期には五大紡績会社の一つに数えられるまでになった。戦後、昭和三九年（一九六四）にニチボーと社名を変更し、さらに日本レイヨンとの合併に伴って四四年にユニチカと改称して、今日に至っている。

19．前川は、大正元年（一九一二）八月一三日に大阪東区の下味原町で歿《ぼっ》している。

《参考文献》
・絹川太一『本邦綿絲紡績史』第二巻（日本綿業倶楽部、一九三七）第十一章「豊井紡績所」。戦前の著作であるが、丹念な調査にもとづいた優れた作品であり、豊井紡績所に関する基本的な事実については、本稿に依拠したところが多い。
・同『本邦綿絲紡績史』第四巻（日本綿業倶楽部、一九三九）第七章「郡山紡績会社」。
・同『本邦綿絲紡績史』第七巻（日本綿業倶楽部、一九四四）第二章「大和紡績会社」。
・菊浦重雄「明治期の大和木綿の資料（Ⅰ）」（『東洋大学経済経営論集』一九号、一九六〇）。
・田辺靖彦「奈良地方における産業資本の展開と地主層の動向」（『日本史研究』六九号、一九六三年）。
・中村哲『明治維新の基礎構造』（未来社、一九六八）。
・高村直助『日本紡績業史序説』上（塙書房、一九七一）。
・岡本幸雄「薩摩藩紡績所の技術者・職工」（『薩摩藩の構造と展開』所収、西日本文化協会、一九七六）。
・山崎隆三「幕末維新期の経済変動」（『岩波講座日本歴史』近世5所収、岩波書店、一九七七）。
・芝原拓自『日本近代化の世界史的位置』（岩波書店、一九八一）。
・谷山正道「近世大和における綿作・綿加工業の展開」（『広島大学文学部紀要』四三巻、一九八三）。
・同「石河正竜」（奈良県立大学ユーラシア研究センター編『奈良県立大学ユーラシア研究センター学術叢書1 Vol.2 谷三山 師の師たる人』所収、京阪奈情報教育出版、二〇二二）。
・北井直樹「郡山紡績の設立と経営動向」（『奈良歴史研究』八一号、二〇一四）。
・『改訂大和高田市史』後編（大和高田市、一九八七）。

柳澤保申と士族授産事業

柳澤　保徳

【図1】柳澤保申肖像写真（個人蔵）

はじめに

弘化三年（一八四六）に郡山城中で生まれた柳澤保申（以下「保申」という。）は、最後の郡山藩主として幕末期から明治初期にかけて波乱に満ちた人生を送った。明治二年（一八六九）六月の版籍奉還を経て明治四年（一八七一）七月には廃藩置県により郡山県が誕生するが、同県は十一月には大和国の旧藩由来の諸県とともに奈良県に編入された。保申は郡山藩知事を免じられた後、東京貫属の命を受けて郡山を去るが、最大の懸念は常職を失った多くの旧郡山藩士族の行く末であったろう。

明治十五年（一八八二）、保申は龍田神社（旧官幣大社、現・龍田大社。生駒郡三郷町）の宮司を務めたことを契機に郡山に寄留するようになり、明治十年代後半には困窮する旧藩士族のための授産事業として養蚕が根付くことを願い産業資本金として大阪府（のちに奈良県）に多額の寄附を行っている。

これまで旧郡山藩士族授産事業については「郡山町史」(1)、「大和郡山市史」(2)に記述があるものの体系的な調査研究は十分には行われていない。最近刊行された「平和のシンボル、金魚が泳ぐ城下町。～郡山の歴史と文化～」の中で、拙稿「最後の藩主柳澤保申の生涯」では幕末期から明治初期に至る郡山の変遷を取り上げ、その一部として旧郡山藩士族の授産事業の概略を紹介した。(3)

本稿では、郡山の士族授産（就産）事業を取り上げ、「錦鱗社」及び「旧郡山藩士族就産所」設立の経緯について史料の収集・整理を行い郡山の近代産業の歩みをわず

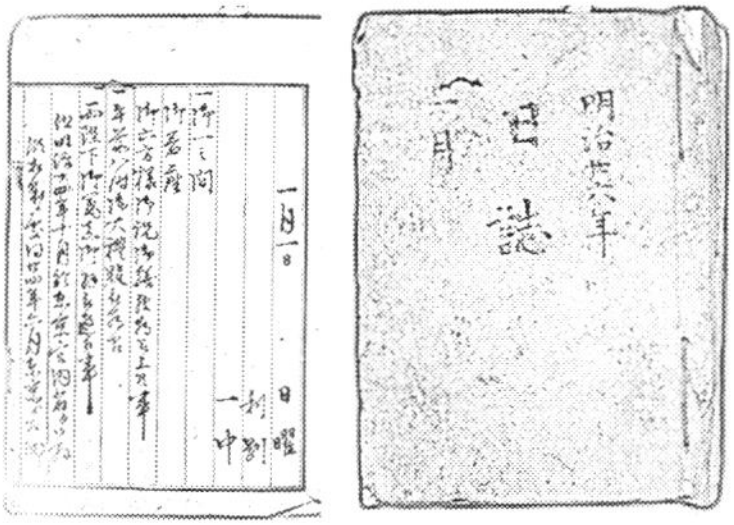
【図2】明治廿六年日誌（表紙）と一月一日条

かなりとも明らかにすることを目的とした。なお、保申の郡山寄留後の家政等を記録した『日誌』[4]が残されており、その中から一部関連事項を引用した。

一　苦境に立つ士族

廃藩置県とその後の旧郡山藩士族

明治四年（一八七一）七月一四日、廃藩置県により郡山藩にかわって郡山県が誕生した。七月二十日には、保申は突然の廃藩に動揺する旧藩士族に向けて「明治四年廃藩置県実施ニ付柳沢保申告諭書」[5]を発した。これによれば、廃藩置県は「有名無実之弊ヲ除キ、政令多岐之憂無らしめんとの厚キ御趣意」により仰せ出されたものであり、このことをしっかりと理解し「姑息愉安之陋習ヲ去リ」、文明開化にむけて尽力すべき時であることを訴え、「知事免職・廃藩等之儀」は「天下一同之儀」であるので「彼是疑惑ヲ抱」くことなく、全国一律の廃藩置県であることの理解を求めて混乱の無いように申し渡している。保申は八月下旬に東京に移り住むことになるが、これには旧藩主と地元士族とのつながりを強制的に断ち切り、各地の士族騒動を未然に防ぐといった新政府の狙いもあった。

士族の多くは突然の廃藩によって常職を失ったことから将来への強い不安を抱いており、旧郡山県でも翌五年（一八七二）正月二十日に「不平士族の騒動」が起こっている。どのような騒動であったかは、奈良県令四條隆平から政府に宛てた報告「奈良県元郡山県士卒嘯聚届」（「公文録」、国立公文書館デジタルアーカイブ）によって窺い知ることができる。なお、同年一月二十九日に卒族の称は廃され、世襲の卒族は士族に移籍された。

奈良県元郡山県士卒嘯聚届

今般元郡山県士族卒共嘆願ノ筋有之趣申立、本月廿日人数寄集候ニ付テハ早速出張夫々及説諭候処、迅速鎮定仕候。右ニ付テハ尚篤と取調追テ可奉伺次第ニ有之候得共、方今ノ御時節柄ニ付、不取敢人数寄集ノ概略書壱冊相添此段御届申上候。以上

壬申正月廿三日　奈良県参事　津枝正信

奈良県令　四條隆平

史官御中

追テ本文ノ事件再起ノ模様無之見込ニ御座候間、此段申上置候。以上

元郡山県士族卒共嘆願筋有之趣申立正月廿一日人数寄集ノ概略

一去る十二月廿九日従前ノ兵員解隊ノ儀申渡ニ及候ヨシ

一翌日更ニ一小隊編製ス

一正月元旦解兵人数軍事局へ罷出、兵隊勤役中慰労トシテ何カ御救助有之度趣、強テ嘆願ス

一同九日右嘆願催迫トシテ人数同局へ罷出、其節旧参事取扱ヲ以テケット二枚ツヽ其外寝台食盤等ニ至ルマテ下遣シ一同承伏ノヨシ

一 正月十九日夜非役士族卒速成寺ト申寺院へ寄会ノヨシニ候得共、姓名不詳候

一 翌廿日演達ニテ城内鉄門外ニ集会スへく旨毎戸相触候ヨシニテ、同朝第十時比ヨリ追々人数集会、其節旧庁ヨリ何等ノ事件有之集会候哉ノ段及尋合候処、比処ニ於テ一同互ニ申談シ候筋有之抔ト相答ニ付、嘆願ノ次第モ候ハヽ書取ヲ以可申出様談ニ及候処、夕三時頃不残参庁別紙ノ件を嘆願ノ趣演舌ニ及候ニ付、旧参事一同ヨリ種々説諭嘆願ノ次第本県へ相伺金子并官材伐木ノ儀可取計段申聞、漸ク夜十時頃退散ノ事

右事件ニ付本日未明令参事出張別紙ノ通リ申達、一同承伏鎮静罷在候事

壬申正月廿一日

（注：句読点は筆者が付し、旧漢字は常用漢字に変えている。以下、同じ。）

正月二十日、昨年末の兵員解隊により失職した士族らを中心に郡山城内の鉄門前に多人数（一説には七百人余）が集会をもち、救助を求めて旧郡山藩庁当局に嘆願申立てを行い、旧藩参事らが説得、嘆願について県へ伺うこととして集会は解散、翌二十一日早朝には県令らが駆けつけ達書を示して騒動は沈静化したようである。

この騒動に対応した旧郡山藩庁の元権大参事茂木道一らの重職者たちは、後日奈良県に対し連名で「御救助嘆願」一（『元郡山県諸願伺届書類』、奈良県立図書情報館蔵）を提出した。

御救助歎願

先般当県貫属多人数政庁江歎願仕候事件ニ付、既ニ令公参事御出張ニ相成段々御説諭之次第一統深恐懼戒謹罷在候。右願意数箇条之内餘者皆万解屈伏仕居候得共、唯御救助一条之歎願兼而私共より度々懇願申上候通、政庁へ相迫リ候段ハ如何ニ茂不届ニ候得共、素ヨリ御政体ニ不通自家疲弊行末ヲ心痛仕候ヨリ生シテ情実憫然之事ト奉存候。依而一統愁謝之件御熟考之上何分御採用御救助被成下度、於私共奉懇願候。頓首百拝

壬申二月　　元郡山県少参事　青木益義
　　　　　　元郡山県少参事　野口董用
　　　　　　元郡山県少参事　平岡申義
　　　　　　元郡山県権大参事　茂木道一

本県　御中

嘆願書には、士族らが将来への不安から多人数で嘆願に至ったもので、「情実憫然」のことゆえ数条の嘆願の内「御救助一条之嘆願」についてはこれまでも県当局に救助を願い出ておりその採用を懇願する、と記されている。

進む士族の窮乏化

士族の家禄は廃藩置県に至るまでに藩政改革によってすでに大幅削減を受けていた。さらに、明治六年(一八七三)の徴兵令布告によって士族の常職であった軍役

が解除され家禄支給の正当性が薄くなったことから、国家予算の三割以上を占めていた家禄の廃止は大きな財政的課題だった。そのため，政府は同年十二月に家禄百石未満の士族に対して家禄奉還を認め最長六カ年分の禄に相当する秩禄公債を含む現金を事業資金として交付した。

旧郡山藩では、明治七年（一八七四）から八年（一八七五）にかけて多くの士族が奈良県に「家禄奉還願」を提出した。さらに明治九年（一八七六）八月に「金禄公債証書発行条例」が公布され、家禄制度が廃止されて金禄公債が士族に渡ることになった。金禄公債は、当初は売買が禁止されていたが、売買が自由になると多くの士族が手放したと言われている。新しい時代に向けて、どのように生業を営んでいくか、士族は一段と困難な状況に置かれていった。

政府は士族の就業を促進するため士族授産事業が必要と判断し大規模な授産資金の貸与を行うことになった。まず、明治八年秋、政府の指示を受けた奈良県は県内士族を対象に生計状況を調査するため「士族授産方法取調書」（『明治八年自九月至十一月　士族授産書類綴込　庶務課』、奈良県立図書情報館デジタルアーカイブ）の提出を求めた。調査の趣旨を記した「取調概則」によれば、士族を恒産常職がある（一等）、恒産常職はないが目下の生活に差し支えない（二等）、そして恒産常職がなく生活に窮する（三等）の三段階に区分し、今後の生計「見込書」の提出を求めた。士族からは建議・上申等の形式をとって士族授産の具体的方策の提案や、士族の社会的役割や地域のあり方についての言及も見られ、急激な社会の変化の中で新たな道を模索する士族の姿を垣間見ることができる。

旧郡山藩士族の近藤勝清と金丸宇一郎はこの士族授産方法を論じている。近藤は、士族授産の方策として授産掛を置き、指導者を招いて技能修得と農工商産業理解のために半年間の教習の必要性を説いた。また、県内士族約三千人を対象として習得に要する費用の見積もりを示し、不足の場合には「官」の支援を要望している。金丸は、官有地の払い下げや家禄の支払方法の改善策を提案し、さらに県都奈良に隣接する郡山が廃城後に衰退の一途にある現状に鑑み、裁判所をはじめ、中学校、会議所（議会）あるいは警察署を郡山に誘致すべきことを提案している。

第六十八国立銀行の設立

殖産興業の推進を主な目的として、明治五年（一八七二）に「国立銀行条例」（太政官布告）が制定され、全国に国立銀行が設立されていった。「国立」といっても資本金は民間の出資、銀行の設置認可は国（大蔵省）が行うという制度で、各銀行は兌換硬貨（金貨）との交換が義務付けられた銀行券を発行した。さらに、明治九年（一八七六）に条例が全面改正され、士族に交付された「金禄公債」を銀行資本に充てることが可能となったことから、より多くの国立銀行が各地に設立された。奈良県では一行のみであったが、全国では一五三行を数えている。

保申は、近代的な金融業の必要性と士族の救済・自立の方策として国立銀行設立の提唱者となった。明治十年（一八七七）十月、保申の提唱に賛同する旧郡山藩士族を中心とした十人の発起人（旧藩士族八人、旧郡山藩領の豪農二人）は一同に会し銀行創立に向けて動き出した。翌年四月には銀行設立の内認可を受け、第六十八国立銀行（資本金八万円）の株式募集を開始した。設立時の株主総数は百三十三人、内訳は、旧郡山藩士族が百二十六人、商人三人、豪農四人であった。同年十月には「開業免状」の交付を受けて、明治十二年（一八七九）一月十一日、三木輿（士族）を頭取、黒松友清（豪農）を支配人として奈良県下で初の国立銀行が添下郡郡山柳町一丁目で開業した。(6) 保申は、この銀行に直接出資はしていないが、士族授産事業への期待は大きかった。また、同時期に士族らも参画した「大和国郡山物産会社」（資本金五千円、添下郡郡山柳町五丁目）が設立され、諸物品の売買を行っている。

銀行設立に際しては、「日本資本主義の父」と称される渋沢栄一が創業指導と援助にあたっている。その後、昭和九年（一九三四）には、奈良県内の他の三つの銀行（吉野銀行、八木銀行、御所銀行）と合併し南都銀行（奈良市）が設立されている。

郡山城跡、地元士族へ払下げ

明治六年（一八七三）一月、政府は「全国城郭存廃ノ処分並兵営地等撰定方」（いわゆる「廃城令」）を布達した。新しい時代を迎えてかつての武威の象徴である城郭は存在意義を失ったが、城郭の存廃を巡っては陸軍省が軍用目的に使用する城郭（「存城」）と大蔵省が管理し将来払下げの対象ともなる城郭（「廃城」）の二つに区分された。

廃城令により、奈良県内の城郭陣屋はすべて廃城となった。同年三月には奈良県が「旧城郭陣屋等払下入札通達」(7)を発出し、その結果、郡山を筆頭に、小泉、田原本、高取、櫛羅、柳生の各城郭陣屋建物立木が売り払われた。旧郡山城内の建物等は、この時期に撤去されたと考えられ、城跡は次第に荒蕪地となっていった。

明治十年代に入ると、郡山では士族らを中心に官有地であった城跡の積極的な土地活用が検討された。近年、当時の郡山城跡の利用に関して「城跡御払下之儀ニ付願書」が発見され、郡山城跡変遷の一端が明らかになった。(8) この史料は、「証」（払下げ代金の領収証）に続き、南／北郡山村在住士族総代から堺県令宛の「願書」、堺県による「払下聞届書」、並びに士族総代からの「御請書」が一つに綴じられている。「証」には、明治十三年（一八八〇）九月に、〈南／北〉郡山村の総代代理須東喜久蔵が城跡払下げ代金百五十六円余を奈良郡役所出納掛に納めたことが記されている。南郡山村と北郡山村は明治九年（一八七六）に郡山村から分村したが、両村はかつての武家屋敷地であり、廃藩後も多くの士族の居住地であった。また、南／北両郡山村は添下郡を含む奈良郡役所管内にあった。

奈良県は明治九年（一八七六）四月に堺県に併合されていたため、願書は両村士族総代と南／北郡山村総代によって明治十一年（一八七八）八月九日付で堺県令税所篤宛てに提出された。それによれば、南／北郡山村在住士族八百九十戸余の生計は耕作地を欠くことから困苦を極めており、本件払下げ願いに先だって五町二反余（約五万一千五百平方メートル）の荒蕪官有地が払い下げられたが、各自が開墾に着手してもなお将来の生活の見込みが立ちがたい現状が述べられている。郡山城跡一帯の土地は七町二反余（約七万一千平方メートル）であり、その内の一町六反余（約一万六千平方メートル）は二ノ丸跡の「中・小学校敷地」として既に「御下渡」を出願していることから、残る五町五反余（約五万三千平方メートル）の城跡地払

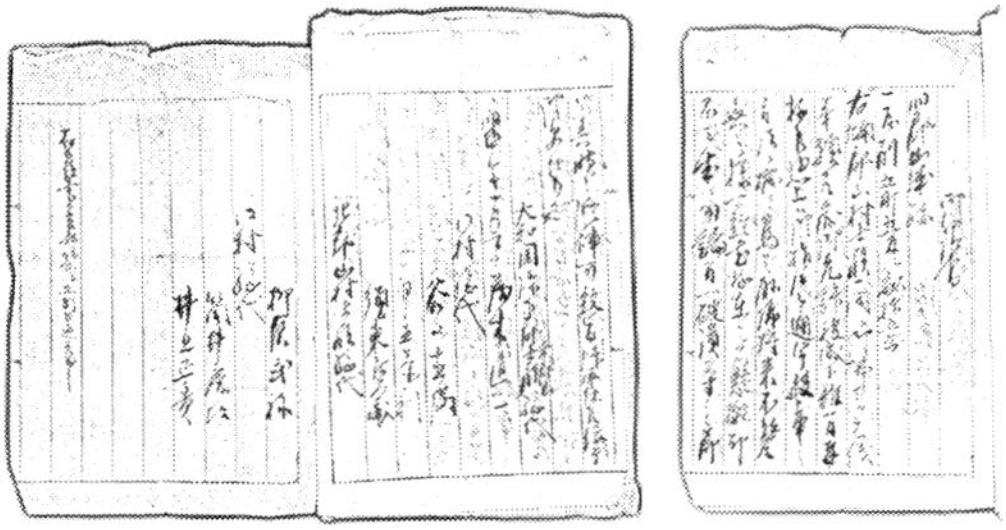

【図3】御請書
（「明治十三年
城跡御払下之義ニ付
願書」より、個人蔵）

下げを願い出たものである。その目的は郡山城跡一帯の土地を種芸用地（作物や草木を植え付けるための用地）として開墾し士族就産に供することであり、「永世売却不為仕恒産之目的ニ為仕候見込」として将来の活用を約している。

堺県は申請から二年後の明治十三年（一八八〇）九月に「願之通」払い下げを認可した。払下げの条件として「存在之石懸（垣）撤却不相成ハ勿論万一破潰等之節ハ其時々修補可致」として石垣の現状保全を図ること、万一破潰の節は修補すべき旨を命じている。

以下は士族総代から堺県令に宛てた「御請書」である。

御請書

旧郡山城跡
一反別五町五反八畝拾五歩
右南／北郡山村士族一同へ御払下ケ之儀奉願候処、御允許被成下難有奉存候。然上ハ御指令之通今般上申之方法ニ拠り篤と取締将来不都合無之様可致、尤存在之石垣撤去不相成ハ勿論万一破潰等之節ハ其時々修補可致旨許承仕候。依テ御受仕候也。

明治十三年十月二日

大和国添下郡南郡山士族総代
茂木道一
同村総代
谷口直満
日置恭利

北郡山村士族総代　須藤喜久蔵
柳沢武祢
同村総代　筒井慶治
井上正貴

右御請書奈良郡役所江正副弐通差出候（朱書）

堺県令　税所篤殿

「御請書」は払下げ代金を納付した後の十月二日に士族総代茂木道一、柳澤武祢と両村総代らの連名で奈良郡役所に提出され、「今般上申之方法ニ拠り篤と取締将来不都合無之様可致」として指令を遵守する旨回答している。

「御請書」にある「今般上申之方法」は別に「旧城跡種芸見込方法書」（和綴じ、個人蔵）として残されている。士族取締を務める柳澤武祢、三木輿、板垣幽夢、茂木道一、青木益義の連名により、「郡山旧城跡御払下ケ被成下候得ハ、……共有地之地券御授与被下度、御下付之上ハ士族取締ニテ相預リ該地取締方負担可致候」と述べ、士族一戸毎に共有地を分賦したならば「僅少ノ畝歩ニテ方法相立難クニ付、桑桐槲等栽培致シ耕転ニ堪ユル者ヲ相撰ヒ培養致サセ」るとして城内の各郭に桑、桐、槲（柏）の樹木栽培を計画し、今後十年間の収益見通しを記載している。

このように、明治十年代前半には学校敷地となった二ノ丸跡を除く郡山城跡一帯

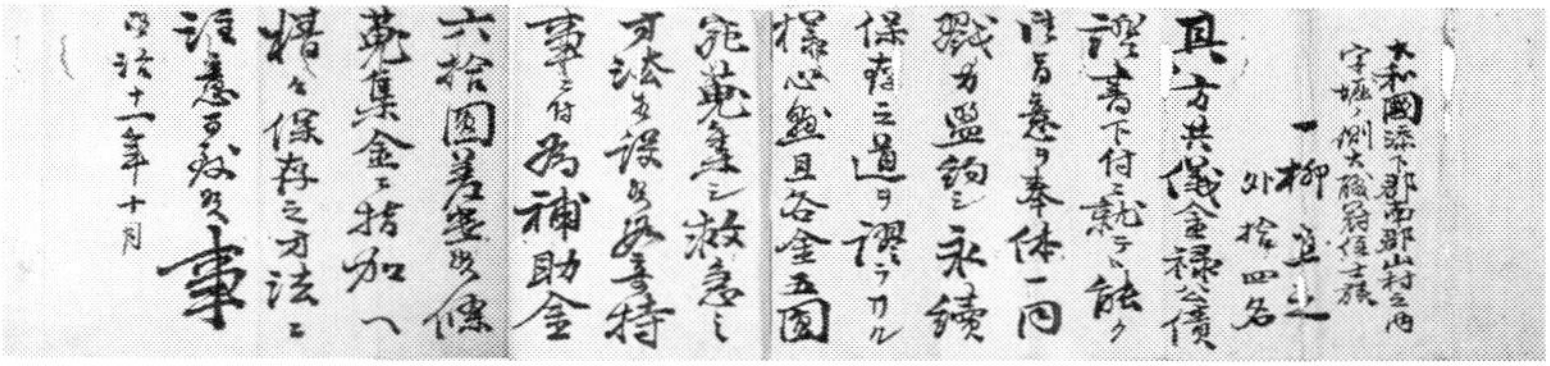
大和國添下郡南郡山村之内
字堀ノ側大職冠住士族
一柳直之
外拾四名
其方共儀金禄公債證書下付ニ就テハ能ク御旨意ヲ奉体一同戮力盟約シ永続保存之道ヲ謬ラサル様心掛且各金五圓宛蒐集シ救急之方法相設候段奇特事ニ付為補助金六拾圓差遣候條蒐集金ニ指加ヘ精々保存之方法ニ注意可致候事
明治十一年十月

【図4】士族盟約救急金保存方法注意書（豊田家文書、大和郡山市教育委員会蔵）

は南／北郡山村共有地として在住士族に払い下げられ、種芸地として士族就産に活用されることになった。

二　士族授産事業の萌芽

士族結集の動き

大和郡山市教育委員会が所蔵する『豊田家文書』[9]には、士族一柳直之を代表者とする南郡山村在住士族有志十五名に宛てた「士族盟約救急金保存方法注意書」（明治十一年（一八七八）十月）と堺県令税所篤に宛てた「蒐集補助金之儀ニ付伺書」（同年十一月）が伝わっている。

大和国添下郡南郡山村之内／字堀ノ側大職冠住士族
一柳直之
外拾四名
其方共儀金禄公債証書下付ニ就テハ、能ク御旨意ヲ奉体一同戮力盟約シ、永続保存之道ヲ謬ラサル様心掛、且各金五円宛蒐集シ救急之方法相設候段奇特事ニ付、為補助金六拾円差遣候條蒐集金ニ指加ヘ精々保存之方法ニ注意可致候事。
明治十一年十月

「注意書」には、一柳直之ら旧郡山藩士族が手にした金禄公債をむやみに失うことがないように一同協力すること、各自五円の蒐集は奇特なことであるので補助金六十円を差し遣わし蒐集金とあわせて保存の方法に注意すべきことが記されている。しかし、文面からは発出者が明らかではない。

後者の「伺書」では、士族取締一柳直之・打越繁太・岡村光信の連名で堺県令税所篤に宛てて補助金六十円に対する謝辞を述べるとともに、仮に他地への転籍者があった場合の補助金精算の扱いについて問い合わせている。このことから「注意書」は堺県令から一柳ら士族に宛てて出されたことがわかる。ただし、一柳らがどのような事業を始めたかは定かではない。

錦鱗社の創業

政府は明治十二年(一八七九)から向こう十一年間にわたって士族授産を目的とした勧業資金の貸付を行った。

郡山の士族授産(就産)事業の組織は、明治十二年(一八七九)に旧郡山藩士族五十五名による「仏蘭西機織工組」(以下「機織工組」という。)が最初といってよい。機織工組は政府から三千円の資金貸付を受けて、江戸期以来の「郡山繰綿」の地を生かした機織業(緞通生産)を営んでいる。「堺県下士族古屋円外五十四名へ織物製造資金貸下ノ件」(「公文録」、国立公文書館デジタルアーカイブ)の中には機織工組から堺県令宛の「資本金拝借御願」が含まれており、起業の経緯が詳しく記されているので、長文になるが引用する。

資本金拝借御願

大和国第二大区二小区
添下郡南郡山村
仏蘭西機織工組

私共儀常職ヲ被解候以来力食ノ方法相立度ト日夜焦慮罷在候処、遽ニ不慣ノ商業ニ従事仕候共確実之目途難相立、左リ迚田地ヲ購ヒ農ニ帰スルノ資力モ無之、幸ヒ当地ニ生産スル錦魚義ハ従来名誉ヲ得タル者ニ付更ニ同志取締約ヲ結ヒ盛ニ生育ノ方法ヲ議シ着手仕候得共、元来此物タル一ノ翫物ニシテ国家ニ益アルモノニモ無之ニ付、之レ而已ヲ以将来恒産之目途トスルモ無覚束、何卒邦家ニ有益ナル事業ヲ興起仕度ト種々商議ノ末、客年大阪府下坂井吾一ニ依頼シ同志ノ者十名同家ニ就キ佛蘭西機織工伝習仕、本年二月ニ至リ卒業仕候故続テ開業仕綾及小倉織等製造仕候処、追々織工モ増加シ販路モ相開ケ此上事業拡張仕候者同郷士族之者共ニ於テモ共ニ恒産之途ヲ可得ト黽勉従事罷在候得共、何分貧弱之私共資本乏敷已ニ今日ニ於テスラ需求ニ応スルノ額ヲ製造仕不得候ニ付、他借金等ヲ以取続来候得共、利金相嵩ミ此振合ニ而ハ迚茂事業拡張難致ト深ク苦心罷在候。就而者甚恐縮之義ニ御座候得共、為資本金三千円無利息ヲ以拝借仕度、最モ為抵当金禄公債証三千円御預ケ置キ可申且返納之義ハ満四ケ年間割賦初年(拝借ノ月ヨリ満壱ヶ年ヲ云)三百円、二年五百円、三年七百円、四年千五百円則悉皆返納仕度候。何卒全額御貸下被成下候様奉願度、右抵当ノ義ハ御沙汰次第差出可申候。右之趣特別ノ御詮議ヲ以御聞届被成下度、奉懇願候也。

右職工組五拾五名惣代
同村士族
若山　穀宜
赤井　梶蔵
古屋　圓

明治十二年五月二六日

前書之通相違無御座候間、願意御採用被成遣度仍テ奥印仕候也。

戸長　飯野　富

区長　田村忠正

堺県令　税所　篤　殿

機織工組の総代は南郡山村在住士族三人が務めている。これによれば、①士族一同は常職を離れて以降、不慣れな商業は確実とはいえず農地を買う資金も持ち得ず、②郡山特産の金魚養殖については士族共同で生育方法の改善に取り組みつつあるが、金魚は「玩物」であるので国家の「益」には結びつかず、③国家に有益の事業を興そうと一同協議した結果、機織業を恒産の途として選び、④すでに技術伝習を終え二月から操業を開始し販路拡大の見込みも立ち、⑤さらなる事業拡張のためには、金禄公債を担保に資本金三千円を無利息にて拝借の上、一年間据置の後四年間の年賦にて返納したい、としている。特に機織技術を習得した職工十名を揃えており生産及び販路の見通しも立てている。この「拝借御願」は六カ月後の同年十一月に「伺ノ趣聞届」となり旧郡山藩士族に初めて事業資金三千円が貸し付けられた。

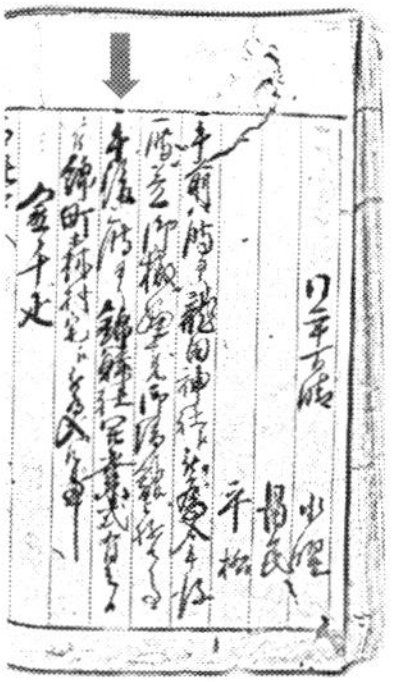
【図5】日誌（明治十七年五月二十一日条）

この機織工組が錦鱗社であることが明治十三年（一八八〇）度「第六十八国立銀行第三回半季実際考課状」（柳沢文庫蔵）により判明する。「考課状」には「……当地錦鱗社職（ママ）工組へ下附ナル可キ官金抵当ノ代納ヲ当銀行へ依頼セルニヨリ……」とあり、錦鱗社職工組が「下附ナル可キ官金」を受けた機織工組であり、その後錦鱗社を名乗ったと思われる。

機織工組は、設立後数年間は事業も軌道に乗り返済も完了したが、不幸にして実質的な社長であった古屋圓の急逝により事業は一時中断の止むなきに至った。その後、錦鱗社は資金返済の猶予願が認められて明治十七年（一八八四）に操業を再開した。

明治十七年『日誌』の五月二十一日条には、

一、午後三時ヨリ錦鱗社開業式有之候ニ付、綿町森村宅江被為入候事
　金千疋
　右社中へ被下候

と記され、保申が錦鱗社開業式に出席し祝儀を贈っている。

しかし、明治十年代後半からの「松方デフレ」と呼ばれる全国的な経済不況による機織業不振の中、錦鱗社（社長藤本伊之吉、支配人一柳直之）は明治十八年（一八八五）四月、大阪府知事宛に「拝借残金寛納ノ義再願」（『公文録』、国立公文書館蔵デジタルアーカイブ）を再提出した。一柳直之は先の「注意書」（【図4】）に登場し

た人物である。「再願」書の中で、①事業の再興が叶ったこと、②これまでの小倉織等を製造するとともに、販路として大阪府巡査冬服を請け負い、近く大阪府師範学校等生徒の制服も請け負う見込みであり、③一方で、事業休止の影響を受けて再興に要する経費も嵩み優秀な職人も得難く、販路拡大も十分とはいえず社員の給与が支給できるにとどまり、④今期の返納金は資本金取り崩しをもって充てる以外に道はなく、⑤今後は諸学校から生徒の夏冬服の請負の見込みも立ちつつあることから、将来の事業進展への理解を賜り年賦上納金はさらに五年据置きの上、五カ年賦を認めていただきたい、としている。

このようにして再興を期した錦鱗社であったが、その後の経営は好調ではなかったようである。明治二十一年（一八八八）三月に至り農商務大臣から内閣総理大臣宛の「錦鱗社拝借金返納ノ件」（『公文録』、国立公文書館蔵デジタルアーカイブ）に関する報告では、

錦鱗社拝借金返納ノ件

奈二甲第二一號

奈良県下大和国添下郡旧郡山藩士族ノ設立ニ係ル錦鱗社拝借金返納残金弐千弐百円ハ明治二十年六月迄据置同年七月ヨリ四カ年賦返納ノ約ニ有之候処、該社事業即機織業ハ兎角不振ノ景況ニテ多額ノ負債ヲ醸シ、結局前約履行相成兼候趣ヲ以テ、本年ヨリ向フ五十カ年賦返納定トシ一割利引一時上納ノ義該県知事上申ニ付、大蔵大臣協議ノ上二十年七月ヨリ同年十二月迄置据本年

ヨリ起算五十カ年賦知事申立ノ通聞届タリ
但上納金額ハ四百三拾六円貳拾五銭壱厘ニ有之候
右報告ス
明治廿一年三月三十一日
農商務大臣伯爵黒田清隆　印
内閣総理大臣伯爵伊藤博文殿

となっている。

錦鱗社の拝借金残額二千二百円は明治二十年六月まで据え置き、同年七月より四カ年賦による返納を約していたが、同社機織業不振のため多額の負債を生じ履行不能となったため、五十カ年賦・一割利引一時上納の方法により返済が認められた。明治十二年(一八七九)から機織業を中心に始まった錦鱗社(当初は機織工組)の事業活動は、明治二十一年(一八八八)に拝借金残額一括上納によって幕を閉じた形になったと思われる。

その五年後の明治二十六年(一八九三)には「郡山紡績株式会社」が設立され、郡山の近代紡績業をリードしていくことになるが、錦鱗社のその後の活動との関連については現時点で史料が見いだせず、定かではない。

士族結社立本社の創設

明治十年代前半には、旧郡山藩士族の就産事業は第六十八国立銀行の開業、郡山城跡払下げによる開墾計画や錦鱗社の機織業が先行したが、明治十年代後半から二十年代にかけては養蚕業が本格的な就産事業となっていった。これら事業の推進母体となったのが南／北郡山村在住の旧藩士族を組員（のちに社員と改称）とする士族結社立本社であった。「立本」の由来は論語の学而第一にある「君子務本、本立而道生」（君子は本を務む、本立ちて道生ず。つまり、「物事の根本が確立すれば、自ずと道は開ける。」との意）に由来するとされる。

前述のように、明治十三年（一八八〇）に二ノ丸跡を除く郡山城跡は南／北郡山村に払下げられており、実質的には両村在住士族の共有地であった。この城跡払下げについて、立本社が関与した直接的な史料は残されていないが、城跡払下げの基礎資料である立本社作成の郡山城跡絵図面「本県地租改正掛実地丈量絵図写」[10]が残されている。絵図には「明治九年四月　立本社」との記載があり、この時期に奈良県は堺県に編入されていることから、本実地丈量絵図は堺県への事務引継のために奈良県が作成した絵図を立本社が写したものであろう。このことから、城跡払下げの諸々の作業に立本社が重要な役割を果たしたと考えられる。

「立本社規則ノ緒言」（文庫だより第四十号、柳沢文庫発行）によれば、立本社は明治十年より十五年間で金一万二千円を借用し、希望する士族（総人員数一三〇〇人余）に授産資金として貸与している。なお、明治十二年（一八七九）五月、保申は維新後に家政を取り仕切った三木輿を「立本社頭取申附候事」として立本社頭取に任命している。

養蚕事業、始まる

明治二十年代、郡山の士族就産事業の中心は養蚕であった。では、養蚕事業に向けてどのような道のりを辿ったのだろうか。

保申は、明治十五年（一八八二）三月に龍田神社宮司を拝命した。龍田神社の祭礼斉行を機に、東京貫属のまま時々郡山に寄留することになった。寄留先は郡山城跡北の「堀ノ側」（現植槻町）の一角にある元家老後藤繁之進の屋敷であった。藩政時代には、堀ノ側一帯は上士（最上位の家格を有する藩士）の屋敷が建ち並んでおり、「安政年間家中図」（柳沢文庫蔵）によれば、「ホリノカハ」には元家老の松平（三木）但見（貞幹、三木輿の父）、後藤繁之進らの屋敷があった。

保申は寄留にあたって明治十五年から旧後藤屋敷の改修・増築工事に着手し、保申邸は明治二十年（一八八七）にはほぼ完成した。「御門長屋」を表門とした屋敷の建坪は百五十七坪（五百二十平方メートル）、東側には大きな「御池」があり、後年この池が金魚養魚場として整備されていくことになる。

郡山への寄留目的の一つには、郡山在住士族らの生業の成り行きを心配し、いかにして士族らの就業支援を行うかにあった。すでに錦鱗社や立本社による士族就産事業が始まっていたが、錦鱗社の業績は明治十八年（一八八五）以降次第に芳しくなくなり、また立本社の士族支援も設立当初から資金貸与が中心で主たる事業が明確ではない状況にあった。

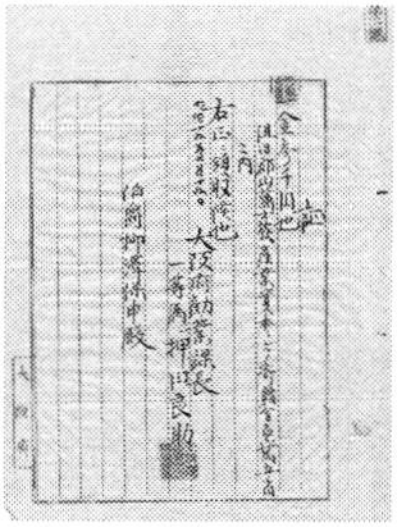

【図6】大阪府からの郡山士族授産資金
領収証
（明治十九年七月十九日、個人蔵）

このような中、保申は大きな決断を下した。明治十九年（一八八六）六月、大阪府知事建野郷三宛に旧郡山藩士族産業資本出金の「願書」（『明治十九年／日誌』）を提出した。それには、

先年当府下当国北郡山村ニ寄留以来、農商業ノ衰退ニ際シ当地士族ノ銘々往々活路ヲ失フ者年一年ヨリ多ク、旧情ニ於テ傍観座視スルニ忍ヒス、依テ一ノ産業ヲ授ケ後来困難ニ陥ル惨ヲ予シメ救済セント欲ス。……士族授産方法ノ義ハ一切御委託致候條御取設ノ上実施相求……

とあり、郡山に寄留以来、士族の困窮ぶりを目の当たりにしてきた保申の心情を述べ、「士族授産方法」の一切を大阪府に委託したい旨願い出ている。同年七月には、保申は大阪府知事宛に士族のための産業資本金として総額一万五千円の内三千円を寄附分納した。

証

（割印）一金参千円也
但旧郡山藩士族産業資本トシテ寄贈金壱萬五千円之内
右正ニ領収候也
明治十九年七月十九日　大阪府勧業課長
一等属　押田良助　公印

伯爵柳澤保申殿

寄附は、明治十九年（一八八六）七月を初回として明治二十二年（一八八九）一月（第五回）に至るまで各回三千円ずつ行われた。この間、明治二十年（一八八七）十一月に奈良県が再設置されたため、第四・五回分は奈良県への寄附となった。

前年十月には大阪府の養蚕指導者佐貝義胤の名で「養蚕概算表」（紙縒り綴、個人蔵）が準備されている。事業開始後十年間の収支概算見通しが示されており、毎年の寄付金千五百円の振込（寄附）によって資本金を一万五千円とし、当初四年間で桑葉栽培のための畑地十町歩を二千円で買い入れる計画であった。このようにして大阪府は養蚕資金として活用することになったと思われる。

就産事業の状況が朝日新聞（明治十九年十月十六日）に「柳澤家の美挙」と題して紹介されている。記事によれば、明治十九年（一八八六）五月に、奈良郡長稲葉通久をはじめ有志数名に相談の上、大阪府に授産事業の資本金として一万五千円を委託し、府知事は具体的方策の調査を郡長に託したところ、郡山は桑樹の栽培に適地であり地価も低廉であることから養蚕事業が最適であるとして、まず無業士族の就産事業を進める予定とあり、奈良郡役所の勧業関係者及び大阪府庁職員の協力を得て適地を物色中、としている。

さらに、保申は明治十九年十月に奈良郡長稲葉通久に宛てて、士族一人ひとりへの救済策として「貧困者へ救助願」（『明治二十年　貧民施与願綴』、『添上外四郡役所文書』、奈良県立図書情報館蔵）を提出した。注目されるのは、「旧郡山士族在籍人名」と題する人名簿(一二九五人)が添えられていることである。以下に、救助願本文を示す。宛先は奈良郡長稲葉通久である。

貧困者へ救助願

一　金千五百拾九円三銭五厘

右ハ方今諸物価不融通随テ民家凋衰ノ時ニ拠リ人民難渋ノ折柄、就中旧郡山藩士族ノ者ニ於ケル一層困難ニ陥リタルノ実況誠ニ観ルニ忍ヒサルノ状態ニ有之、且此姿ニシテ傍観スルトキハ如何ナル惨状ヲ呈スヘキ哉モ難斗ト苦慮致候。付テハ既ニ金壱万五千円ヲ漸次弁出スルノ方法ヲ以テ右士族等授産ノ方法ヲ設ケラレン事ヲ本府へ御依托セシ次第も御座候へ共、該産業ニ基キ候迄ノ処各自其口糊ノ取継方甚タ無覚束、旁以今般別冊千二百九拾五名へ前顕ノ金額分賦シ則壱名ニ付金一円拾七銭三厘ツヽ一時救助致度候間、御聞届被下度此段相願候也。

東京府華族

芝区芝田町壱番地

当時添下郡北郡山村寄留

従四位伯爵柳澤保申　印

明治十九年十月廿五日

文面によれば、士族窮乏の現状は観るに忍び難く、このまま傍観すれば更なる惨状を招きかねないこと、すでに一万五千円を大阪府に寄附し、士族授産の方法を設けるよう委託したことを述べ、別冊に記した旧郡山藩在住士族千二百九十五名に千五百十九円余、一人あたりの一円十七銭余の救助金分賦を奈良郡長に願い出ている。

【図7】日誌（明治二十年四月二十七日条）

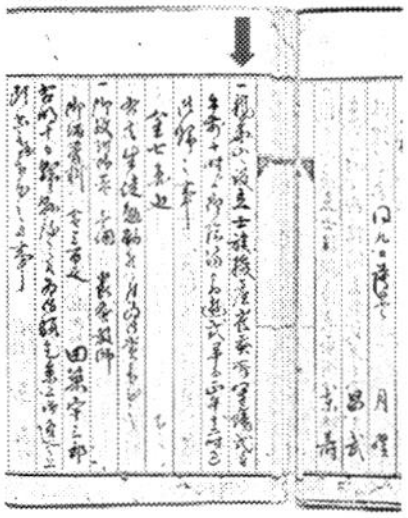
【図8】日誌（明治二十一年七月九日条）

「貧困者」とあるが、名簿を一覧すると郡山藩・県時代の重職者、第六十八国立銀行の株主たちの名や錦鱗社関係者の名も散見され、士族就産事業に参画するほぼ全ての士族らに平等に一時金が行き渡ったと考えられる。また、「一時救助」の目的は当面の生活費補助ではあるが、旧藩主とのつながりを意識しつつ旧藩士族全員が名簿に連署する形をとって就産事業への共同参画の意志を確認することにあったのではないかと思われる。

その後の保申と養蚕事業との関わりが『日誌』に記されている。（【図7】、【図8】）

明治二十年四月二十七日

一、午前十一時ヨリ龍花山ニ於テ養蚕製糸場□開業ニ付被為入、午後三時過
　御帰館之事

明治二十一年七月九日

一、龍華山ニ設立士族授産養蚕所閉場式ニ付、午前十時ゟ御臨場被為遊式畢
　而正午十二時過御帰之事
　　金七円也
右者生徒勉励候ニ付為御賞ヒ下置候
一、御紋付御盃　一個　　　養蚕教師
　御酒肴料　金三百疋　　田築宇三郎
右明十日帰県致候ニ付、為御暇乞参上御逢之上頭書之被下置□候事

龍華山（地元では、柳沢吉保の諱である永慶寺殿を避けて永慶寺（柳澤家菩提寺）の山号「龍華山」を用いている。）に養蚕施設「士族授産養蚕所」が設けられ、十四ヶ月間にわたり養蚕教師を招聘しての伝習が行われている。

郡山の士族授産事業は大阪府の監督下で養蚕製糸事業として進められることになった。そのため、これまで立本社が行ってきた士族への資金貸付や所有する広大な土地の賃貸管理の役割は終焉を迎えることになった。

三　士族就産事業の本格化

養蚕事業の展開

明治十四年（一八八一）、堺県は大阪府に合併されたが、同年以降奈良県再設置運動が起こり、明治二〇年（一八八七）に念願の奈良県が再設置された。初代知事は堺県知事を歴任した税所篤である。就産事業は大阪府から奈良県及び奈良郡役所の指導・監督を受けることになり大きな転機を迎えた。

「士族授産関係文書」（矢田町之記）[11]には、明治二十二年春に旧郡山藩士族に向けて出された「郡長告諭」と「奈良県知事告諭」が含まれており、従来あまり知られていない史料であることから、長文ながらその一部を引用させていただく。「奈良県知事告諭」には、郡山の士族授産事業の経緯と奈良県下の養蚕業発展への期待が述べられている。

郡諭第壱号
旧郡山藩士族壱般
別紙之通諭達相成候條、其主趣ヲ了知シ可成本業ニ従事セラルヘシ。
右告諭達ス。
明治弐拾弐年四月拾日
奈良県添上・添下・山辺・広瀬・平群　郡長　平田　好

（別紙）告諭第壱号
旧郡山藩士族一般
維新以来士族ノ貧困ハ往々名状シ難キ情況ナルヲ以テ、旧藩主柳澤伯最モ之ヲ憂慮シ曩ニ諸子カ産業ノ資本トシテ金壱万五千円ヲ恵与シ、其就産ノ事業ヲ大阪府知事ニ委托セラレタリ。於是乎府知事ハ深ク之レカ事業ヲ調査シ蚕業ヲ以テ適當ト認メ、直ニ桑園ヲ開設シテ漸次歩ヲ進メントスルニ際シ、本県設置ニ依り其業務ハ自然本県ニ属シタルヲ以テ、尓来本県ニ於テハ経済ヲ主トシ実益ヲ旨トシ経営不怠尚汎ク県下一般ニ斯業ヲ拡張センコトヲ企図シ、曽テ該業ノ本場タル福島群馬等ノ諸県ニ属官ヲ派遣シ実況ヲ視察セシメ、然シテ今回郡山旧城内ニ蚕室ヲ新築セリ。右ハ即福嶋県ニ於テ完全ノ公評アルモノニ摸シタルモノニシテ、且桑園ハ種類ノ撰択栽培ノ方法等尤モ注意シ蚕室桑園両ヲ稍ヤ見ルヘキノ形象ヲ呈スルニ至レリ。就テハ時季亦迫ルヲ以テ不日良教師ヲ聘シ善良ナル伝習ヲ始ムヘキニ付、勉メテ子弟ヲ習熟セシメラルヘク、既ニ伝習ヲ率ヘタルモノニシテ各自宅飼ヲ希望スルモノハ其桑葉及蚕種ハ貸与スヘキヲ以テ可成本業ニ従事セラルヘシ。抑本業ヲ以テ諸子ノ恒産トセシメンコトヲ勧誘スルハ敢テ故ナキニ非ルナリ。見ヨ現今海外貿易品ノ中其第一位ヲ占メ将来ニ望アルモノハ蚕糸ニアラスヤ。是ヲ以テ全国到ル処斯業起リ年一年ニ進歩スル所以ナリ。矧ンヤ本業ハ婦女子ニ尤モ適シ習ヒ易クシテ行ヒ易シ。而シテ其従事スル所ノ日数モ亦多キヲ要セス。加之我大和ハ風土其宜キニ適シ苟モ茲ニ産ニ就カントスモノハ実ニ本業ヲ措テ他ニ其途ナシト云フモ可ナラン歟。今ヤ本県ニ於テ管理スル所ノ事業ハ他日成整ヲ俟テ諸子ノ手ニ帰スヘキモノナレハ、能ク其法ヲ講シ其術ヲ究メテ将来ニ隆昌ヲ期シ、一ハ以テ旧藩主ノ恩旨ヲ全シ一ハ以テ自己ノ恒産ニ就クコトヲ勉メサルヘカラス。諸子夫レ宜シク猛省セラルヘシ。

此旨諭達候也。

明治弐拾弐年四月拾日

奈良県知事子爵　税所　篤

奈良県知事告諭（別紙）によれば、①旧藩主柳澤保申の寄附により士族就産事業を大阪府に委託し、②府は養蚕業を最適と認め、桑園を開設しつつある中、③奈良県再設置にともない事業は奈良県が進めることとなり、④県下に養蚕業の拡張を企図し、養蚕の中心地である福島・群馬に職員を派遣、視察を行い、⑤今回、郡山旧城内に福島県で定評のある蚕室を模して新築し、桑園の整備も進めつつあり、⑥養蚕教師を招聘し伝習を開始するので子弟を学ばせ養蚕事業に従事すべきであり、⑦養蚕業は将来有望の産業として全国で起業されつつあり大和の風土にも適しており、また、婦女子に適した仕事であり、⑧奈良県が管理する事業ではあるが他日各自の手に帰するものであるから養蚕技術を高め興隆を期し恒産の道に就くよう努められたい、と結んでいる。あらためて、養蚕業を先進地域からの技術導入によって大和の有望な産業として育成しようとする県当局の強い意志が伝わってくる。

明治二十年代の郡山の士族授産事業についてはすでに地元自治体史で紹介されている。『郡山町史』[1]によれば、①明治二十三年(一八九〇)の政府による授産事業の打切りにより郡山士族の就産事業として引継がれたこと、②旧郡山藩士族千二百十二人の総代として士族総代中田虎雄外九名は奈良県を通じ政府に上申し、桑園等と資本金の残金九千百円余の引渡しを受け、「旧郡山藩士族就産規則」等が定められた、とされている。「資本金の残金九千百円余」とは保申の大阪府への寄附金(養蚕資本金)一万五千円からその後の桑園等の購入代金を差し引いた残額である。また『大和郡山市史』[2]によれば、①郡山地方で養蚕業が行なわれるようになるのは明治二十年代からで、②明治二十一年(一八八八)に旧郡山藩士族授産のため資本金一万五千円で「郡山士族就産事務所」が創設され、③三〇町歩に桑樹を栽培し、養蚕業に共同で取り組んだ、とされている。養蚕事業は文字通り「士族総がかり」で立ち上げようとした共同事業であったことがわかる。

明治二十二年(一八八九)、保申の寄付完納とともに、旧郡山藩士族の養蚕事業は、奈良県の監督下で桑畑(桑園)用地の買入も進み、徐々に進展していった。
さらに、同年七月には旧郡山藩士族総代今泉一清らが政府に対して授産資金の貸下を願い出て認められている(「奈良県旧郡山藩士族へ授産資金貸下ノ件」、公文雑纂、国立公文書館デジタルアーカイブ収蔵)。旧郡山藩士族の授産事業に関して、錦鱗社に続き政府から資金貸下を受けた二件目のケースである。

農第一二〇九号ノ二

　奈良県旧郡山藩士族授産資金貸下ノ件

奈良県下旧郡山藩士族総代今泉一清外五名ヨリ桑園設立資本トシテ金七千七百五拾五円拝借ノ義出願ニ付調査候処、事業方法返納予算等不都合無之候間、本年七月ヨリ明治廿七年六月マテ五ケ年据置同年七月ヨリ向十ケ年賦無利子毎年五月限返納ノ定ヲ以テ、廿二年度士族勧業資本金乙部ノ内ヨリ前顕金額支出貸下ケノ義、大蔵大臣協議ノ上本年七月五日該県へ指令セリ。

右報告ス。

明治廿二年七月八日

　農商務大臣伯爵井上馨　印

内閣總理大臣伯爵黒田清隆殿

この中で、①士族総代今泉一清外五名により桑園設立資本金として七、七五五円拝借の願い出があり、②事業方法・返納予算等の調査の結果、不都合はなく、③明治二十二年七月から五年間据置の後十カ年賦・無利子返済を条件として、④士族勧業資本金の内より資本金七七五五円を貸し下げることとしたものである。これにより、柳澤保申による一万五千円の寄附の他に政府から桑園設立資本金七、七五五円を得ることとなった。士族総代今泉一清は、明治十三年（一八八〇）の「城跡御払下之義ニ付願書」では北郡山村総代の一人であった。

しかし、事業の進捗が芳しくなかったためか授産資金の貸し下げが認められてからわずか五ヶ月余を経過した翌年一月に、「授産資金処分の件」として、一括返済を願い出て認められている。資金貸下の後まもなくの「返済」であった。

農三三〇三号

奈良県旧郡山藩士族授産資金処分之件

右旧郡山藩士族養蚕製糸業資本トシテ昨明治廿二年七月金七千七百五拾五円士族総代今泉一清等へ貸下ケ之処、今般五十ヶ年賦一割利引之計算ヲ以テ金千五百三拾七円七拾八銭五厘即納之義出願ニ付、調査候処敢テ不相當之□無之候間、大蔵大臣連署ヲ以テ聞届之旨本年一月十五日該県へ指令セリ。

右報告ス。

明治二十三年一月十八日

農商務大臣　岩村通俊　印

内閣総理大臣伯爵山形有朋殿

この間の事情を物語る「拝借金返納之義ニ付願」(12)と題する史料が紹介されている。

この史料は「差出責任者名、日付及び宛先人名もないが、士族就業問題に参考になる故に登載」されたものであった。今回の調査により、明治二十二年当時の文書と判断できたので、引用させていただく。

拝借金返納之義ニ付願

當郡山士族之生計日々窮迫ヲ訴ヘ候ニ付、就産事業拡張ノ為メ本年五月十五日付ヲ以テ、勧業資本金拝借之義奉嘆願然処、仝八月六日付ヲ以、御聞届ノ御指令ヲ賜リタリ、実ニ士族一統難有感泣仕候。就テハ曩ニ旧藩主伯爵柳澤保申ノ恵与ニ係ル資本金壱万五千円残額ヘ今回ノ拝借金ヲ補足シ、以テ養蚕即チ就産事業ノ拡張ヲ奉願候処、時勢ノ変遷ニ伴ヒ、野上ノ考案ト実地トハ、兎角ニ齟齬ヲ生セリ。就中土地ノ如キハ、目下非常ノ騰貴ヲ極メ、當初拝借金ノ願旨ニ添付セル計算書ノ如ク、之ヲ履行スルコト不能、詢ニ迷惑ノ次第ニ候得者、万不得止義ニ付、此際或ハ事業ノ運利ヲ緩メ漸次拡張ヲ図ル外、他ニ策ナカルヘシ。故ニ之ヲ緩メ之ヲ拡張セント欲セハ、桑園或ハ器具ノ交換又ハ売買等臨機ノ処理其宜ヲ得ルニアラサレハ、當初ノ目的ヲ廃撤之不能事情ニ迫リ候得者、該業ヨリ成立タル処ノ物品ハ拝借金ニ対シ抵当トシテ、差出シタル義ニ付、臨機随意ノ計ヒモ為シ得ヘカラス。業務上困難ノ場合ニ有之候間、資金拝借以来僅々ニ数月ヲ閲スルヤ否ヤ、勝手ケ間敷上願ニハ候得共、拝借金七千七百五拾五円ヲ五十ケ年賦一割利引ノ計算法ニ拠リ、今回金千五百三十七円七十八銭五りん一時ニ返納シ、残金六千弐百拾七円八十三銭五りんハ、御下切被成下度、尤も本業ノ義ハ是迄ノ如ク、閣下ニ於テ授産ノ御見込確ト相立下候へハ、県庁ニ於テ御直轄御経営被下度、依テハ就産法資金ノ運用法及資金処分法等に対シ毛頭決テ異議不申立候得ハ、数年ノ後事業御引渡ニ際シ資金ノ使用及事候。

これによると、①五月十五日に勧業資本金拝借を歎願したところ、②八月六日付「聞届」の指令を受け士族一同大いに喜び、③保申寄付の一万五千円の残額とあわせて養蚕事業の拡張を願っていたところ、④時勢の変遷、特に地価高騰の直撃を受けて当初計画の実行は不可能となり、事業の「運利」を緩和することが必要となり、桑園・器具の売買等臨機の処分が必要となるにもかかわらず、拝借金の抵当であることから行うことが出来ず、⑤拝借以来僅か数ヶ月ではあるが拝借金七七五五円余を五十ケ年賦一割利引の計算法により一五三七円の返納とし、⑥養蚕事業の経営はこれまで通り県庁の指導に従うとともに、数年後の事業引渡しに際し資金として使用したい、とのことである。主に近年の不動産価格の高騰により当初の土地購入計画の達成が困難な状況の中で、拝借金のほぼ八割を棄損する形で事業を継続することとなった。

郡山士族就産所の設立

明治二十三年（一八九〇）十一月には奈良県の監督下にあった養蚕事業は旧郡山藩士族に引渡されて士族就産所として自立的経営の道を歩み出すことになった。そのため、就産規則をはじめとした諸規則の制定が必要となり士族総代中田虎雄外九名の連名で奈良県知事小牧昌業宛に次のような「上申書」[13]を提出した。

上申書

旧郡山藩士族授産事業之儀ハ今回士族へ御引渡相成候。就テハ将来事業経営之方法取調別紙之通規則設定仕度候間、御認許相成候様仕度、此段上申仕候也。

明治二十三年十一月

旧郡山藩士族総代

中田虎雄　印
上田源次郎　印
印藤政美　印
柳澤武彌　印
高塚門太郎　印
佐野直人　印
谷野三護　印
樫木　廉　印
横田直周　印
菅尾喜一　印

前書之通相違無之ニ付奥印候也

町長　　佐野直人　　　印

奈良県知事　小牧　昌業殿

この上申に対して、奈良県知事は同年十一月二十二日付けで次のような指令を出した。

令第二三三九号

旧郡山藩士族千二百十三人

総代

中田　虎雄

外九名

明治二十三年十一月十日付ヲ以テ旧郡山藩士族就産規則及細則認許ノ義ニ付、上申ノ件承認ス。依テ桑園農具蚕室蚕具雑具及資本残金今般別紙目録之通引渡候條、就産規則及細則ニ基キ就産事業ノ実効ヲ期スヘシ。

但現金及物品授受手続及日限ノ義ハ本県内務部第二課ヨリ通達スヘキニ付、受領ノ上ハ其領収証書差出スヘシ。

明治廿三年十一月廿二日

奈良県知事小牧昌業　公印

このように上申の件は承認され、運営の要となる「旧郡山藩士族就産規則」が定められた。その総則と目的は次のように記されている。

第一章　総則

第一條　士族就産ノ事業ハ養蚕ヲ以テ恒産ニ就カシムルモノトス

第二條　資本金及桑園蚕室蚕具等ハ総テ士族共同管理の財産トス

第三條　士族就産ノ事務ヲ処理スル為メ、郡山ニ事務所ヲ設ケ郡山士族就産事務所ト称ス

第二章　目的

第四條　授産金ハ養蚕事業ヲ以テ恒産ニ就カシムル主旨ナルニ因リ、如何ナル事故アルモ現金ノ配當又ハ事業ヲ変更スルヲ得ス

第五條　就産所に買入タル地所名代人ハ議員ニ於テ相當ノ人ヲ撰定スルモノトス

第六條　現在ノ資本金及桑園貸渡料ヲ以テ漸次桑園ヲ開キ、士族一般へ養蚕事業ヲ普及セシメ以テ就産ヲ期スルモノトス

このようにして、旧郡山藩士族の就産事業は郡山城跡内の陣甫郭に置かれた士族就産事務所を拠点として、桑園の貸地や蚕種の購入、養蚕に必要な道具等の貸出が進められた。また、規則の制定、改正等については「此規則ハ郡役所ヲ経テ本県知事ノ承認ヲ請フモノトス」「此規則ニ更ニ加除ヲ要スルトキ（中略）其都度郡役所ヲ経テ本県知事ノ承認ヲ請フモノトス」等が定められており、県の監督の下での事業

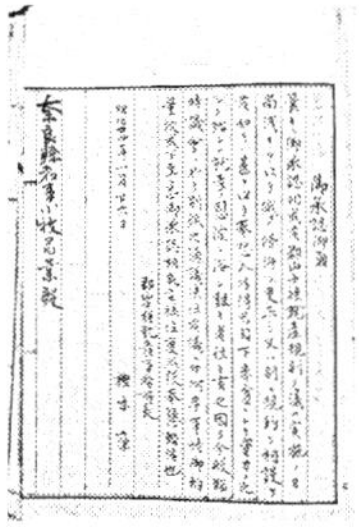

【図9】
御承認御願
(「明治二十三年十二月起
承認願書并指令書綴込」、個人蔵)

遂行であった。

「就産所」に関する書類をまとめた「明治二十三年十二月起　承認願書并指令書綴込」(個人蔵)によれば、事業開始早々、士族就産規則第一章総則の第二条が次のように改正されている。

御承認御願

曩キニ御承認相成候郡山士族就産規則ノ儀ハ実施ノ日尚浅キヲ以テ俄カニ條件ヲ更正シ又ハ別ニ規約ヲ相設ケ候如キハ甚タ以テ奉恐入候得共、目下赤貧ニシテ資力ニ乏シク殆ント就産ノ恩波ニ浴シ難キ者往々有之、因テ今般臨時議会ニ於テ別紙之通議決仕候儀ニ付、何卒事情御酌量被成下至急御承認相成候様仕度、此段奉懇願候也。

郡山士族就産事務所長

明治廿四年一月廿六日　　樫木　廉

奈良縣知事小牧昌業殿

(別紙)

旧郡山藩士族就産規則中左之通更正セシ事ヲ要ス

第一章第二條中(共同管理ノ財産)トアルヲ(共有財産)ト更正

(以下、省略)

就産事業の実効を高めるため、資力に乏しい「赤貧」士族らの事業への参画が可能となるよう「共同管理ノ財産」を「共有財産」と改めるものであった。

おわりに

明治十五年(一八八二)春、保申は龍田神社宮司に就任し郡山に寄留したことは先に述べた。その後、明治二十年代に入り士族就産事業がいよいよ本格化する時期を迎えて、保申は郷里への永住を決意し、明治二十二年(一八八九)五月に宮内大臣に宛てて奈良県(郡山)への「貫属換願」を提出した。その理由を「旧藩士へ授産ノ為若干出金シ大阪府ノ保護ヲ以テ養蚕事業ヲ開設、其後奈良県ニ引継キ同ク保護アリ、依テ往々授産ノ道相立可申見込ニ有之候」と述べ、旧藩士族の養蚕事業は奈良県に引き継がれ授産の見込みも立ちつつあり、自身の土地財産の保全を図るためにも旧藩地への在籍なくしては差し支えがあるとした。許可を得て郡山に居を構えた保申は明治二十六年(一八九三)秋に病没するが、廃藩後は旧郡山藩士族の授産事業に物心両面からの支援に意を尽くした生涯であった。

保申は、明治二十四年(一八九一)に藍綬褒章を下賜されたが、授産事業への寄附のみならず、「……養蚕ノ事業ヲ起シ士族ヲ指揮奨励スル等其成績著明ナルモノ……」(「伯爵柳沢保申へ藍綬褒章授与ノ件」、『公文録』、国立公文書館デジタルアーカイブ)として、自ら桑園等へも出向いて士族らを励まし奈良県での養蚕事業の進展に貢献したことがその理由であった。

本稿で就産事業（第三章）に名を連ねた多くの士族は家禄八十石以下（家禄削減により二十石以下）であった。彼らの就産事業に対する期待とともに切実な要望であったことをものがたっている。その後の郡山における養蚕事業は、「明治二十七年ごろから三十八年ごろまでを最盛期とする」[2]とあることから、士族就産事業は次第に発展期を迎えたものと思われる。一方で、明治二十三年（一八八九）の日出新聞記事[14]によれば、郡山の士族就産事業は士族夫々の想いが交錯し必ずしも一枚岩の取り組みではなかったことが窺われる。旧郡山藩士族就産事業の展開については今後さらに調査研究が必要となろう。

《注》

1. 『郡山町史』（郡山町史編纂委員会編、一九五三、六一九頁）
2. 『大和郡山市史』（柳沢文庫編集委員会編、一九六六、五九八頁）
3. 『平和のシンボル、金魚が泳ぐ城下町。～郡山の歴史と文化～』（大和郡山市、二〇二二年、三九六頁）。本稿では政府の方針として進められた「士族授産事業」について、対象となった士族の側からみた場合を「士族就産事業」と表記している。
4. 『日誌』（和綴じ冊子、柳澤家旧蔵）は明治十五年（一八八二）から明治二十六年（一八九三）まで郡山邸の家扶によって作成された柳澤家の家政日記（ただし、明治二十三年（一八九〇）の日誌を欠く）である。
5. 西村幸信「新出の明治期郡山藩藩政史料について」（奈良歴史研究六三・六四号、二〇〇五、一七頁）
6. 『南都銀行五十年史』（南都銀行史編纂室編纂、一九八五、八九頁）

7. 『大和郡山市史史料集』（柳沢文庫編集委員会編、一九六六、二七三頁）
8. 柳澤保徳「コラム　近代前期の郡山城跡—城跡地の払下げについて」（『郡山城絵図集』、公益財団法人郡山城史跡・柳沢文庫保存会、二〇二一、九六頁）
9. 豊田家は旧郡山藩士家である。江戸期から近代にかけての文書史料や文化財等が残されていたが、それらは一九九六年に大和郡山市に寄贈され同市教育委員会が「豊田家文書」として整理を進めている。
10. 注8に同じ（四八頁）
11. 永沼重輝「矢田町之記第六部士族授産関係文書」（私家版『古文書拾遺　近世から近代へ　三』、大和郡山市立図書館蔵、一九八九、一一八頁）
12. 注11に同じ（一二二頁）
13. 「旧郡山藩士族就産規則」（「士族授産関係文書」、柳沢文庫収蔵品仮目録、一九八三、五〇頁）
14. 『日出新聞』奈良県関連記事4（同和問題関係資料センター「奈良県同和問題関係資料第十九集」、二〇一九）。例えば「和州郡山の旧藩主柳沢伯爵が先年授産の為めにとて一万五千円の金を旧藩士族に与へたる当時、其保護方を管轄庁に委託され爾来大阪府より奈良県に引継ぎて専ら養蚕事業を奨励し来りたるも、固より不馴れの士族の実業追々損耗続き、一万五千円の金も早や残り僅少になりしかば士族の輩は何か断然たる処分に及ばんと此程集会を開き、種々前途の事に就いて相談したる処、今日迄授産事業の振はざるは余りに県庁の干渉甚しくして、自由の運動を為さしめざるに原因すれば、寧その事断然県庁の保護を解除さるゝ様請願すべしとの説に一決し、即時委員数名を県庁に出頭せしめて意見を述べたる……」（明治二十三年（一八九〇）八月十七日）とあって、養蚕業に限定された就産事業に対して一部士族から異議が出ていたようである。

農業のリーダー　中村直三の足跡

谷山　正道

晩年の中村直三

（中村家所蔵）

はじめに

ミ《（皆）》な人の思ひハやか《（が）》て穂にいて《（でて）》、嬉しく稲の寝すかた《（姿）》をミん《（見）》（『伊勢錦』）

この歌を詠んだ老農中村直三《なおぞう》は、文政二年（一八一九）三月八日に、善五郎・さか夫妻の長男として、大和国山辺郡永原村（現天理市永原町）に生まれ、激動の時代（近世から近代への転換期）を生き抜いて、明治一五年（一八八二）八月一三日にこの世を去った。

老農とは、在来農法を研究し、自ら工夫・実践して高い農業技術を身に付け、地域において農事改良活動をリードした農民をさすが、大和の老農といえば真っ先に彼の名前が挙げられるほど、直三はよく知られた存在であった。彼は、幕末・維新期には大和の各地に存在した老農たちをリードする存在となり、晩年には全国各地へ赴いて農事改良指導を行うようになった。後年に直三は、式下郡檜垣《ひがい》村（現天理市檜垣町）の鴻田《こうだ》忠三郎・式田喜平とともに「大和三老農」と称されるようになり、さらに、奈良専二（香川）・船津伝次平（群馬）とともに「明治三老農」の一人に数えられるようになっている。

このように直三は、全国にその名を轟《とどろ》かせるほどの老農となったが、彼の家は土地所有という面からすれば小農と言うべき存在であり[1]、居村において村役人をつとめるほどの有力な家ではなかった。また彼は、心学道話家《しんがくどうわか》としての顔や、奈良奉行所配下の警察組織の重役としての顔も併せもっていた。そうした直三が、いかなる理由から農事改良を志すようになり、幕末・維新期の大和において農事改良活動をリードする存在にまでなったのか。

これまで、中村直三に関しては、その偉大な業績を顕彰しようとする立場から伝記が著されるとともに、[2]数多くの研究が積み重ねられてきた。[3]また、これと併行して、彼の著作や関係史料の調査や翻刻も進められてきた。[4]

本稿では、そうした成果をふまえながら、最近中村家で見つかった史料も活用して、中村直三が農事改良活動を展開するようになった背景について述べるとともに、幕末・維新期における彼の言説と農事改良活動のあり方について、彼を支えた人々の動向にも目を向けながら、論じることにしたい。その上で、彼が「御一新」をどのように受けとめ、新政の展開に対応して、どのような活動を展開するようになったのかについても論究することにしたい（なお、以下の本文中の引用史料のうち、注記なきものは、高木正喬氏が翻刻された写本『中村直三翁傳』[5]による）。

一　農事改良活動展開の背景

農業不況と脱農化の進展

中村直三は文政二年（一八一九）に生まれたが、その当時、奈良盆地の農民たちは、農業経営の危機に直面していた。その主な原因は、①かげりをみせながらもなお当地の「第一之売物」であった綿（永原村でも稲と綿を輪作し、例年耕地の約半分を綿作地としていた）の価格をはじめ、農作物の価格が大幅に下落するようになったこと、②他地域での金肥の需要の増大に伴って肥料代が高騰するようになったことにあった。これによって潰《つぶれ》百姓が多く出現し、農業奉公人給銀の高騰などもあって、村落上層であっても農業一本で生計を立てていたような場合には、没落するケースが少なからず見られるようになっていたのである。(6)

なかでも、直三の居村であった永原村は、「近傍無比之難村」といわれ、一八世紀初頭には一三〇余を数えた家数が一世紀ほどの間に半数近くにまで減少し(7)、文化一四年（一八一七）の時点では、村の惣石高八六八・七五石のうち、村民が所持権を放棄し「村惣作」となっていた土地の石高合計が四二七・五六六五石にも及んでいた(8)。

このように、化政期において、永原村をはじめとする奈良盆地の農村は、厳しい状況にあったが、不況一色に包まれていたわけでもなかった。農業経営面での不振とは裏腹に、農業外の稼業の面では進展が見られたのである。特に盆地の中・南部では、木綿の紡糸や製織が盛んになり、織屋を専業的に営む者も現れるようになった(9)。また、その他の稼業も広範に展開するようになり、「百姓を厭ひ」(10)「品々外業に心掛け」(11)「商人・職人と成」(12)とあるように、村民の脱農化が進行するようになった。農業経営規模を縮小し、農業外の稼業に従事して収入を得、米穀を購入して生活する「買喰《かいぐい》層」が増加するようになったのである（これに対応して、米をはじめとする食料品や日常必需品を販売する商人も農村内部に存在するようになった）。ちなみに、少し年代が下がるが、永原村においても、天保一四年（一八四三）の時点で、全

【表1】　天保14年(1843)　永原村の農業経営規模別階層構成と農業外の稼業

作付面積（畝）	戸数（戸）	(内)戸数	諸商・諸職 内訳
0	17	10	鍛冶屋（1）大工（1）果物屋・古手屋（1）果物屋（1）籠屋（1）髪月代・福知堂村へ出稼（1）長柄村へ借家住居出稼（2）丹波市村へ借家住居出稼（2）　※奉公人を出している家（6）
0～40	11	8	果物屋（2）魚屋（1）紺屋下働（1）綿打（2）酒小売（1）瓦屋・古手屋（1）　※奉公人を出している家（4）
40～70	21	5	酒小売・酒造稼（1）瓦屋下働（1）豆腐屋（1）綿繰屋（2）　※奉公人を出している家（4）
70～100	10	3	瓦屋（1）大工（1）綿打（1）　※奉公人を出している家（4）
100～150	6	1	大工（1）
150～200	4		
計	69	27	

〔備考〕「作付取調上帳」（天理市永原町・嶋田家旧蔵文書〔現帝塚山大学大学院人文科学研究科所蔵〕）により作成。

六九軒のうち、耕作面積四反以下の家が二八軒もあり、うち一七軒が無作で、そのほとんどが農業外の稼業を生計の支えとするようになっていたことが知られる【表1参照】。

天保の飢饉と直三

天保期に入ると、農作物をはじめとする諸物価が高騰するようになった。幕府が実施した貨幣改鋳《かいちゅう》などの影響もあったが、天保初期からの連続的な凶作がその大きな要因であった。大飢饉となり、いたるところに流民が満ちあふれ、おびただしい餓死者が出た東北あたりと比べれば、大和における被害はまだ軽いほうであったが、凶作そして米穀の高騰は、町場の住民のみならず、当時奈良盆地の農村部で広範に形成されるようになっていた「買喰層」や、耕地が少なかった吉野郡や宇陀郡など山間部の人々の生活を直撃し、深刻な事態が生じるようになったのである。天保期に起きたこの飢饉は、連年の凶作に伴う米穀の欠乏と高騰によって生じたが、前述したような住民の再生産構造の変化もこれに関っており、商品経済が進展するようになっていたが故に生じた飢饉であったと言うこともできよう。

こうしたなかで、大和では、飯米にこと欠く窮民が増え、天保四年（一八三三）には米騒動発生寸前の不穏な形勢となった。この年はなんとか不穏な気配はおさまったが、大不作となった同七年（一八三六）の秋には再び不穏な空気に包まれるようになり、米穀が高騰するなか、ついに窮民の不満が爆発し、翌八年（一八三七）の二月から三月にかけて、郡山城下をはじめ大和の各地の町場で打ちこわしが発生するに至った（この二月に、大坂では有名な大塩平八郎の乱が起きている）。その後も大和では、「南都南大門垣軒下ニテ日ニ八、九人平《なら》シノ死人、郷中ニテモ一ヶ村ニ五、六人、七、八人位迄ニ餓死ノ者有之《これあり》(13)」と記されるような深刻な状況がしばらく続いており、多武峯《とうのみね》領では広瀬郡の領民による強訴《ごうそ》が六月にかけて繰り返し起き、宇陀郡の松山町近在では六月に打ちこわしが発生している(14)。

この天保七年から翌八年にかけての様子について、中村直三は、後年に「天保七中年天候不順五穀不熟ニよって、同八年米価沸騰《ふっとう》、貧民餓死夥敷《おびただしく》」と記している(15)。当時、一〇代後半であった彼は、こうした飢饉の有様を目の当たりにして大きな衝撃を受け、農業をいいかげんにしているからこうした状況に陥ったのだ（「全く農事ニ不行届より右様ニ立至り候」）という思いを強く抱くとともに、穀物の供給を他国にも仰がねばならない大和（「瑞穂《みずほ》之皇国」）の現状を憂え、農事改良の必要性を痛感するようになったのである（その一方で彼が、窮状に陥ればすぐ歎願に走り「御上《おかみ》」の力に頼ろうとする「村長《むらおさ》」らの活動のあり方を、「巧言令色《こうげんれいしょく》ニ移り凶作歎願書争論訴言之案文等ニ心を尽し候者も不少《すくなからず》」として、痛烈に批判している点も注目される）。直三が農事改良活動を本格的に行うようになったのは、後年（中村家の当主となってから）のことであるが、天保飢饉の体験はその後彼が老農として歩む上での原体験となったと言うことができよう。

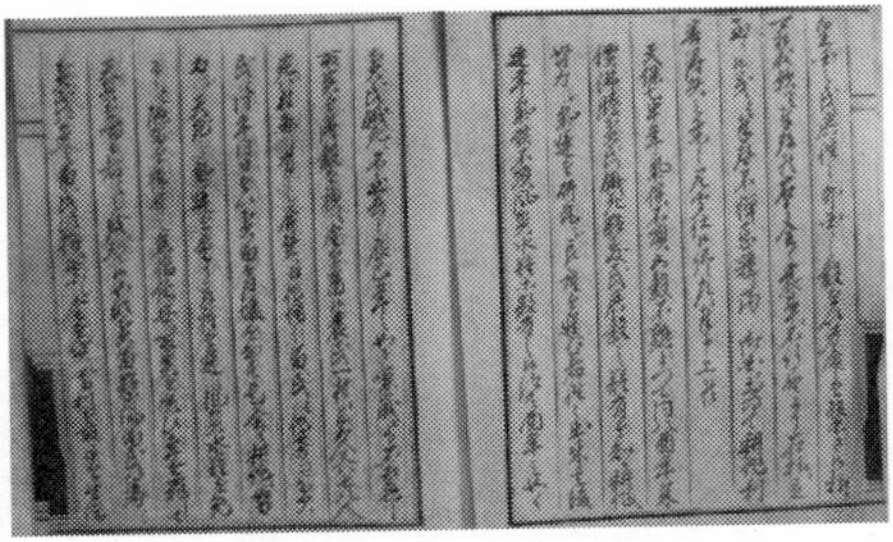
直三による天保飢饉に関する記述
（中村家所蔵）

幕末の社会情勢と直三

その後直三は、嘉永四年（一八五一）から数年間、父の出身地であった平群郡竜田村（現斑鳩町竜田）で鋳物商に携わったのち[16]、安政二年（一八五五）に病死した父の跡を継いで中村家の当主となった。永原村では、この年から高取藩の預所となって課税が強化されるようになり、同六年には年貢の減免を求める越訴《おっそ》が発生した。さらに、その後も不穏な情勢が続き、強訴がおきかねない状況となったが、直三は村役人（源四郎・孫四郎）とともにこれを制止し、村民に農事に出精し増産に努めることこそが大切であると説き、自ら率先して農事改良に精魂をかたむけるようになった。これは、後年に彼自身が述懐しているように[17]、「不容の嘆願をなさんより寧《むし》ろ退《しりぞき》て農業を改良するに如《し》かす」という認識（天保飢饉の体験をして以来の信念）にもとづくものであった。

　直三が幕末期に農事改良活動を本格的に展開するようになった理由は、これに止まるものではなく、彼の視線は村内にのみ注がれていたわけではなかった。周知のように、開港によって貿易が開始されるようになると、外国の綿製品が大量に国内に流入するようになり、大和においても在来の綿業が大きな打撃を受けるようになった。さらに流通構造の変容や貨幣改鋳などが原因で生じた米穀をはじめとする猛烈な物価騰貴が人々（特に「買喰層」）を直撃するようになり、飯米にこと欠く窮民が町方のみならず村方にも満ちあふれるようになった。永原村の場合にも、そうした様相を呈していたことが確認される[18]。

　こうした状況下、大和では、窮民による町・村役人に対する救恤《きゅうじゅつ》要求、米屋や豪農商に対する米の安売り要求が高まり、打ちこわしや騒動が頻発するようになった[19]。直三が本格的に農事改良活動を行うようになったのは、まさにそうした時期であり、

【表2】　幕末・維新期における中村直三の著作

年　度	著　　作
文久2（1862）	『勧農微志』『柴割木を焚きのばし功徳を積む話』
3（1863）	『大和穂』
元治元（1864）	『台所経済法』
慶応元（1865）	『伊勢錦』『気やしなひらくなづくし』
2（1866）	『ちわら早稲』『お米に虫のいらぬ法』『熊野新宮在アシタカ村筆松といふもの和州に来り紀州の作り方をためしたる話』『いのちの母京女郎』
明治元（1868）	『陸稲　畑稲』『御代の恩』『口演』『乍憚口上』
明治2（1869）	『民益書』など

〔備考〕『中村直三翁傳』などにより作成。

彼は、農事改良に精励し主穀の増産をはかることによって、窮状を打開しようとしたのである。[20]

二　幕末期における農事改良活動の展開

直三の著作とその特色

幕末期を迎え、農事改良活動に本格的に取り組むようになった直三は、自村から他村・他郡へと品種改良のネットワークを次第に拡げていくとともに、文久二年（一八六二）に『勧農微志《かんのうびし》』を著したのを皮切りに、明治初年にかけて、活動の成果を次々と公表していった（表2参照）。『勧農微志』に加えて、『大和穂《やまとほ》』（同三年）や『伊勢錦《いせにしき》』[21]（元治二年（一八六五））・『ちわら早稲』（慶応二年（一八六六））などが代表作であり、そこでの彼の主眼は「命の親」たる主穀の品種改良と優良種の普及（→増産）による窮民の救済（→「世の賑《にぎ》わひ」の実現）に向けられていた。著作の刊行が、まさに米穀の値段が暴騰していた時期に集中して行われていることも、これと符合《ふごう》する。また、肥料の工夫の仕方や燃料の節約法などについても論じており、さらに、心学道話家でもあった彼は、『気やしないらくなづくし』（慶応元年）などの著作を通して、日々の生活を送る上での心の持ち方についてもわかりやすく説いている。

これらの著作に関して注目されるのは、『勧農微志』に代表されるように、多くの農民が関心をもって読んでくれるように、漢字にはふりがなを付け、挿絵《さしえ》や図を入

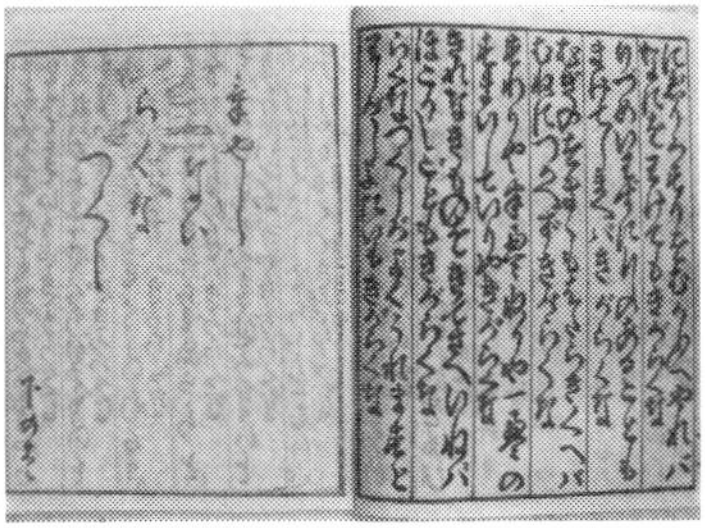

『気やしないらくなづくし』（中村家所蔵）

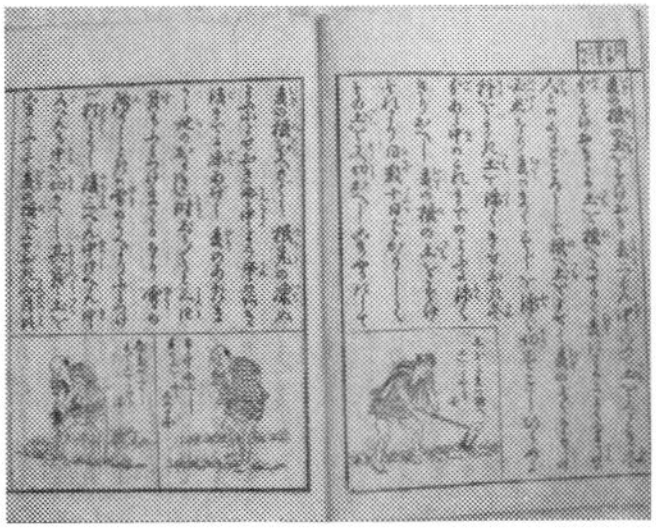

『勧農微志』の本文と挿絵（中村家所蔵）

れたり、『伊勢錦』や『ちわら早稲』などのように、稲の各品種の反収（試作田での比較実験の結果）を番付表の形式で示して、一枚摺りのちらしの形で配布したりするなど、さまざまな工夫をこらしている点である。

伊勢の木綿屋定七らとの交流

直三の著作のタイトルになっている「大和穂」と「伊勢錦」と「ちわら早稲」は、いずれも彼が試作した稲の優良種の名称であるが、「大和穂」は伊勢の「榊原《さかきばら》穂」をルーツとし宇陀郡小原《おはら》村（現宇陀市室生小原）あたりで作られていたそれを永原村の忠三郎がもたらし、「伊勢錦」は伊勢国多気《たき》郡朝柄《あさがら》村（現三重県多気郡多気町朝柄）の木綿屋定七（後の岡山友清）が撰種したそれを宇陀郡萩原村（現宇陀市榛原萩原）の山根兵蔵が、「ちわら早稲」は四〇年ほど前に河内から持ち帰り栽培しつづけてきたそれ（「河内早稲」）を葛上郡東《ひがし》茅原《ちはら》村（現御所市茅原）の彦左衛門が、それぞれもたらしたものであった。当時、彼の手元に寄せられた稲種のほとんどは、まだ大和国内のそれであったが、「伊勢錦」に代表されるように、近国の優良種が寄せられるケースも見られるようになったのである。

直三は、文久三年（一八六三）に山根兵蔵を通して「伊勢錦」の種を入手して以降、伊勢の木綿屋定七と交流するようになり、その活動ぶりから、大きな影響を受けた。定七は、不二道《ふじどう》の信者であり（山根兵蔵とはこれを介するつながりがあった）、稲の品種改良に精力的に取り組んで、ついに優良種である「伊勢錦」を生み出し、万延元年（一八六〇）には宇治山田と松阪・津、その三年後には大坂に頒布《はんぷ》所を設けるなど、その普及に精魂を傾けていた。これに関わって注目されるのは、彼が「伊勢錦」の宣伝などを行うに際して、一枚摺りのちらしを配布する（その印刷費用の負担も含めて不二道の同行《どうぎょう》がこれをサポートする）というやり方をとっていた点である。[22] 直三がはじめて一枚摺りのちらしの形で優良種の宣伝を行うようになったのは、『大和穂』を著した文久三年一一月のことであったが、これは彼のオリジナルではなく、定七のやり方を取り入れたものであった（また、後述する直三と心学仲間との関係は、定七と不二道の同行とのそれに対応する）。

「国益」の増進をめざした直三

農事改良活動を通して直三がめざしたものは、「近傍《きんぼう》無《む》比《ひ》之難村」といわれた自村の立て直しをはかるといったレベルに止まるものではなかった。この点については、彼の代表的著作である『勧農微志』の、以下の記述からよくうかがうことができる。

○大和国中大村中村凡千ヶ村と見て、一村に十町の麦地一反に一斗の作り増しにても、一ヶ村に十石、千ヶ村に一万石の作り増しとなる。作り主ハ一万石の徳益ありて、其麦ハ国中の潤ひとなる。

○此すりぬか藁《わら》なぞを焚柴《たきしば》にして山行をやめ、麦の中を今一へんも余計に切かへし、春夏秋の間なるたけ青草をかり肥しの足《た》しにすれバ、先《まず》軒別一駄《だ》の種粕《たねかす》のびとしても、和州国中十万軒の家数に一軒に壱駄と見て十万駄、一駄金一両と見て都合国中ニて十万両ののび金となる。

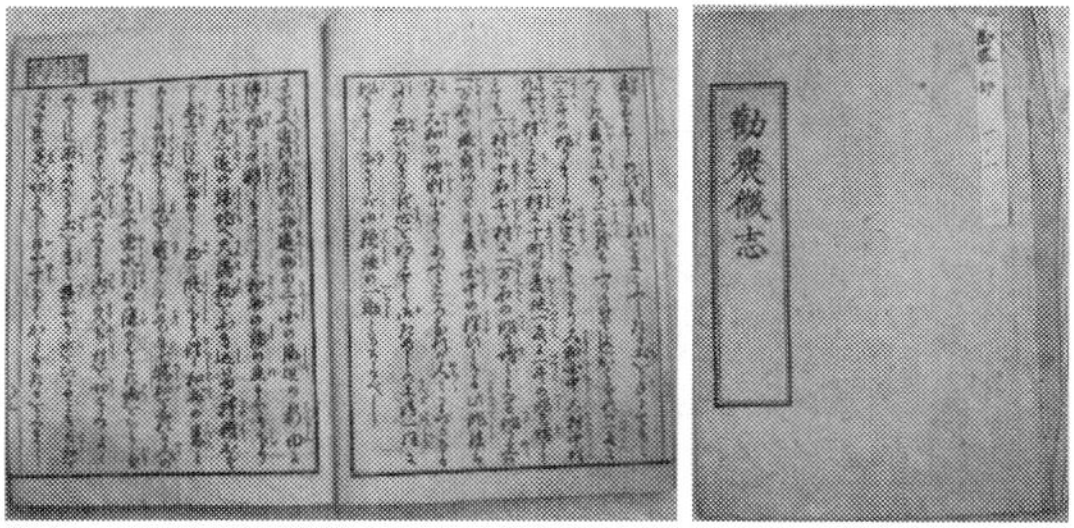

『勧農微志』（中村家所蔵）

○雌穂《めほ》の籾を種にすれバ、一反に二、三斗の作り増ができる。是も国中一体にスレハ、年々数万石の作りましとなるなり。
○川堤に竹木茂れバ其近辺陰地になり、立毛の害となる。此竹木を切はらひ、是まで陰地になりし田地を少しづつ堤へ付足し川堤をひろめ、土を築上ケくへそふな所ハ蜀黍《とうきび》を植て地をかため、其次に大豆ぶん豆の類を植て、年々とふきび豆から等をとり焚柴のたしにし、実ハ国益となり一体の潤となれバ、是又年々のことゆへ夥《おびただ》しき徳益となる。

直三が見据えていたのは、「大和国中」の「徳益」＝「国益」であり、目指していたのは、「国中一体」の「潤《うるおい》」の実現であった。[23] そのための具体的な方策をここで提示しているのである。彼は、大和という地域全体を視野に入れ、農事改良（特に主穀の品種改良）を通して、「世上の利益」（『大和穂』）の増進をはかり、「世の賑わひ」（『ちわら早稲』）を実現しようとしたのである。

彼は、著名な農学者であった貝原益軒《かいばらえきけん》や佐藤信淵《さとうしんえん》・大蔵永常《おおくらながつね》の著作にも学んでおり、[24]「和州」という地域全体の「徳益」＝「国益」を問題とし、その増進をめざすというその活動ぶりには、大蔵永常の著作、就中《なかんづく》『広益国産考《こうえきこくさんこう》』（天保一五年〈一八四四〉刊）の影響を見てとることができよう。

直三の活動を支えた老農たち

農事改良を通して大和の「国益」の増進をはかろうとした直三の活動は、多くの

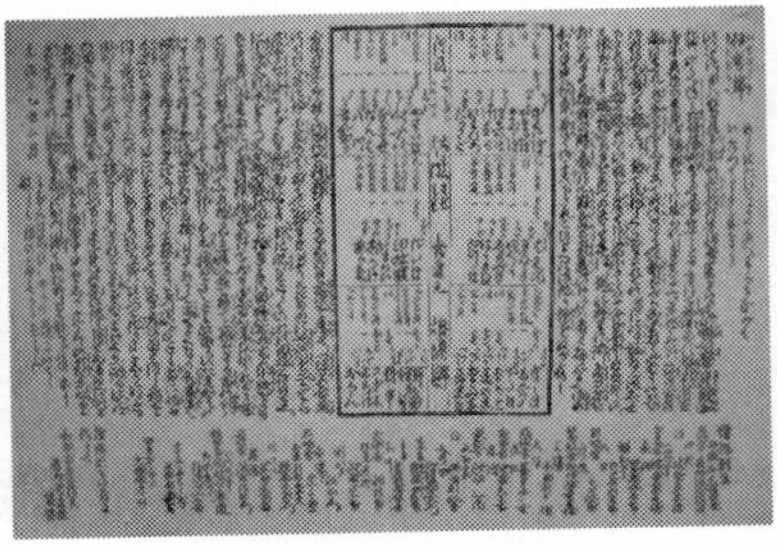

『伊勢錦』ちらし
（三重県多気町勢和郷土資料館所蔵）

人々によって支えられていた。

その第一は、大和の各地で農事改良に取り組んでいた老農たちであった。当時、直三のもとへは、彼らそれぞれの努力の結晶である優良種が続々と寄せられるようになってきており、直三自身も、配布するちらしに、「此稲に勝稲あらバ御しらせ下され度《たく》」（『伊勢錦』）、「此稲に勝稲の角力《すもう》付にもれたるを御しらせ下され」度（『ちわら早稲』）などと記して、優良種に関する情報の提供を求め、その収集に努めようとしていた。直三は、老農たちの「取りまとめ役」[25]として存在したのである。

なお、『ちわら早稲』の引用文中に「角力付」とあるのは、彼が様々な稲の品種を試作（比較実験）した結果をまとめた「番付表」のことで、『伊勢錦』には四四種、『ちわら早稲』には一〇〇種に及ぶ各品種の名前・反収と寄せられた地名が、それぞれ記されている（たとえば、『伊勢錦』には、四四種のそれぞれについて「凡《およそ》三石余 なかて ハンダ かすけぼ」というような記載が見られるが、（式下郡）吐田《はんだ》村（現川西町吐田）からもたらされた「かすけぼ」という中稲の品種を試作してみたところ、およそ三石余の反収があったということを示している）。

こうしたことから、直三にとって身近なところから老農群の組織化が始まり[26]、彼に連なる老農のネットワークが次第に拡がりをみせるようになっていったことがうかがえる。また、晩年に、直三が、「大和国葛下郡鎌田村澤井久太郎君、式下郡吐田村樋口嘉助君は（中略）衆に先《さきん》じ良品種を遺与ありし人なり。爾後《じご》、続々数百人の多きに及ぶ故に枚挙《まいきょ》に遑《いとま》あらず」と記している点も付記しておこう。

直三の活動を支えた心学仲間

第二は、心学の仲間である。直三は、心学の道話家としても活躍しており、「心得方宜《よろ》しく心学道執心之趣相聞へ奇特」の至りであるとして、万延元年（一八六〇）に支配役所であった高取藩預所から褒賞《ほうしょう》されたほどであった。そうした彼が試作した優良種を普及させようとするに際して、大和の各地の心学仲間が、篤志家《とくしか》とともに「増作願主」としてこれに協力し、費用面でも彼をサポートするようになったのである（ちなみに、『伊勢錦』には、二六名の「増作願主」の居所と名前が記されており、そのうち一二名については当人が関わりを有していた心学舎の名前も記されている。「思明舎」「本立舎」「篤敬舎」「明誠舎」「友直舎」「求仁舎」「正誠舎」がそれで、大坂にあった「明誠舎」のほかは大和国内に所在した）[27]。

こうした直三と心学仲間との関係は、伊勢の木綿屋定七と不二道の同行とのそれによく似ているが、直三が定七のやり方にならって心学仲間に協力を仰ぐようになったものである。こうした関係が結ばれるようになったのは、「大和穂」を普及させようとした時が最初で、直三の求めに応じた心学仲間をはじめとする二三名の有志者が、計四貫九七八匁余の費用を負担し、大和国内を中心に、同種籾計五二石一斗四升を無償で頒布するのに協力したと、『中村直三翁傳』には記されている。このあと、「伊勢錦」や「ちわら早稲」などの頒布に際しても、これと同様の方式が採られたのである。

なお、直三は、奈良奉行所輩下《はいか》の大和の警察組織の重役（「六役」）としての顔も有しており、大和国内に張りめぐらされた警察組織のネットワークも活用して優良種の収集に努めていた。[28]

小括 ―幕末期の直三の活動―

中村直三が農事改良活動を活発に展開するようになった幕末期には、開港に伴う経済変動などの影響で、「諸色高直《こうじき》、下々必死難渋」という状況が生じるようになった。そうした状況下、階層間や階級間の矛盾が激化して、打ちこわしや騒動が頻発するとともに、「御救《おすくい》」を求める訴願も頻繁に行われるようになったが、直三は、訴願という方法によらず、主穀の品種改良を通して、「富」の増殖をはかり、窮状を打開しようとした。そこで注目されるのは、彼が大和という地域全体を視野に入れ、地域全体の「富」の増殖 →「国益」の実現をはかろうとした点である。そのために、彼は、老農のネットワークのみならず、自らが信奉した心学を介するネットワークや、大和国内に張りめぐらされていた警察組織も活用するようになったのである。「富」の増殖（主穀の増産）という点は、「百姓衆」のみならず、領主にとっても、「商人衆」「職人衆」などにとっても、利害の一致するものであり[29]、直三を結節点に、彼をサポートし、また彼を活用する独特の共生関係が形成されるようになっていたことに注目しておきたい。

三 「御一新」後の活動とその発展

明治初年の活動

幕末の動乱をへて、維新政府が樹立され、新時代を迎えることになったが、明治と年号が改まってからも、戊辰《ぼしん》戦争の影響もあって、経済の混乱が続き、大和国においても、物価の高騰や、外来綿製品の流入による綿業への打撃、凶作などにより、苦境に陥る人々が増加するようになった。これに伴って、新政に対して不満を抱く人々が増え、騒動も頻発するようになっていった(30)。

こうした状況に直面した直三は、農事改良に一層力を入れるようになった。主穀の増産をはかることによって、窮状を打開し、「世の賑わひ」を実現しようとしたのである(31)。老農としての彼の名は、明治と年号が改まる頃には、大和国内では広く知られるようになっており、彼は、奈良府(県)や大和に所領があった各藩から招かれて、国内の各所で農事改良指導を行うようになった。明治二年(一八六九)以降廃藩置県が行われるまでの二年半ほどの間に、彼が関わりをもった藩は、大和在藩の全て(芝村・郡山・高取・田原本・柳本・櫛羅《くじら》・小泉・柳生の八藩)と久居《ひさい》・津の両藩、計一〇藩にも及んでいた。招聘《しょうへい》した側のねらいは、大和における農事改良をめぐるネットワークの頂点に位置した彼を活用することによって領内の生産力を高め、「富」の増殖をはかろうとするところにあったが、直三のほうは、支配組織を活用して農事改良活動を有効に進めたいという思いにもとづいて、招聘に応じたものとみられる。招聘先で彼は、稲の優良種を提供したり、農事に関わる献策を行っ

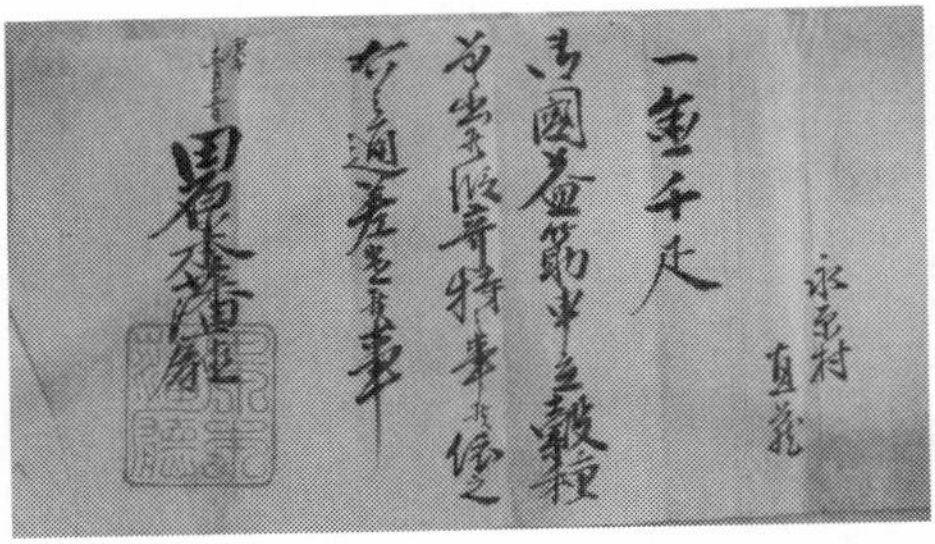

田原本藩庁からの褒賞状

（中村家所蔵）

たり、巡回指導を実施したりしており、その功労により「御国益不少《すくなからず》」などとして、奈良府（県）や各藩からあいついで褒賞されたことが知られる。

郡山藩への仕官を固辞した直三

ここで、大和国内では最も大きな藩であった郡山藩の領内での直三の活動ぶりについて、紹介しておこう。当藩に招聘された直三は、明治二年（一八六九）正月九日付で建言書を提出して、農事改良方法についての私見を披露するとともに、領内の「豪農富家」を除く「実意正路之老農」を「一村毎ニ両人宛」召し出していただき、私と対論させていただきたいと願い出ている。これを受けた同藩司民局は、直三の「建言之写」を領内各村に配布するとともに、直三が提案した農事討論会とも言うべき「衆議」により勧農に関わる「良法」が定まることを期待して、その開催に応じている。実際には、三〇余名の「力農輩《りきのうのともがら》」が出席して、直三のリードのもと農事改良方法をめぐる「講究討論」が行われ、そこで導き出された結論の可否を確かめるために、「力農輩」がそれぞれ「試験」してみることになった。結果はいずれも「可」であり、同藩では翌年にその「良法」を「力農輩」の指導のもと、「領地内に広告」するようになったという。

『中村直三翁傳』には、これによって直三の「農師」としての力量を高く評価するようになった郡山藩が、藩士として彼を迎え入れようとしたが、拒否されたため、当藩に仕えれば試作田なども提供し「子孫一家」が生活できるほどの「作得」も与える、という好条件を提示して「領地内の農師」にならないかとさらに働きかけたが、

中村直三・いし夫妻木像（安本亀八作）
（中村家所蔵、寺島典人氏撮影）

※群馬県立女子大学塩澤寛樹教授による最近の調査で、木像内から直三の歯が見つかった。

直三は、「今若《もし》当藩に奉仕せは、只々郡山藩士直三となる。又、他に尽すの自由を得ず。直三甚だ之《これ》を憂《うれ》ふ。今や大政維新、往時封建割拠《かっきょ》の時に非《あら》す」として、これを固辞したエピソードが記されており、まことに興味深い。直三の視野の広さと、時代の推移を見つめる眼の確かさがよくうかがえる一話である。

奈良県下での活動

「封建割拠」の体制は、明治四年（一八七一）七月に断行された廃藩置県によって解体されることになり、これに続いて同年一一月に実施された諸県の統合によって、大和では、一国を管轄範囲とする統一奈良県が成立するはこびとなった。この時、初代の県令として奈良に赴任してきたのが新進気鋭の四条隆平《たかとし》であり、本県では、この開明的県令のもとで開化政策が強力に推進されていくことになった[32]。

そうしたなか直三は、同五年七月に奈良県から（「孝子・義僕・力農・篤志者の実効美事を聞く」ことを職務とする「監察掛定附《かんさつがかりじょうつき》」に補されるとともに）「勧業下用掛」に任じられ、同七年二月までつとめていることが注目されるが、彼を任用した県の側には、勧業政策を推進しようとするにあたって、大和における農事改良のネットワークの頂点に位置した彼の力を活用しようとする意図があり、直三の側には、行政を活用することによって、農事改良活動を広くかつ有効に進めたいという意図があったものと思われる。

その後、直三は、一時「穴師神社祠官《しかん》」に任じられた後、同八年三月に奈良県庶務課に雇い入れられ、「植物試験の主任」として本県の農事改良活動をリードするようになった。その二年後に、彼は「大和全国ニ於テ百十余処ノ試験田ヲ創設セリ、又各小区ニテ数年実験セル良種ヲ請求シテ予カ試験田ニ分挿《ぶんそう》セリ」(「試植稲類及収量実験表」)[33]と述べているが、こうした試験田のネットワークの形成は、彼が「官」に連なり行政を活用することによって可能になったものと思われる。

このように、直三の農事改良活動の中心は、相変らず稲の優良種の試作と普及とにあったが、県の勧業政策と結びつくなかで、彼が(輸出入に関わる重要な作物である)桑・茶の試植や米国産綿「アップランド」種の試作にも尽力するようになったことも指摘しておきたい。

当該期に直三は、農事改良活動に精魂を傾け、しばしば試作した稲種などを献納するとともに、献策活動も活発に展開して「国益」の増進をはかろうとした。四条県令時代に行った宇陀郡高井村(現宇陀市榛原高井)から山粕《やまがす》村(現宇陀郡曽爾村山粕)までの道路開削と宇陀川分水の献策[34]が、その代表的な事例である。また、中村家には、「百物試作会社」結成の認可を求める願書の案文[35]も残っており、注目される。

近代的メディアの活用

統一奈良県の成立から同九年四月の廃県(堺県への合併)に至るまでの直三の農事改良活動のあり方について、つぎに注目したいのは、メディアの活用である。奈良県では、開化情報の広報紙ともいうべき『日新記聞《にっしんきぶん》』(県内最初の新聞)[36]が、同五年五月から発行されるようになった。直三はその発行人であった奈良の金沢昇平のもと(日新社)へ折々足を運んでおり、そうした関係もあって本紙には直三の活動

直三の試作田跡石碑

に関する記事が散見される。なかでも注目したいのは、同三六号（同六年一一月発行）に掲載された次の「広報」である。

僕先年ヨリ稲ノ良種ヲ国内始メ諸国ニ弘ムルコト皆人々ノ知所《しるところ》ナリ、由《よっ》テ東ハ三・尾・濃、西ハ肥後ノ国迄之《これ》ニ報ズルニ、其国々ノ良種ヲ贈ラレ其種類二百種ニ及ブ、然ルニ先年来国内ニ送致セシ良種モ漸々作劣リノ兆《きざし》アリテ諸国ヨリ得ル所ノ良種旧ニマサルモノ数種アリテ、近傍ノ人ハ知テ作ルト雖トモ遠隔ノ人ハ知ルモノ少ナシ、因《よっ》テ新聞紙ノ余白ヲ借ツテ之ヲ広告ス、当年試作ノ良種ニ一々名札ヲ掲ゲ、去申年ノ如ク来戌年一月三十日迄丹波市駅ヨリ七町南、街道筋ヨリ三丁西、御霊《ごりょう》社ノ南試作田ニ掛稲ニ致置候、正副戸長ノ御方ヨリ御勧メ被下《くだされ》、村々有志老農ノ人々御越御選取、藁ノ儘御持帰、試験ノ上弘ク御作増ヲ希《ねが》フモノハ第四大区山辺郡八小区永原村中村直造敬白

『日新記聞』は、毎号二〇〇〇部を県が買い上げて県内の全町村に配布し、さらに全戸長・副戸長が自費で購入することになっており、そうした情報力のある本紙に「広告」を掲載してもらうことによって、直三は試作した優良種の大和「国内」への普及をはかろうとしたのである。また、この時期には、彼の品種交換のネットワークが、大和という国の枠を大きく越えて、東は三河・尾張・美濃、西は肥後の国にまで拡がるようになっていたことも注目される。彼の手元には、以前にもまして数多くの稲の品種が集まるようになり、慶応元年（一八六五）には四四種、同二年（一

八六六)には一〇〇種であったその数が、明治六年には「二百種」を数えるまでになっている。

堺県下での活動

明治四年(一八七一)一一月に成立していた奈良県は、わずか四年半ほどにして廃止され、各府県の財政難解消をねらいとした第二次府県統合計画にもとづいて、同九年四月に堺県(河内・和泉両国を管轄範囲としていた)に合併編入されることになった。これに伴って、直三は、官職からいったん離れることになったが、引き続き農事改良活動は旺盛に展開しており、堺県への編入早々に稲種七六種を当県へ献上した(37)のをはじめ、一一年から一三年にかけて、奈良博覧大会へ毎年稲穂や稲種を出品し、一等賞を受賞している(38)。また、一一年一二月に「各府県稲種子交換御補助願」と題するつぎのような内容の願書を堺県令へ提出していることが注目される。

各府県御管下ニ於テ収穫多量且米質美良ナル稲種子一府県ニ三種、各種量目三拾目ツ、御送付奉願《ねがいたてまつり》、私田ニ於テ従前試験ノ稲ト比植試作仕度《つかまつりたく》、猶私積年試験仕候収穫多量ニシテ且米質ノ上等ニ出ル稲種子三種、各種量目三拾目ツ、献上、各府県御試作ノ内エ御差加比植御験査奉願度候得共《ねがいたてまつりそうらえども》、微力ノ私本志ヲ遂ル不能《あたわず》、因《よっ》テ忌憚《きたん》ヲ不顧《かえりみず》、御本県御愛顧ノ思召ニ奉縋《すがりたてまつり》、各府県エ献上稲種子ハ袋入ニ仕立奉差上候間《さしあげたてまつりそうろうあいだ》、各府県江御照会交換之儀御補助奉願《ねがいたてまつり》候

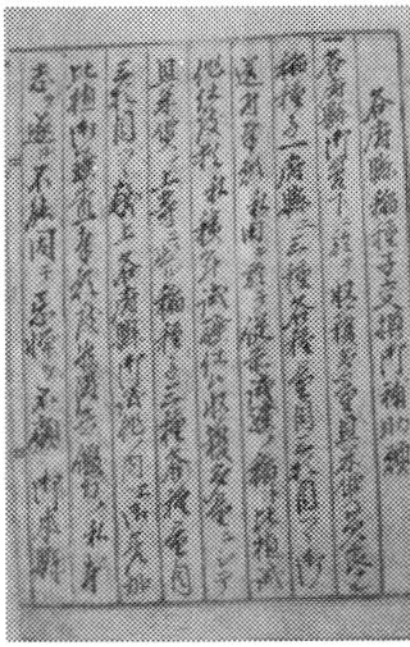

「各府県稲種子交換御補助願」
(中村家所蔵)

堺県のサポートを仰ぎながら稲の優良種の交換の輪を全国(「各府県」)に拡げようとするもので、これに応じて本県から一二月一九日付で「書面之趣聞届候条、稲種可差出事」という指示があり、実行に移されたことがうかがえる。[39]

この後、直三は、一三年四月一二日付で堺県令宛に「綿種及耕耘培養共改良」に関する願書を提出しており、その一〇日後に堺県の勧業御用掛に任じられたのを契機に、五月一日付で「勧業事務考案」[40]、六月一一日付で「(開路に付建言)」[41]を提出するなど、活発な献策活動を展開している。

翌年二月七日に、旧大和国を含む堺県は大阪府に統合されることになり、[42]これに伴って直三は二月一八日付で勧業御用掛に任じられたが、五月一六日付で辞任するに至っている。

各地から寄せられた稲種
(中村家所蔵)

全国区の老農としての活躍

奈良県が堺県に合併編入された頃には、老農としての直三の名声は全国に響きわたるようになり、明治一〇年(一八七七)二月に堺県の命によって秋田県に出張[43]して以降、全国各地へ農事改良指導に赴くようになった。彼を招聘した県は、秋田県をはじめ「東ハ宮城、北ハ石川・福井、南ハ大分ノ諸県」に及んでいる(秋田県では、後に老農として名を馳せる石川理紀之助《りきのすけ》にも指導を行っている)。

その一方で、内国勧業博覧会への出品も行い、第一回の博覧会では稲種三二一種(うち大和産二四六種)と収穫表を出品して、一〇年一一月に龍紋賞牌《りゅうもんしょうはい》を授与されている。また、一四年に開催された第二回の博覧会では、実に七四二種もの稲種と

特別名誉賞授与証（中村家所蔵）

御霊神社

二七種の綿種を出品するまでになっており、三月二六日に駒場農学館で開催された博覧会関係者に対する慰労の宴では「米綿改良山林繁茂論」を演述している。

このように、直三は、晩年には全国区の老農として活躍するようになり、一五年三月二〇日には、明治天皇の臨席のもと、特別名誉賞を受賞するに至っている。東京で開催された「米麦大豆烟草菜種共進会」に、奈良県の出品人総代の一人として参加した際のことである。

この賞典の拝受を記念して、帰郷した直三は、それまで世話になった「農事に功ある先人」[44]五五名の慰霊祭を五月一二日に御霊神社で執り行ったが、[45]八月にコレラにかかり、多くの人々に惜しまれるなか、一三日にこの世を去った。享年は六三歳で、山辺郡勾田《まがた》村（現天理市勾田町）善福寺の墓地に葬られた。[46]

早くもその翌月には、彼の農功をたたえる「紀年碑」を奈良公園内に建てようと、一〇八名の「有志者」[47]が発起人となって募金の呼びかけを行っていることが知られるが、[48]「公利公益ヲ興ス」ことを「主義」として（当時の大阪府知事建野《たての》郷三《ごうぞう》の言）農事改良に精魂を傾け続けた直三の生き方に深く共感し、自らもそれぞれの分野で「公利公益」の増進につとめながら彼の活動を支えてきた、数多くの人々の存在がうかがえ注目される。

実際に奈良公園内への「中村直三農功之碑」の建立が実現したのは明治三二年のことで、同四〇年には、山辺郡農会・教育会の発起により、現天理市三昧田《さんまいでん》町の国道一六九号に近接する地に、その功績をたたえる碑が建てられるに至っている。

中村直三農功之碑
（奈良公園内）

中村直三顕彰碑
（天理市三昧田町）

小括 ―維新後の直三の活動―

直三は、「明治聖世」という言葉をしばしば用いているように、新時代の到来（「御一新」とその後の開化政策の展開）を肯定的に受けとめ、そうした「聖世」において「国恩」に報じるために「分」を尽すことを自らの使命とするようになった。彼にとって、尽すべき「分」とは（台湾出兵に際してその先鋒に加えてほしいと出願するようなこともあったが[49]）まずもって「殖産の道」であり、農事改良活動を通して国益の増進に寄与することを自らの使命と考えるようになり、大和という地域に立脚してこれを実践するようになったのである。

「御一新」の後、直三は、奈良府（県）や大和に所領があった各藩から招かれるようになり、国内の各所で支配組織を活用しながら農事改良指導を行うようになっていたが、廃藩置県による「封建割拠」体制の解体と行政の一元化は、広域的に農事改良活動を展開しようとしていた彼にとっては大いに歓迎すべき出来事であった[50]。統一奈良県の成立後、直三は行政組織に連なり行政を活用しながら、農事改良活動を広くかつ有効に進めていこうとしたのである。また、情報手段の発達をふまえて、新聞に「広告」を掲載してもらうなど、農事改良活動を推進するにあたって、近代的なメディアを積極的に活用するようになった点も注目されよう。こうした活動を通して、また品種交換のネットワークの大和「国外」への拡大をはかりながら、彼は全国区の老農として飛翔するその土台を築き上げていった。そして、明治一〇年（一八七七）以降には、全国各地へ農事改良指導に赴くようになり、「明治三老農」の一人に数えられるほどの活躍をするに至ったのである。

なお、彼の「明治聖世」という捉え方は、その後も変わらなかったが、最晩年には、生産力を高めるだけでは解決できない社会の矛盾にも目を向け、「地貸渡世」の者を痛烈に批判し、「聖世ノ膏澤《こうたく》」に浴していない小作人の立場に共鳴して、減租の必要性をとなえるようになったことにも[51]、留意しておきたい。

おわりに ―受け継がれた直三の志―

中村直三は、晩年に全国区の老農として活躍し、「明治三老農」の一人に数えられるまでになったが、生国である大和（奈良）の「国益」の増進にもまことに大きな役割を果たした。そうした彼の活動は、多くの人々によって支えられており、彼の志は息子の直平[52]をはじめ大和の老農たちに受け継がれていった。

「はじめに」でも触れたように、直三は、式下郡檜垣村の鴻田忠三郎（文政一一年〈一八二八〉～明治三六年〈一九〇三〉）および式田喜平（天保一二年〈一八四一〉～大正三年〈一九一四〉）とともに「大和三老農」の一人に数えられているが、「忠三郎麦」の名でよく知られる鴻田忠三郎は、直三とも情報交換しながら同時期に活動した著名な老農[53]であり、式田喜平はまさに直三の後継者と言うべき存在であった。明治一五年に直三がこの世を去り、忠三郎が老農としての活動を止めてしまってからは、喜平が奈良県内の老農たちをリードする存在となった。喜平は、同村の忠三郎はもちろんのこと、二二歳年上の直三との交流もあり、明治一五年に東京で開催された「米麦大豆烟草菜種共進会」に直三とともに奈良県の出品人総代の一人として

老農式田喜平翁之碑
(天理市檜垣町)

上京している[54]。

そうした喜平は、檜垣村北方の庄屋をつとめることもあった耕作地主の家に生まれた。明治二年頃から諸作物の試作に努めるようになり、同八年に私立農事試験場を設けてからは、農事改良活動にさらに傾倒《けいとう》するようになっていった。特に彼が力を注いだのが中稲を中心とする稲の品種改良であり、同二一年に桜井で開催された大和農産物品評会に一二五種の稲を出品するなど、数多くの種類の稲の試作と出品をくり返し行っている。また、同年から、よりすぐった種籾を「御田籾《おんだもみ》」と称して春日大社と大神神社に毎年献納し、田植式祭の折に神官から参拝者に散布してもらうようになったことも注目されよう。当時、彼は勧業委員にも任命されるようになっていたが、こうした活動を行う彼の背後には、農事改良を志す多くの老農が存在したのである。

喜平は、同二四年に賞勲局《しょうくんきょく》から農事功労を賞され、同二八年には第四回内国勧業博覧会に奈良県の出品人総代として出席し、京都清清館開催の五二会で農事経験を語って満場の喝采《かっさい》を博した。殖産興業政策の推進者としてよく知られる品川弥二郎や前田正名《まさな》に賞賛され、激励されたのもこの時であった[55]。

それより前、明治二一年に奈良県の米の平均反収は香川県を抜いて全国第一位となり、昭和初期に佐賀県に抜かれるまでその地位を保持し続けることになった(こうした状況は「奈良段階」と称されている)。明治二八年に奈良県農事試験場が設立され、初代場長に札幌農学校出身の河村九淵《ちかすえ》が就任し、農学士らによる「学理」農法を奨励するようになってからは、農事改良の分野で行政主導という面が強まるようになったが、[56]それ以前に、中村直三ら「大和三老農」をはじめとする数多くの老農たちは、[57]「奈良段階」形成の土台をしっかりと築き上げていたのである。

《注》

1. 直三家の所持高は、明治四年(一八七一)の時点では、「本高」が五・四七五石、「請高」が一〇・七二八石となっており、晩年に彼が息子の直平に譲り渡した土地は、田地三反六畝一九歩と宅地四畝一六歩であったことが知られている。
2. 荒川清澄『老農中村直三』(西行洞、一九〇九)、山辺郡教育・農会編『増補老農中村直三』(編者と同、一九一七)、奥村正一『老農中村直三翁』(天理時報社、一九四三)。
3. 本稿末の「主要参考文献」参照。
4. 徳永光俊「中村直三の著作をめぐって(一)~(五)」(『奈良県近代史研究会々報』一三・二五・三七・四九・六八号に掲載、一九八二~八七)、同他編『日本農書全集』第六一巻(農山漁村文化協会、一九九四)、高木正喬「山根家の写本『中村直三翁傳』とその翻刻と校注」(『研究収録』三八、大阪教育大学教育学部附属天王寺中学校・同附属高等学校天王寺校舎、一九九六)など。
5. その全文は、高木前掲注4稿で翻刻されている。
6. 谷山正道『近世民衆運動の展開』(高科書店、一九九四)第二部第一章など参照。
7. 文化一〇年八月「御勘定御奉行肥田豊後守様御巡行之節願書控」(天理市永原町・嶋田家旧蔵文書(現在は帝塚山大学大学院人文科学研究科で所蔵、以下嶋田家旧蔵文書と記載))。
8. 文化一四年三月「家数人別奥寄帳」(嶋田家旧蔵文書)。
9. 谷山正道「近世大和における綿作・綿加工業の展開」(『広島大学文学部紀要』四三巻、一九八三)など参照。

10. 文化三年三月「五條野村より相廻り百姓困窮願下帳」（『広陵町史』史料編下巻〔広陵町、二〇〇一〕一一七～一二二頁所収）。
11. 文化三年五月「南都御番所様江願書写」（大和郡山市宮堂・乾家文書）。
12. 注10と同。
13. 安政二年「〔山辺郡磯之上村作治郎覚書〕」（天理市石上町・植田家文書）。
14. 天保期における大和の社会情勢について詳しくは、谷山正道『民衆運動からみる幕末維新』（清文堂出版、二〇一七）第四章を参照されたい。
15. 明治三年一二月「〔凶作に際し勧農に付建言〕」（徳永光俊「中村直三の著作をめぐって（4）」〔『奈良県近代史研究会々報』四九号、一九八五〕二一～三一頁に翻刻掲載）。
16. これに関して、「〔中村直三事跡〕」（天理市永原町・中村家文書〔以下中村家文書と記載〕）には、「嘉永四亥年、直三父善五郎ノ命ニ因テ父ノ旧里タル平群郡竜田村ニ出テ、鋳造物タル鍋釜ノ売店ヲ開ク、此売物ノ内農業必用ノ器械タル犂鋤ノ「サキ」及「鍬」「備中鍬」等ハ、品位ヲ改良シ価格ヲ低ニスルトキハ、農事上ニ有効タルヲ発明シ、品位及価格ヲ改メ、農商共ニ利有ルノ方ヲタテル、農家之ヲ嘉シ、逐次隣郡迄ニ及フ」といった記述が見られる。
17. 内田和義『老農の富国論』（農山漁村文化協会、一九九一）三八頁引用「巡回教師中村直三演説の始末」参照。
18. 万延元年「乍恐御歎願奉申上候」（嶋田家旧蔵文書）に、「当正月以来より追々高直《こうじき》ニ相成《あいなり》、惣百姓共ニて余米も無御座《ごさなく》候ニ付、壱升弐升宛日々高直之米ヲ小買ニ仕細々凌方《しのぎかた》仕居《つかまつりおり》候処、当五月ニ者《は》麦其外稀成《まれなる》凶作ニ而尚々米直段迄も高直ニ相成、日々凌方難出来《できがたく》必死難渋（中略）、小前百姓者不及申上《もうしあぐるにおよばず》、組頭百姓共ニ至る迄同様ニ付、役人共手元エ日々歎来《なげききたり》候故、実以《じつにもって》役人共心配仕候得共《つかまつりそうらえども》、何等之勘弁方も付不申《もうさず》」という記述が見られる。
19. 谷山前掲注6書第三部第一章参照。
20. 『中村直三翁傳』には、直三が、弟淳蔵が一時弟子入りしていた関係もあって、梅田雲濱《うんぴん》と安政四年（一八五七）に高田で面談した際のエピソードが記されている（尊王攘夷派の志士であった雲濱が安政の大獄によって捕えられるのは、一年後のことであった）。その時、直三の「志」の高さを看取した雲濱が、「仕官」して「其志」を遂げるように勧めたが、直三はこれを固辞し、自分が貢献できるのは農事改良の分野であり、これに精励することによって自らの「分」を尽したいと述べたという。なお、『中村直三翁傳』には、この後、直三が「長藩」そして「薩藩」とも関わりをもつようになり、「薩長」からの依頼により「稲種」などを「送進」した事実も記されている。

21. 中村直三の代表的な著作は、注2と注4の文献に翻刻・収載されている。

22. 定七の思想と活動については、勢和村史編纂委員会編『勢和村史』通史編（勢和村、一九九九）など参照。

23. 『勧農微志』には、「近頃尾州三州遠州の三ヶ国の海辺の新田に綿を作る事夥《おびただ》しきよしにて、和州の綿の直《ね》までも下り、其上尾三遠の綿地へ天満粕《かす》をおき込《こみ》候ゆへ、種粕かすり直上りいたし、和州の売物ハ段々下り、往々和州の患《わずらい》となる事目前なり」という記述も見られ、直三の視野の広さがうかがえる。また、本書の末尾（「口上」）には、「近年諸式の類手作り、薪類焚《たき》のばし、其外御国益ニ相成候義を深く御心配被下《くだされ》候方多く御座候由高直《こうじき》ニ付諸人の難義を御推量、五穀をはしめ諸品御作り増し、養水潤沢の御工夫、肥し承り申候、右御聞及ひ被遊《あそばされ》候義を、乍御面倒《ごめんどうながら》私方迄御しらせ被下度《たく》」という一文が見られ、直三が「御国益」の増進につながる様々な情報の入手にも努めていたことが知られる。

24. 明治一五年三月に特別名誉賞を受賞した直三は、それまで世話になってきた数多くの「農事に功ある先人」の慰霊祭を五月に居村の御霊神社で執り行っているが、そのなかに大蔵永常も含まれていた。

25. 徳永前掲注15稿一頁。

26. 徳永光俊『日本農法史研究』（農山漁村文化協会、一九九七）参照。

27. 「大和国への石門心学の教化」に関しては、吉田栄治郎「谷三山の思想形成に関する研究ノート」（奈良県立同和問題関係史料センター『研究紀要』一六号、二〇一二）などを参照されたい。

28. 『中村直三翁傳』に「直三各村番人をして、各村に在る所、良種を国内に需《もと》めしめ、専ら私田に試作を為す」という記事が見られる。

29. こうした見方については、藪田貫「国訴・国触・国益」(『民衆運動史 近世から近代へ』第三巻所収〔青木書店、二〇〇〇〕、のち『近世大坂地域の史的研究』〔清文堂出版、二〇〇五〕に収録)を参照。

30. 注19と同。

31. 直三は、永原村他一一か村の宿願であった「畝不足」問題の解決→減租の実現にも尽力している。

32. 高橋延定「四条県政期における民衆教化政策について」(『仏教史学研究』二五巻一号、一九八二)など参照。

33. 徳永前掲注26書一六四頁。

34. 明治六年「〔伊勢路新開路幷宇陀川分水関係書類綴〕」(中村家文書)。

35. 明治六年九月「奉御伺口上書」(中村家文書)。「当春設立被為在《あらせられ》候勧業所園ニ倣《なら》ヒ、小学区毎ニ学館ニ附属シ、有志之輩申談シ会社ヲ結、百物ノ良種良苗ヲ選ミ他ニ送リ他ニ求メ、彼我交易シテ、其地ノ高低・乾湿ノ地性・肥瘦《ひそう》ノ差ヲ見量リ、種類ノ応ト不応スルノ作方・物品ノ製法、百事講究シテ良法ヲ採リ、大金ヲ得ルノ実効ヲ表シ、頑固ヲ一変シ、国産蕃殖《ばんしょく》ノ方法ヲ設立仕、敬神愛国ノ上旨ヲ奉戴シ、民庶一同富強ノ域ニ進歩仕度《つかまつりたく》」という記載が見られる。

36. 奈良県同和問題関係史料第五集『日新記聞』(奈良県同和問題関係史料センター、一九九九)。

37. 明治九年四月「〔中村直三より稲種七六種献上申出に付回答〕」(中村家文書)。

38. 明治一一年には稲穂他三品、同一二年には稲各種、同一三年には稲三五〇種を出品している。なお、同一三年には京都府博覧会へも稲種及び玄米(合せて七〇余種)を出品して、銀牌を授与されている。

39. 明治一一年一二月「各府県稲種子交換御補助願」(中村家文書)。中村家には、稲の優良

種の交換（拝受・送付）に関する各地（熊本・広島・淡路・京都・東京・千葉・福島・秋田など）の老農からの書状も残っている。また、翌年二月には、直三の息子直平も堺県令宛に各府県との大豆種子の交換に関する「御補助願」を提出しており、「書面願之趣聞届条、種子可差出事」と指示されるに至っている（同）。

40. 中村家文書。小学校の校区・郡・県という各レベルでの農事に関する会合の開催と講究、良種苗の交換と普及などについて提言している。

41. 中村家文書。「大和国ニ一大宝蔵有り」で始まる建言書であり、南は吉野郡杉谷、北は山辺郡長瀬、西は宇陀郡田口、東は同郡神末《こうずえ》の間にある「大凡《おおよそ》四拾方里」の開発と、山粕―高井―初瀬間の道路改修、萩原川―初瀬川―大和川の三川連絡等を提言している。

42. これは、それまで旧摂津国七郡と大阪四区を範域としていた大阪府の財政難解消を目的とする措置であり、現在の大阪府と奈良県をその範囲とする大阪府が成立することになった。

43. これに際して、直三は中村家の戸主を退き、息子の直平に譲っている。

44. 直三が著作を通して学んだ貝原篤信（益軒）・佐藤信淵・大蔵永常をはじめ、天保年中の溜池新築・安政年中の越訴《おっそ》・維新期の「畝不足」実地調査にそれぞれ関わった人々、岡山友清や実行舎の社友、心学道話の教師や心学信奉者、優良稲種の送与者、稲種頒布の協力者（費用の補助者）、などである。

45. 中村家には、この慰霊祭に際して各地から寄せられた祭文や、出席者に関する史料も残っている。

46. 中村家には、直三の逝去に際して寄せられた悔状なども残っている。

47. 正確には一〇七名と奈良県博覧会社であり、大和出身の中央官僚（北畠治房・森山茂・春木義彰ら）や宇陀太郎ら在京者、奈良県再設置運動の指導者（今村勤三《きんぞう》・恒岡直史《つねおかなおふみ》・中山平八郎・服部蓊《しげる》・奥野四郎平ら）、産業界のリーダー（鴻田《こうだ》忠三郎・野口小成・上田武治郎〔農業〕、前川廸徳《みちのり》・篠《しの》織太郎〔紡績業〕、土倉《どくら》庄三郎〔林業〕など、各分野で活躍していた蒼々《そうそう》たるメンバーが名を連ねている。

48. 明治一五年九月「建記念碑」（奈良県行政文書「故中村直三建碑一件」所収）。

49. 明治七年一一月「募兵之義ニ付御願」（中村家文書）。

50. 高久嶺之介氏は、維新政府によって実施された政策（たとえば「身分制の解体」）には「解放」という側面があり、「地域の人びと、とりわけ地域の有力者にとって、（中略）きわめて進歩と躍動感に満ちた時代の到来と意識された」ことなどに着目されている（『近代日本の地域社会と名望家』（柏書房、一九九七））。

51. 明治一四年四月「列品主意」（徳永光俊「中村直三の著作をめぐって（3）」（『奈良県近代史研究会々報』三七号、一九八四）五〜七頁に翻刻掲載）。関係史料として、中村家には、地主と小作人それぞれの「明治七年・八年ノ実況」（経営収支の概算）を示した「耕作損益表」も残っている。また、同一三年に、直三が、天明・寛政期に私財をなげうって困窮人の救恤《きゅうじゅつ》に力を尽くした葛上郡東佐味村（現御所市東佐味）の落合平兵衛の「奇特ノ略伝」を筆写していることも注目される。

52. 直平も、父の跡をうけて、試作による優良稲種の選別、普及、出品活動などに力を尽くしている。また、注39も参照されたい。

53. 忠三郎は、河内の生まれで、鴻田家に養子に入った。直三よりも九歳年下で、居村が近かったこともあり、幕末には直三と交流を深めるようになっていた。鴻田家は三町歩ほどの耕地を有する手作地主で、忠三郎は幕末から村の年寄・庄屋・戸長・小学校世話掛・村会議員などを歴任しながら、麦の品種改良を中心に、農事改良活動に力を注いだ。明治五年九月には、試作した麦の優良種を奈良県へ献納し、行政の力を活用して県内に普及させようとしており、その建言書は『日新記聞』一一号でも紹介された。老農としての彼の視線は、困窮にあえいでいる人々をいかに救うかという点にあり、生産力を高めることによってこれをはかろうとしたのである。そうした彼は、同一四年の「農事勉励且貧民救助」に関する建白書において、地主制のもとで艱難《かんなん》に陥っている小作人に目を向け、彼らの犠牲の上にあぐらをかき、栄華を誇っている地主らを人倫にもとると痛烈に批判するとともに、貧民救助のために地租の算定の仕方を改め、その減額を求めている。直三とともに大和を代表する老農になっていた彼は、この年に新潟県から招聘され、翌年にかけて勧農耕作掛《がかり》として指導を行うまでになっていたが、娘の眼病を治してもらったことをきっかけに帰郷後に天理教に入信するに至り、老農としての活動は止めてしまうことになった。忠三郎の言説と活動について、詳しくは内田前掲注17書第二章を参照されたい。

54. 式田家には「大和国山辺郡永原村 老農中村直三伝」(肉筆の和綴本)も残っている。

55. 式田喜平は、明治二八年に、奈良県農事試験場技主兼農事巡回教師に選任され、三五年には大日本農会総裁から農事功労を賞して緑綬《りょくじゅ》有功賞を贈られている。その後、大正三年に逝去するその直前まで、農会を主な活動の舞台とし、長年の経験にもとづいて農業技術を指導し続けた。その半生をかけて、稲の品種改良に心血を注いできた彼は、晩年に「花見とは稲のはなこそ花見なり よしの・竜田はあとさきにして」という歌を書き残している(天理市檜垣町・式田家文書)。

56. 徳永前掲注26書一八七~一八九頁参照。

57. 本稿では触れられなかったが、「大和三老農」以外で明治期に農業分野で活躍した人物に、『勧農茶話』という著作で知られる葛上郡蛇穴《さらぎ》村(現御所市蛇穴)の野口小成《こなり》、大和米の改良に貢献した山辺郡西井戸堂《にしいどんど》村(現天理市西井戸堂町)の上田武治郎、「権次西瓜《ごんじずいか》」の名を残した山辺郡稲葉村(現天理市稲葉町)の巽権次郎などがいる。

《主要参考文献》

・荒川清澄『老農中村直三』(西行洞、一九〇九)。
・山辺郡教育・農会編『増補老農中村直三』(編者と同、一九一七)。
・奥村正一『老農中村直三翁』(天理時報社、一九四三)。
・安田健「中村直三の農事改良事績」(『日本農業発達史』第二巻所収、中央公論社、一九五四)。
・筑波常治「中村直三論」(『思想』四〇七号、一九五八)。

・安丸良夫『日本の近代化と民衆思想』（青木書店、一九七四）。
・今西一「大和における一老農の生涯」（『部落問題研究 藤谷俊雄所長古稀記念論集』所収、部落問題研究所、一九八二）。
・高橋延定「四条県政期における民衆教化政策について」（『仏教史学研究』二五巻一号、一九八二）。
・徳永光俊「中村直三の著作をめぐって（一）〜（五）」（『奈良県近代史研究会々報』一三・二五・三七・四九・六八号所収、一九八二〜八七）。
・同他編『日本農書全集』第六一巻（農山漁村文化協会、一九九四）。
・同『日本農法史研究』（農山漁村文化協会、一九九七）。
・谷山正道「近世大和における綿作・綿加工業の展開」（『広島大学文学部紀要』四三巻、一九八三）。
・同『近世民衆運動の展開』（髙科書店、一九九四）。
・同「近世近代移行期の『国益』と民衆運動」（『ヒストリア』一五八号、一九九八、のち『民衆運動からみる幕末維新』〔清文堂出版、二〇一七〕に収録）。
・同「『御一新』と地域リーダー―大和の老農中村直三の活動を中心に―」（平川新・谷山正道編『近世地域史フォーラム3 地域社会とリーダーたち』所収、吉川弘文館、二〇〇六、のち『民衆運動からみる幕末維新』に収録）。
・同「老農中村直三とその活動を支えた人々」（天理大学文学部編『山辺の歴史と文化』所収、奈良新聞社、二〇〇六）。
・岡光夫「中村直三・奈良専二・船津伝次平」（『講座・日本技術の社会史』別巻2所収、日本評論社、一九八六）。
・内田和義『老農の富国論』（農山漁村文化協会、一九九一）。
・高木正喬「山根家の写本『中村直三翁傳』とその翻刻と校注」（『研究集録』第三八集、大阪教育大学教育学部附属天王寺中学校・同附属高等学校天王寺校舎、一九九六）。
・『勢和村史』通史編（勢和村、一九九六）。

・高久嶺之介『近代日本の地域社会と名望家』（柏書房、一九九七）。
・奈良県同和問題関係史料第五集『日新記聞』（奈良県同和問題関係史料センター、一九九九）。
・藪田貫「国訴・国触・国益」（『民衆運動史　近世から近代へ』第三巻所収、青木書店、二〇〇〇、のち『近世大坂地域の史的研究』〔清文堂出版、二〇〇五〕に収録）。
・吉田栄治郎「谷三山の思想形成に関する研究ノート」（奈良県立同和問題関係史料センター『研究紀要』二六号、二〇二二）。

〔付記〕　本稿は、私の旧稿をベースに、最近中村家で見つかった史料も活用して加筆したものです。度重なる調査に快く応じて下さった中村家の皆様方（直史様と奥様・御母様）に、この場を借りて心よりお礼申し上げます。

奥田木白と赤膚焼

吉田　栄治郎

七代尾西楽斎造「皆具」（個人所蔵）

はじめに　―呼称および開窯に関する諸説と本論の課題―

呼称

赤膚焼は「日本六古窯」（越前・瀬戸・常滑・信楽・丹波・備前焼）などに比べるとかなり後発の焼物だが、主に茶器や花器などに優れた作品を生み、大和国（奈良県）を代表する焼物として陶器愛好家や研究者の高い評価を受けてきた。

幕末の陶工・陶商の奥田木白は『赤膚山焼由来書』（生駒市東松ヶ丘・奥田家所蔵）のなかで、赤膚焼の名前は郡山藩前藩主の柳澤堯山侯によって命名されたという。しかし、後に触れるように、木白は赤膚焼をオーソライズしたいという願望を強く持っていたため、その意思に沿って記された堯山侯命名説が事実かどうかはわからない。なお、堯山侯とは安永二年（一七七三）に郡山藩主になり、文化八年（一八一一）に隠居し、同十四年（一八一七）に亡くなった柳澤保光のことであり、茶の湯に造詣が深く、赤膚焼の庇護者として知られる郡山藩三代目藩主である。

堯山侯命名説以外には、使用する陶土に鉄分が含まれるため焼き上がりが赤みを帯びることから赤膚焼と呼ばれたという説があるが、全国各地の陶器の呼称は産地の地名を取ったものが多く、焼き上がりの色から名付けられた焼物がほとんどないため、この説はかなり疑わしい。

また、享保二十一年（一七三六）刊の『大和志』添下郡「山川」の項に、添下郡五条村（現奈良市五条町）西方丘陵に赤膚山と呼ぶ赤土の山があり、窯元がその丘陵

七代尾西楽斎造「松喰鶴茶盌」（個人所蔵）

内にあるため赤膚焼という名が付けられたという地名由来説がある。先に述べたように、全国各地の陶器の呼称の多くが地名に由来しているためこれはかなり有力な説になり、先の堯山侯命名説は木白がこの赤膚山由来説の上に重ねたものかもしれない。

なお、『大和志』「山川」の記事は、

赤膚山　在五條村西兀然一丘赤土不毛〇倶有古歌

であり、五条村の西に高くそびえる赤土不毛の丘を赤膚山と呼ぶということである。しかし、これに対して「赤ハタは木のない赤い土山の形容であり、赤ハタは地名でも人名でもない」（村上泰昭氏「赤膚焼とその成立背景」、『赤膚焼研究会通信』第一号、二〇〇一）との解釈があり、その解釈が正鵠を射ているなら赤膚山由来説は成立しない。

また、『大和志』のいう「古歌」は同書「文苑」の項に、

赤膚山　新続古今集曰衣駄荷二有世婆赤膚乃山爾一者借猿物乎

とある歌だが、この歌は『新続古今和歌集』（明治書院刊、二〇〇一）巻二〇「神祇歌」巻頭の「住吉の御歌」の「ころもだに　ふたつありせば　あかはだのやまに　ひとつはかさまし物を」であり、『新続古今和歌集』の下注では「あかはだの山」は大

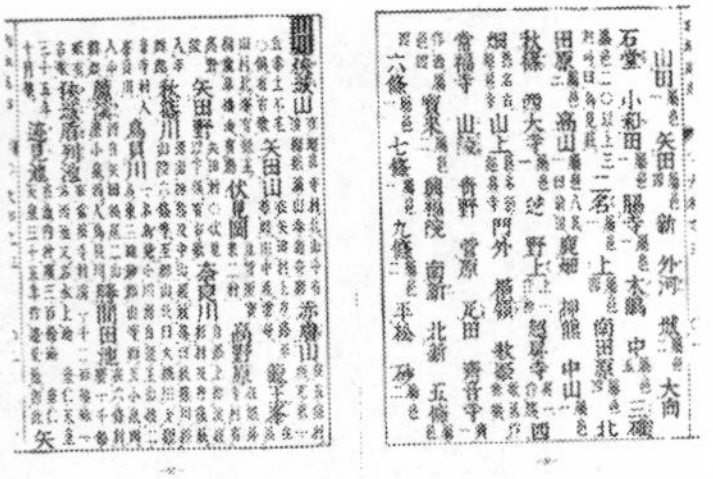

『大和志』添下郡「山川」

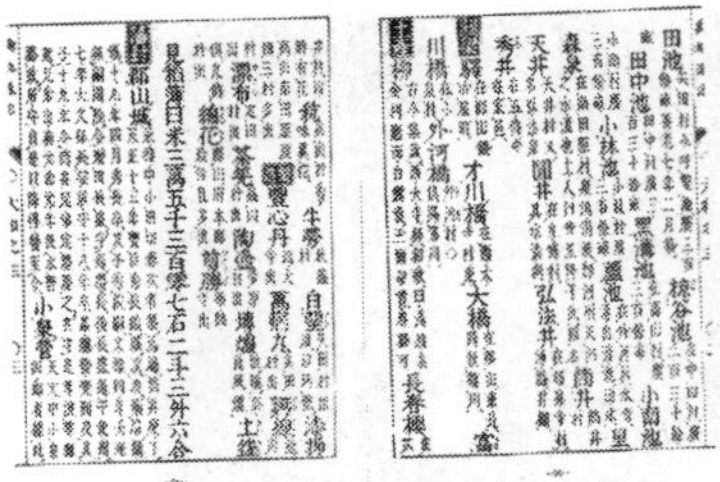

『大和志』添下郡「製造」

和国の歌枕だという。

「あかはだの山」が大和国の歌枕だとすれば、赤膚山は木のない赤い土山の形容にすぎないとする先の解釈が成立する。ただ、そうだとすれば何も赤膚山を五条村に求める必要はなく、大和一国のどこに設定してもよかったはずである。しかし、『大和志』が「在五條村」と特定するのは、実際に五条村に赤膚山と呼ばれる「赤土不毛」の丘があったためと考えるべきであり、一般論としては理解できるが、五条村に限ればいささか苦しく、先の解釈も同様である。

したがって、赤膚焼の窯元がある五条村の西方丘陵の一帯は赤土で草木の生えない土地であり、そこを赤膚山と呼び、赤膚山から陶土を取った焼物に丘陵の名前が付けられて赤膚焼と呼ばれたと、本論ではそのように考えておきたい。むろん、これは尭山侯命名説を否定するものではない。

開窯

五条村における焼物のことは『大和志』に記載がない。『大和志』が編纂された江戸時代中期には五条村での焼物生産がまだ始まっていなかったためである。しかし、同書「製造」の項には「塼爐世ニ称奈良風爐、土盌倶九條村出」とあり、五条村近在の添下郡九条村（現大和郡山市九条町）では「奈良風爐」「土盌」と呼ばれる焼物が焼かれていたことが確かめられる。なお、本多内記の時代に郡山城の拡張工事があり、九条村住家が現在の場所に移されたという論があるが（村上泰昭氏前掲論文）、筆者の無知によるものだとしても、今のところ確実な史料からそれを確かめることは

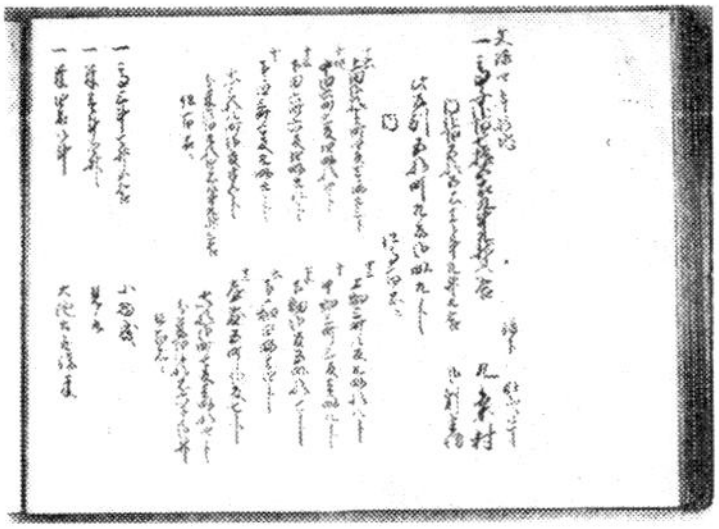

『郷鑑』九条村「大池土取役米」

できないため、本論では九条村住家は大きくは動いていないことを前提にする。

また、『大和志』以前に編纂された貞享三年（一六八六）「郡山藩明細帳」（天理大学附属天理図書館所蔵）の九条村の項に「土器作有り」、享保九年（一七二四）作成の『大和郡山藩領郷鑑』（以下『郷鑑』、奈良県立同和問題史料センター刊、二〇〇〇年）には九条村の項に「土器師細工四人」、隣接する七条村（現奈良市七条町）の項に「職人三人　内弐人瓦細工、壱人壺細工」、「商人弐人　内壱人綛売、壱人壺」とあり、九条村のみならず隣の七条村にも壺細工職人および壺売り商人が存在したことが明らかになる。

さらに、『郷鑑』によれば、九条村に「大池土取役米」四石八斗が、七条村に「小物成土役米」一五石五斗がそれぞれ課せられているが、西ノ京地域で大池といえば七条村の勝間田池以外になく、九条村・七条村では勝間田池周辺で陶土の採取を行っていたと見てよいだろう。勝間田池は赤膚焼窯元のある五条村西方丘陵地とは指呼の間にあるが、江戸時代中ごろの西ノ京地域、九条村・七条村では後の赤膚焼産地付近から陶土を取り、役米高から推せばかなりの規模で陶器生産が行われ、七条村では「壺商人」による販売も行われていたことが明らかになる。

なお、この地域、つまり西ノ京では平安時代以降興福寺に隷属する土器製造諸座の拠点になっていたらしいが、戦国時代末期の織豊政権による座の停止に伴って土器座等は衰頽したという（たとえば岡本智子氏「大和の中世土器」、『赤膚焼研究会通信』第五号、二〇〇三）。

しかし、上記各書に見られる九条村・七条村の土器師・壺細工師たちが前の時代の西ノ京土器座陶工とは断絶して江戸時代になって突如出現したと見るのは不自然であり、彼らは西ノ京土器座陶工との間に直接の系譜関係を持ったと考えなければならない。そして、後の赤膚焼の陶工も西ノ京土器座に属した陶工の末裔と見るべきだが、これについては後に詳しく述べることにしたい。

さて、五条村でいつごろから後に赤膚焼と呼ばれる焼物が焼き始められたのか、つまり赤膚焼開窯の時期はいつかという問題だが、これまで江戸時代はじめの豊臣秀長開窯説や小堀遠州(政一)開窯説、一旦中絶した後の十八世紀後半の京都清水よりの来住者開窯説、同時期の甲賀信楽よりの来住者開窯説、尾張瀬戸からの来住者開窯説などの諸説が乱立してきた。

しかし、豊臣秀長開窯説や小堀遠州開窯説は当該期の記録がまったくなく、また『郷鑑』や『大和志』にもそれを窺わせる記事が一切ないことから、浅い歴史しか確かめられない赤膚焼にとってきわめて魅力的な説だが成立する余地はないようだ。また、十八世紀後半の京都清水・甲賀信楽・尾張瀬戸からの来住者による中興説についても、同時代の郡山藩藩政記録や五条村の村方記録に関連する記事が一切なく、いずれも出所が曖昧な伝聞や伝承、さらに赤膚焼関係者、とりわけ奥田木白の何らかの思惑によって作られたものと見てよいのではないか。

つまり、赤膚焼開窯時期については様々な説があるが、実は確かな史料によって確認されたものはないというのが実情である。

課題

本論は赤膚焼開窯説に関する右の状況に鑑み、これまで重視されてきた由緒・伝承を排し、見過ごされてきた一次史料に光を当てて開窯時期と事由について史料的裏付けを持つ整合的な結論を得ることと、江戸時代に西ノ京の一隅で焼き始められ、後に一旦は衰退したらしい赤膚焼を大和国を代表する焼物にまで育てあげた幕末郡山の陶工・陶商の奥田木白の事績を取りまとめることを課題とする。

一、赤膚焼開窯に関する諸説

あいまいな赤膚焼開窯説

先に述べたように、赤膚焼の開窯時期と事由については諸説あるが、未だ定説を得ていない。これは、開窯期から必ずしも世間の関心を集めていたわけではないという赤膚焼成立事情によるのだろうし、後述するように、奥田木白がおそらく自身の思惑から発したらしい、時に微妙に異なる開窯説に左右されたことにも起因していると思うが、ここではそのことに留意しつつ各説の当否を検討したい。

小堀遠州開窯説

幕末京都の陶器研究家で陶器商だった田内米三郎（梅軒）は嘉永七年（一八五四）に著した『陶器考』のなかで、赤膚焼を江戸時代初期の茶人・作庭家として知られる小堀遠州が好んだという「遠州好七窯」の一つにあげ、

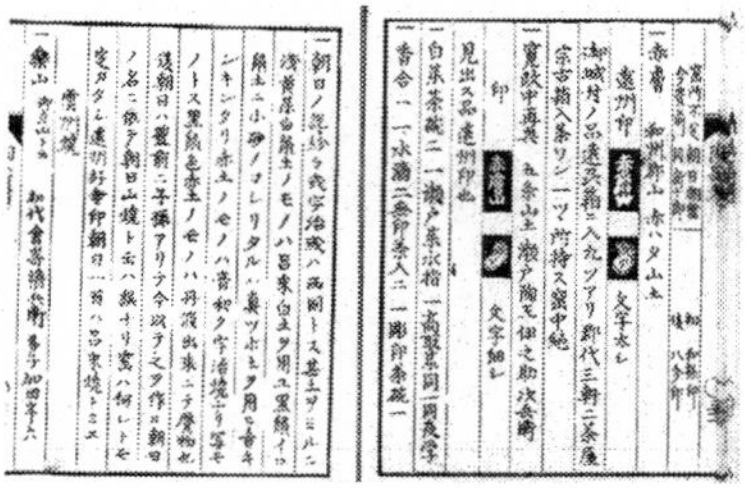

『陶器考』赤膚焼部分

一赤膚　和州郡山　赤ハタ山土
　遠州印　［赤膚山］［赤ハタ］　文字太シ
御城付ノ品遠州箱ニ入九ツアリ、郡代三軒ニ茶屋宗古箱入茶ワン一ツ、所持
ス、窯中絶
一寛政中再興　五条山土　瀬戸陶工伊之助・次兵衛
　印　［赤膚山］［赤ハタ］　文字細シ

という。

赤膚焼は郡山赤ハタ山の土を使って焼き、遠州印は太い文字で赤膚山・赤ハタと書かれている、御城付の品は遠州箱に入れ、郡代三人が茶屋宗古（茶屋四郎次郎）箱入の茶碗を一つずつ所持している、窯は中絶したが寛政年中に瀬戸の陶工伊之助と次兵衛によって再興され、五条山の土を使って焼いた、印は（遠州印と同じだが）文字が細い、という大意になる。

田内は安政二年（一八五五）に著した『陶器考附録』でも、赤膚焼を「遠州好七窯ノ内」だとして、

　　　大和
○赤膚焼　　遠州好七窯ノ内
一本書ニ出ス
一遠州時代ハ赤ハタ山ノ池土ヲ以造ル、土黄ニシテコマカナリ、堯山侯再興ノ

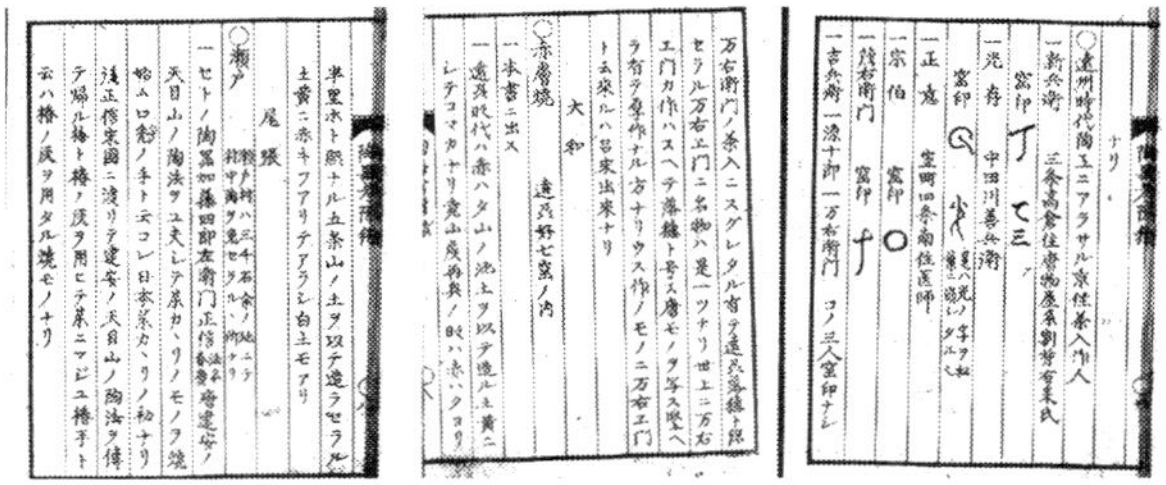

『陶器考附録』赤膚焼部分

時赤ハタヨリ半里ホト脇ナル五条山ノ土ヲ以テ造ラセラル、土黄ニ赤キフアリテアラシ、白土モアリ

という。

最初の一つ書「一本書ニ出ス」の意味はよくわからないが、さしあたっては『陶器考』に述べているという意味だと考えておきたい。また、次の一つ書きは、

一、小堀遠州が赤ハタ山の池土を使って作った。土は黄色でこまかい。堯山侯が再興した時は赤ハタから半里ほど離れた五条山の土を使った。

という大意である。

小堀遠州がその土を使ったという「赤ハタ山」が具体的にどこを指しているのかはこの書でははっきりしない。「赤ハタ山」は五条山から半里ほど離れているというが、五条山が五条村西方の丘陵全域を指すとすれば、そこから半里ほど離れているという「赤ハタ山」が発見できないためである。

また、「遠州好七窯」とは小堀遠州が好んだ七か所の窯ということだが、田内は「遠州好七窯」として赤膚焼とともに遠江国の志戸呂、山城国の朝日、近江国の膳所、豊前国の上野、筑前国の高取、摂津国の古曽部の七か所の窯をあげている。しかし、管見の限りこの書以前に「遠州好七窯」という用語を見つけることはできないし、七窯の内少なくとも古曽部焼は江戸時代後期の開窯であるため、当然小堀遠州の時代には存在しない。赤膚焼も先に見たように確かな史料によっては小堀遠州まで遡る歴史は確かめられないし、太文字の「赤膚山」「赤ハタ」が刻された赤膚焼が伝わるとしても、その印が小堀遠州の用いたものかどうかはわからず、赤膚焼愛好家や研究者にとって魅力的な説だが、小堀遠州開窯説は成立し難い。

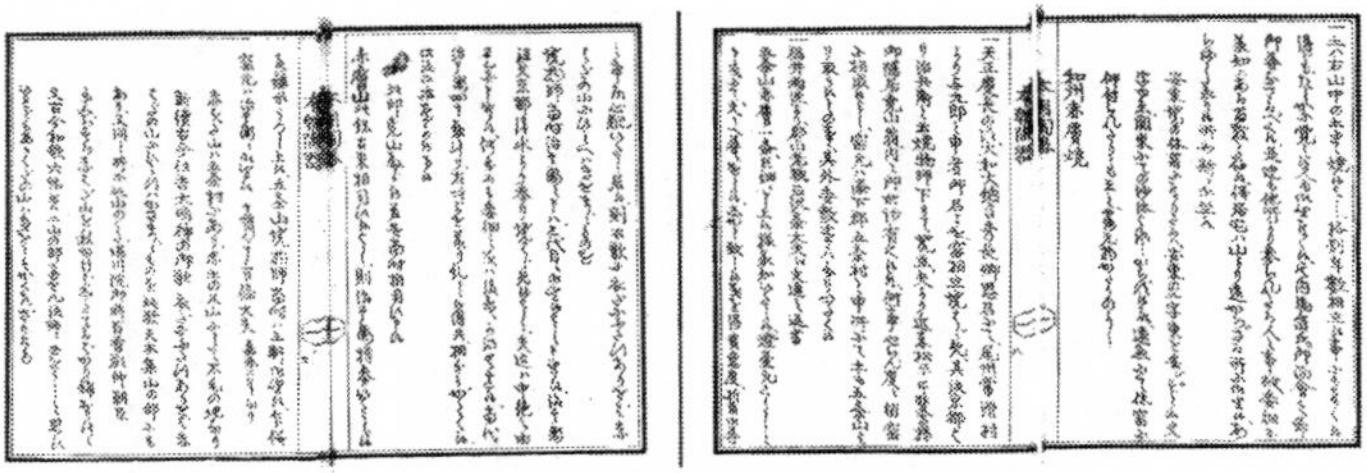
『本朝陶器攷証』赤膚焼部分

豊臣秀長開窯説

伊勢国の茶人で陶器鑑定にも優れた金森得水が安政四年（一八五七）に著した『本朝陶器攷証』のなかで、

和州赤膚焼

一天正慶長の頃大和大納言秀長卿思召にて、尾州常滑村より与九郎と申者御召よせ、窯相立焼はじめ、其後京都より治兵衛と云焼物師下りて焼立、夫より近来松平甲斐守様御隠居堯山翁内々御世話有之候歟、何事やらん度々留窯に相成候よし、窯元ハ添下郡五条村と申所にて土も五条山より取り候との事、其外委敷事ハ分りかたく候

と述べている。

天正・慶長のころ、（郡山城主の）豊臣秀長卿が尾張国常滑村から与九郎という陶工を呼び寄せ、窯を作って焼き始めた、長い間の中絶ののち京都から治兵衛という焼物師が郡山に来住して焼くようになり、ちかごろは松平甲斐守様の御隠居の堯山

翁が内々世話をされているようであり、度々藩営の窯になっているらしい、赤膚焼の窯元は添下郡五条村にあり、使う土も五条山で取っているとのことだが、そのほかのことはわからない、との大意だが、これは豊臣秀長開窯説になる。

豊臣秀長の時代は茶の湯が流行していたため、秀長が郡山に陶工を招いて自身の茶の湯用の焼物を作らせたことはあり得る話だが、その焼物を赤膚焼と呼んだかどうかはわからないし、治兵衛による再興まで二〇〇年余りの長い中絶期間があるということから、秀長時代の焼物と赤膚焼とを直接結ぶことは難しく、豊臣秀長開窯説も魅力的だが成立し難い。

奥田木白の開窯説①　―清水の陶工丸屋治兵衛中興説―

『本朝陶器攷証』ではさらに、嘉永二年（一八四九）十二月二十三日付伊勢の福井両洗宛の郡山藩家老石沢条大夫による次のような返書を紹介している。石沢条大夫は郡山藩の家老職をつとめ、明治改正の「郡山藩分限帳」（『大和郡山市史』史料集所収、昭和四十一年刊）では条大夫の名は見えないが、その跡と思われる石沢学が七五〇石を与えられている。

『本朝陶器攷証』が伝える返書の全文は、

一福井両洗より、郡山老職石沢条大夫江文通之返書

五条山赤膚一条、巨細ニ申上候様承知いたし候、灯台元くらしと申義にて、夫々へ尋ニ遣し候、しかと致し候義を得貴意度、折角御尋之事故心配いたし

居候、則古歌に衣だにふたつありせば赤はだの山にひとへハきせ《かさ》まじものを焼物師当時治兵衛と申ハ三代目ニ御座候よし申聞候、治兵衛祖父京都清水より参り焼はじめ候よし、夫迄ハ中絶之由是亦申聞候、何分にも委細之義ハ後音ニ可得貴意候、当代治兵衛四十歳計り、右呼よせ承り糺し候得共、相分りがたく候、此段御推察可被下候、

赤ハダ　此印堯山殿より被差遣、当時相用ひ申候

赤膚山此銘古来相用ひ候よし、則治兵衛持参いたし候故雛形うつし上候、五条山焼物師当時ハ三軒御座候、乍併窯元ハ治兵衛ニ御座候、十二月二十三日條大夫嘉永二年なり、

　赤はだ山ハ五条村にあり、赤土の兀山にして不毛の地なり、新続古今住吉太明神の御歌　衣だにふたつありせば赤はだの山にひとつハかさまじものを　此歌夫木集山の部にもあり、又同し所に此山のうた、堀川院御時百首顕仲朝臣

もみぢする赤はだ山を秋ゆけばしたてるばかり錦おりつゝ

又古今和歌集六帖第二山の部喜せん法師　世をうしと思ひいれどもあかはだの山ハ身をこそかくさざりけれ

であり、大意は、

五条山赤膚のことについて詳しく知らせてほしいとの要望は承知している、し

かし、灯台元暗しなので、方々に問い合わせたところようやく確かなことを聞き集めることができた。焼物師は現在治兵衛といい、三代目になるらしい。治兵衛の祖父は京都清水より来て焼はじめたというが、それまで赤膚焼は中絶していたと聞いている、詳しいことは後でお知らせしたいが、四十歳ほどになる今の治兵衛を呼び寄せて尋ねたがわからないとのことだった、「赤ハタ山」の印は（柳澤）堯山公より下されたものを使っている、「赤膚山」の印は治兵衛が持参した古来からのものをもとに作って使っている、五条山の焼物師は三軒あるが窯元は治兵衛である、

ということになる。

この返書は開窯の時期や開窯者には直接言及せず、京都清水から来住した治兵衛という焼物師が「夫迄ハ中絶之由」の赤膚焼を再興したというだけである。ただ、三代目になる今の治兵衛も詳しいことは知らないというのでかなりあいまいな話になるが、これは初代治兵衛による赤膚焼中興説である。

この説にかかわって解決しておかなければならないことは、返書が「灯台元くらしと申義にて、夫々へ尋ニ遣し候」という「尋ニ遣し」た相手が誰かという問題である。つまり、治兵衛の清水からの来住説を石沢に伝えたのは誰かということであり、この返書は嘉永二年に石沢から発せられたものだが、当時石沢にこうした情報を伝え得る人物は奥田木白以外にありえなかったはずである。後述するが、木白は郡山藩士の借財整理を通じて藩政にかかわっていたので、当然石沢とは熟知の間柄

『五条山治兵衛陶窯誌抄』表紙

であり、石沢への回答が京都清水の陶工治兵衛の来住による赤膚焼再興説だったことになる。

なお、ここでいう治兵衛とは『赤膚山焼由来書』が「堯山侯ヨリ茶器類依　御好品々造」「右御用物奉献上候ニ付」「苗字御免　井上治兵衛と号」したという初代治兵衛であり、赤膚焼陶工の末裔・縁戚になるという石井潔氏が昭和四十三年（一九六八）に上梓された『五条山治兵衛陶窯誌抄』（出版社不明、本論では昭和四十五年に出された改訂第三版を使っている）では文化九年（一八一二）に亡くなったというが、同書巻末附録の「系譜」によればその跡を郡山平野町の伊之助が養子として継ぎ、二代目治兵衛を名乗っている。

しかし、文化十二年（一八一五）の「一札之事」には伊之助（二代目治兵衛）が、文化十四年の「五ケ年御譲渡申釜運上之事」には治兵衛の名はあるが（いずれも『五条山治兵衛陶窯誌抄』所収）、伊之助・治兵衛に井上姓は記載されない。

また、明治七年（一八七四）の添下郡五条村の「中学校基礎献金願書」（奈良市五条町・吉田家所蔵）には赤膚焼窯元とおぼしき者として井上姓二名、古瀬姓二名、山口姓一名、大塩姓一名、松田姓一名の七名が記されるが、『五条山治兵衛陶窯誌抄』巻末附録の「系譜」の「中の窯」の治兵衛（四代目）は井上姓ではなく古瀬姓を名乗り、「西の窯」の惣兵衛（三代目）の子忠次郎が井上姓を名乗っている。

藩から下賜された由緒を持つ姓を捨てるには相当の理由と決意が必要だと思うが、それが何かはわからず、また異なる系統の三代目惣兵衛が治兵衛に下賜された由緒ある井上姓を名乗っているという少しわかりづらい話になっている。これまで

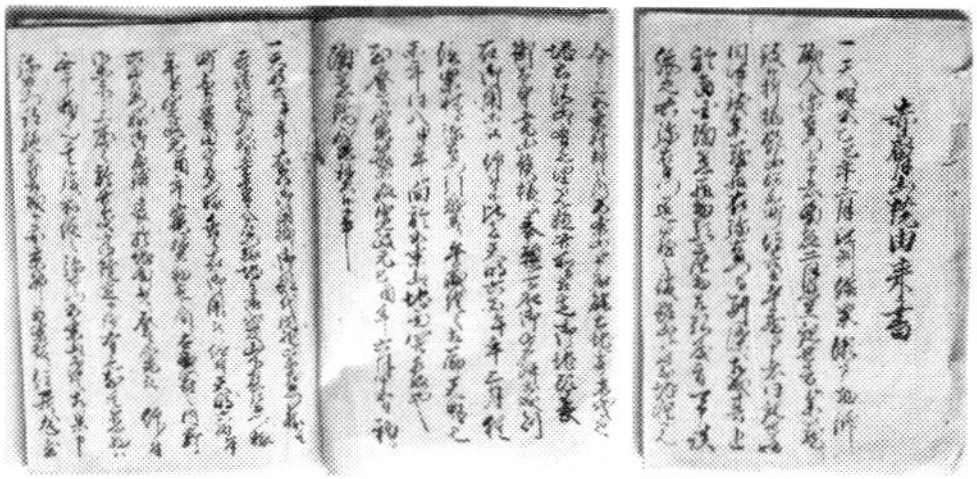

『赤膚山焼由来書』（奥田家所蔵）

得られた知識では理解が及ばないことになり、『赤膚山焼由来書』の内容すべてに信を置くのは少し危ういと考える所以の一つである。

奥田木白の開窯説②　―信楽陶工弥右衛門開窯説―

木白は石沢への回答以外にも赤膚焼開窯の経緯について語っているが、「赤膚山焼由来書」には関係箇所に限ってだが次のように記されている。

一天明五乙巳年二月江州信楽瀬戸物師職人弥右衛門と申者南都二月堂観世音江参籠致候折柄、郡山何和町住吉屋平蔵と申者同観世音江同時致参籠居右弥右衛門と馴染ニ相成、其上於当国陶器居物類産物相弘度旨可申談、依之右弥右衛門退籠之後郡山江罷出地性見分之上五条村料（ママ）之内五条山と申処能土地ニ寄末代迄地土沢山ニ有之由見極此所と相定、御地頭表御太守堯山侯様江奉願上候処、御聞済ニ相成則右御用等被　仰付候、此者天明六丙午年三月従信楽村より弥右衛門引越参り、平蔵倶々相励天明七未年、同八申年江ノ間於五条山ニ地面開発也、尤登り竈築始寛政元己酉年六月十五日初而陶器焼竈焚候事

一（中略）弥右衛門五条山ニおゐて相果申、弥右衛門跡絶家相成候、亦京都五条坂ニ住居ス丸屋治兵衛と申者御呼寄ニ相成、則治兵衛家内引越参り候へ共

一子無之五条山ニ住居致候

（中略）

一宗旨人別之儀者住吉屋平蔵最初より取扱被致候ニ付、五条村領ニ者候得共赤

膚山ニ致住居候人別者皆々住吉屋平蔵と同宗旨七条村三松寺旦那ニ可相成
候事

最初の一つ書は、天明五年（一七八五）に信楽の瀬戸物師職人の弥右衛門が郡山何和町の住吉屋平蔵と二月堂に参籠して知り合い、大和国で陶器類の販売をしたいという平蔵の誘いで郡山を訪れ、五条村の五条山に良い土があると見極め、柳澤堯山侯に願ってその許しを得、天明七・八年（一七八七・八）に住吉屋平蔵とともに五条山に土地を開発し、寛政元年（一七八九）六月から登窯を作って焼き始めた、というものだが、これは信楽の陶工弥右衛門による寛政元年の赤膚焼再興説になる。ただ、管見の限り弥右衛門・住吉屋平蔵の名は『赤膚山焼由来書』以外には見えず、木白の思惑による創作の可能性も否定できない。

次いで、弥右衛門死後京都五条坂（清水）から丸屋治兵衛なる者が呼び寄せられ、五条山に移り住んだといい、五条山の焼物師は住吉屋平蔵と同じく七条村三松寺の旦那になったという。木白はここでも清水から来住した治兵衛再興説を唱えていることになる。

しかし、先にも述べたように「赤膚山焼由来書」は木白によって赤膚焼をオーソライズする目的で作成された由緒書であるためこれをそのまま受け入れることはかなり危うく、他の確かな史料によって検証する必要がある。

検証のための史料は少ないが、先に「中学校基礎献金願書」を取り上げた五条町吉田家には赤膚焼陶工の七条村から五条村への移住に関する史料や移住先の集落絵

寛政8年「集落絵図」（吉田家所蔵）（原図をもとに筆者作図）

図が残されている。次節ではそれらによって赤膚焼開窯の時期と経緯を整理し、確かな開窯時期を導き出したい。

二、五条町吉田家文書から見た赤膚焼開窯の経緯

二枚の赤膚焼集落絵図

吉田家文書のなかに赤膚焼窯元の集落を描いた絵図が二点ある。一つは寛政八年（一七九六）三月に添下郡七条村から五条村に差し入れられた無題の文書に付けられた集落絵図であり、もう一つは年不詳で未完成の五条村御林山絵図に描かれた集落絵図である。

寛政八年絵図は南北が背通り限り、東西が一八二間、真ん中に道が東西に引かれ、道の北側に六棟の家形、釜と記されたもう一つの家形とその西側に鎮守が描かれ、その周囲が墨引されている。背通り限りは山の尾根で限るという意味だろうから、北に山が迫った東西三三〇メートルあまり、南北一〇〇メートルあまりの狭い谷間の集落になるが、この絵図からは集落の所在地は明らかにならない。

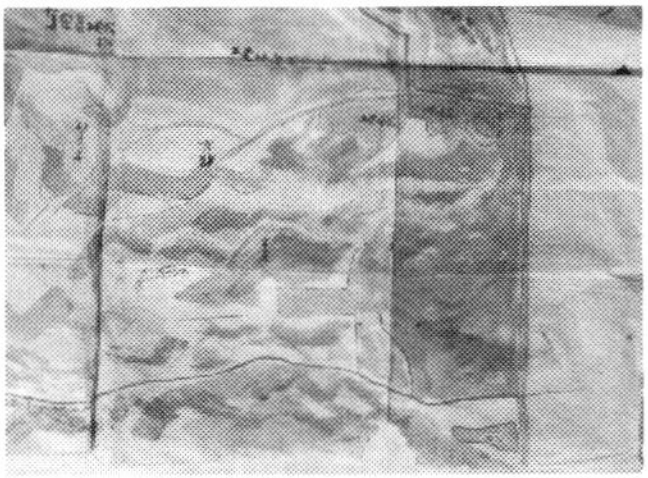
「赤膚焼集落絵図」（吉田家所蔵）

未完成の年不詳絵図は郡山藩御林山全体を描いたものだが、狼谷の南、中尾谷の西に接して集落が描かれている。なお、五条村の御林山は中尾谷・狼谷・初毛谷・口ノ千坪・奥ノ千坪など南北二か所に分かれ（嘉永五年〈一八五二〉「定例早見繰出シ帳」、吉田家所蔵）、北側は一〇町歩、南側は四〇町歩ほどの広さを持っていた（『郷鑑』）。

「五条山天神社」（奈良市赤膚町）

年不詳絵図には真ん中に四棟の家形と西端に鳥居と小さな家形、南北に山が迫った谷間の集落の略図が描かれ、集落の南側に道のような線が引かれている。寛政八年絵図とは家形の数が違うだけで、神社の位置や道路などはほぼ一致しているので、同じ集落を描いたものと見て差し支えない。そして、この絵図には谷間の集落の場所を確定できる情報があった。集落の北に描かれた狼谷である。

狼谷は先に述べたように御林山内にあり、土砂留場に指定されていたが、狼谷という地名は現在の五条町にはない。しかし、赤膚焼窯元がある奈良市赤膚町の北側に大亀谷という国有林があり、大亀谷の南に接して赤膚町氏神の五条山天神社がある。「狼谷＝おおかみたに」と「大亀谷＝おおかめたに」は同じ地名と見てよいだろうから、現在の赤膚町の大亀谷と天神社は絵図の狼谷とその南に描かれる神社と位置関係が一致する。つまり、二点の絵図に描かれた四〜六戸ほどの集落は、赤膚焼窯元のある今の奈良市赤膚町の江戸時代の姿ということになる。

寛政八年の七条村・五条村の取替証文

また、吉田家には寛政八年絵図と同時に作成された「為取替一札之事」と題した文書があるが、赤膚焼陶工の七条村から五条村への移住に関する重要な文書であるため、七条村村役人名を除いて以下に全文を引いておく。

為取替一札之事

一此度其御村御林山之内字あかはだ山と申所ニ而茶碗焼之者差置候ニ付、右職

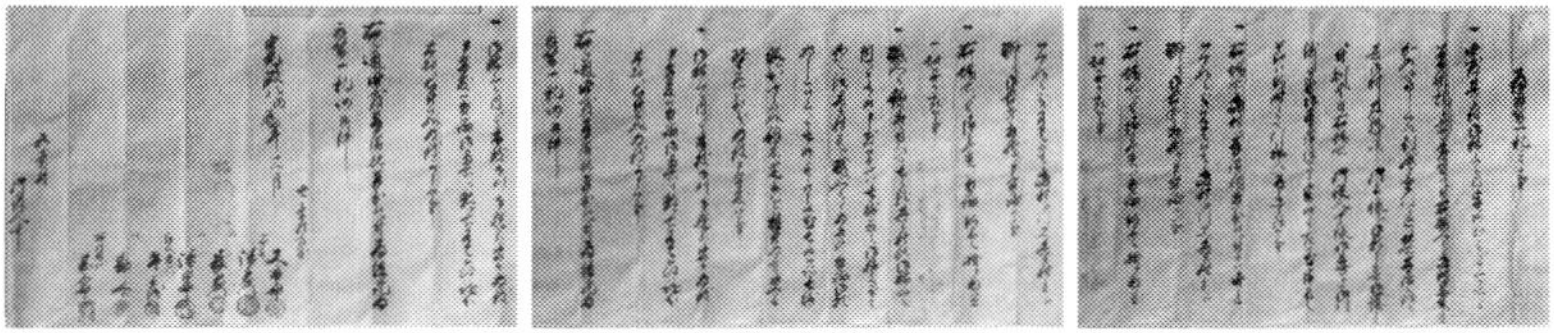

寛政8年「為取替一札之事」（吉田家所蔵）

人共当村宗旨ニ加入いたし候故、別紙墨引之通地所拝借之儀共其御村と及熟談　御上様江御願申上候所御聞済ニ付、則今日右場所　御役人中様御立会之上御引渡し被成御拝借仕候処実正ニ御座候、尤御用之節ハ何時ニ而も引払ひ返上可仕候事

一右場所当村江拝借地ニ相成候ニ付而ハ、此上如何様之義有之候共当村江引受其御村方江聊も御苦労相掛ケ申間鋪候事

一右之場所ニ付御年貢ハ勿論何等之掛り物等一切無御座候事

一職人共稼ニ相用ひ候土之儀、其御村領御林山之内ニ而土取申度候節ハ土砂留之御差支無之哉之段其御村方江職人共より為相断、勿論御願為申上候上ニ而土取らせ可申候、尤土取候跡土砂流レ出不申候様雑木・芝等を植付為置決而堕着成義為致申間敷候事

一御林山之内ニ而木枝・下刈・下焼等決而為致申間敷候、勿論御留所も数ケ所有之候得ハ随分大切ニ心付候様為致可申候事

右之通此度拝借地ニ罷成候ニ付、為後証為取替一札仍如件

寛政八年丙辰年三月

七条村庄屋

又市郎（印）

（年寄・組頭惣代・百姓惣代名省略）

五条村

御役人中

この文書は寛政八年に七条村の宗旨人別帳に登載されている茶碗焼職人が郡山藩の許可を得て五条村の御林山のなかの「字あかはだ」に移り住み、御林山から土を取って茶碗焼を行うようになった際の七条・五条両村の取替証文であり、一つ書ごとの大意は、

一五条村御林山の「字あかはだ山」というところに茶碗焼の者を住まわせた。この者たちは七条村の宗旨に加入しているが、別紙の絵図とおり土地を借りたいというので郡山藩に願い出たところ許可が得られた。今日郡山藩役人立会のもとで（五条村から七条村に）引き渡されたが、今後公用が生じた時はいつでも引き払ってお返しする。

一右の場所が七条村の拝借地になった以上は、どんなことが起こっても（七条村で）引き受け、御村（五条村）に少しでも苦労を掛けないようにする。

一右の場所の年貢や諸掛物は一切ない。

一（茶碗焼）職人が使う土を御林山から土取りする際は土砂留の差し支えにならないかどうか職人から五条村に問い合わせ、土取り跡は雑木や芝を植え付けさせ、横着なことはさせない。

一御林山の内で木枝・下刈・下焼などはさせないことはむろん、御留所も数か所あるが大切に心掛けるようにさせる。

となる。

この文書から、現在の五条町西方にある五条墓地のさらに西側に広がる、奈良市藤木町・宝来町に接する丘陵の全域が郡山藩御林山として藩の管理下に置かれ、その丘陵が五条山と呼ばれ、そのなかに七条村から移住した茶碗焼職人が作る集落が作られたことが確かめられる。

先の『赤膚山焼由来書』とこの文書を重ね合わせれば、赤膚焼開窯の時期と経緯を次のように取りまとめることができる。まず、移住開始時期は寛政八年の少なくとも数年ないし十数年以前のことになる。なぜなら、寛政八年絵図に六棟の家形と一棟の窯、神社が描かれているので、家や神社を建て、窯を築くために少なくともそれだけの時間がかかるはずだからであり、集落の様子から想定できる移住開始は遅くとも天明末年になる。

「赤膚山焼由来書」には信楽瀬戸物師弥右衛門らによる五条山の見分を天明五・六年（一七八五・八六）、土地の整備と窯の築造を天明七・八年（一七八七・八八）、焼き始めを寛政元年（一七八九）としている。この時期を寛政八年からさかのぼれば、土地の開発と窯の築造は一〇年ほど前、焼き始めは七年前のことになる。一〇年という時間は窯・家・神社を作るに十分であり、絵図に描かれた谷間の集落は「赤膚山焼由来書」がいう弥右衛門・住吉屋平蔵によって天明末年から寛政初年までの間に開かれたものということになる。そして、「赤膚山焼由来書」によればこの集落に弥右衛門没後の寛政五年（一七九三）前後に京都の焼物師治兵衛が移住し、今に続く赤膚焼が始まったということになるが、果たしてそう断じてよいのか、いくつかの疑問がある。

石井潔氏が投げかけた疑問

というのは、「赤膚山焼由来書」によれば赤膚焼開窯は天明末年から寛政初年のことになるが、それでは理解できない史料があるためであり、それは先に援用した『五条山治兵衛陶窯誌抄』が紹介する奈良市七条町三松寺の「過去帳」の記事である。「過去帳」は人権擁護の観点から現在では閲覧できないため、本論では『五条山治兵衛陶窯誌抄』の記述や口絵・本文写真に依拠しているが、石井氏が紹介されたのは以下の事実である。

石井氏は三松寺「過去帳」に、天明三年（一七八三）三月二十六日に五条山惣兵衛の子とおぼしき了幻童子、寛政三年（一七九一）四月九日に戒名春岳了清禅定門、俗名五条山治兵衛が記載されるという。石井氏の指摘によれば、五条山には「赤膚山焼由来書」がいう治兵衛来住以前に七条村三松寺を旦那寺とする惣兵衛なる者が住み、また寛政三年以前にすでに治兵衛なる人物が五条山にいたことになる。

惣兵衛は「赤膚山焼由来書」には登場しないが、『五条山治兵衛陶窯誌抄』の巻末附録の系譜では「西の窯」の初代になっている。「西の窯」系譜では惣兵衛の没年を文政元年（一八一八）とするため、天明三年に亡くなった了幻童子の父惣兵衛と「西の窯」の初代惣兵衛は同一人物と見てよいだろう。つまり、赤膚焼開窯時期は天明末年から寛政初年の間ではなく、遅くとも天明初年ということになるし、治兵衛が寛政三年に亡くなっていることから天明初年をさらに遡る時期にすでに陶工とおぼしき人物が五条山に住み着いていたことになる。

物兵衛が天明初年までに五条山で窯を作って焼始めていたことが事実だとすれば、木白は物兵衛の存在を無視し、治兵衛の清水からの寛政五年来住による赤膚山開窯説を唱えたことになる。しかし、むろんこれは事実に基づく主張ではなく、物兵衛の先行ないしは惣兵衛・治兵衛同時の開窯だったのである。

木白は「家伝覚書」(奥田家所蔵)のなかで、天保十一年(一八四〇)の秋ごろから赤膚焼窯元の伊之助に焼物を頼み、各地に販売するようになり、それを家職(商売)にするようになったという。そうした赤膚焼の販路拡大に際して商品の権威付けを計ったとしてもそれは当然の行為である。先に見たように伊之助は二代目治兵衛であり、伊之助窯とは治兵衛窯のことなので、治兵衛をもとは世に知られた清水焼の陶工だと喧伝することによって商品価値を高めようとし、「治兵衛中心史観」とでもいうべき赤膚焼開窯史を作り上げたのではないかと推測できる。

なお残る疑問

残された史料から復元した五条山における赤膚焼開窯の経緯は以上のようになるが、そのように整理できたとしてもなお理解し難い疑問が残る。清水から移住したという治兵衛をはじめ五条村の陶工たちがなぜ七条村三松寺を檀那寺にしたのかという問題である。

むろん、「赤膚山焼由来書」がいう「宗旨人別之儀者住吉屋平蔵最初より被致候ニ付、五条村領ニ者候得共赤膚山ニ致住居候人別者皆々住吉屋平蔵と同宗旨七条村三松寺旦那ニ可相成」、つまり住吉屋平蔵にならってのことだという説明では不自然だし、平蔵が弥右衛門とともに五条村に入ったという天明五・六年より以前にすでに「西の窯」惣兵衛が活動し、三松寺檀家になっていたためこの説明は正確でもない。

先に簡単に触れているが、秋篠川の西方、西大寺の南から郡山城の南端まで続く丘陵には陶器製造に適した良質の粘土があり、それを使って古くから焼物がさかんに作られていたことがこれまでの研究で明らかになっている。添下郡菅原村（現奈良市菅原町）付近は古代に土器生産にあたった土師氏の本拠地だし、土師氏とどのようにつながるのかはわからないが、平安時代以降西ノ京一帯に興福寺や春日神社に火鉢や風炉などを献上する土器座や火鉢座・焙烙座が活動している。

西ノ京土器座が仮に織豊政権時の座廃止の混乱のなかで衰退していたとしても、先に述べたとおり、陶工たちは西ノ京丘陵の南端、九条村・七条村で確実に生き残っていた。『大和志』などの諸記録は陶工たちの住んだ場所を特定しないが、七条村壺焼職人と九条村土器師が離れて住んだと見ることは不自然である。西ノ京土器座にルーツを持つ両村の陶工たちは、古くからの同業者として九条村・七条村に境を接して住んだと見るべきであり、五条山の赤膚焼陶工たちが三松寺を檀那寺にしたのは、「赤膚山焼由来書」がいうように移住を斡旋した住吉屋平蔵にならってのことではなく、もともと江戸時代初期に七条村南端に移ったという三松寺の檀家だったと考えるべきである。そして、三松寺を檀那寺として共有する七条村・九条村の陶工たちは天明初年のはるか以前から勝間田池周辺で陶土を取り、のちに赤膚焼と呼ばれるようになる焼物を焼いていたと見るべきであろう。

以上のことから、九条村・七条村における焼物は西ノ京土器座から連綿と続く陶工たちによって、勝間田池周辺の土を使いながら焼かれ続き、江戸時代中期に陶工たちの一部または全部が五条山へ集団で移住し、柳澤堯山侯の知遇を得てその焼物に赤膚焼という名を与えられて藩公認の窯となり、世に出ることになったという赤膚焼史が描けるが、しかし、文化十四年（一八一七）に庇護者である堯山侯が亡くなり、その前後に住吉屋平蔵も亡くなると、庇護者と販売者を失った赤膚焼は衰退して行ったと見てよいだろう。

三、奥田木白の功績

奥田木白の経歴

文化末年ごろ庇護者と販売者を失って一旦は衰退したらしい赤膚焼だが、郡山北堺町の奥田木白によって復活を遂げ、大和国を代表する焼物として今に至る評価を得るようになって行った。

木白は寛政十二年（一八〇〇）一月に郡山北堺町で武兵衛の子として生まれ、幼名を亀松といい、のち佐久兵衛と改めている。父の武兵衛は水木要太郎氏によって小間物屋と紹介されるが商いの実態はわからない（高橋隆博氏「近世赤膚焼の成立」、大和文化財保存会編『赤膚焼』所収、一九九一）。実際には金融を業にしていたらしく、「御用向一條永代帳」（奥田家所蔵）には文化・文政期に興福寺大乗院納戸銀の郡山藩士への貸付業務に携わり、藩士の借財整理に貢献したことが記録されている。武兵衛はその功によって文政十年（一八二七）には郡山藩から苗字を名乗

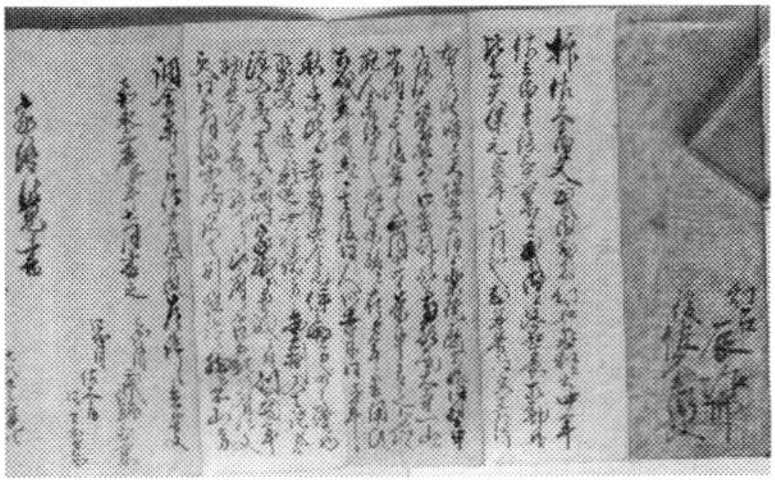

「家伝覚書」（奥田家所蔵）

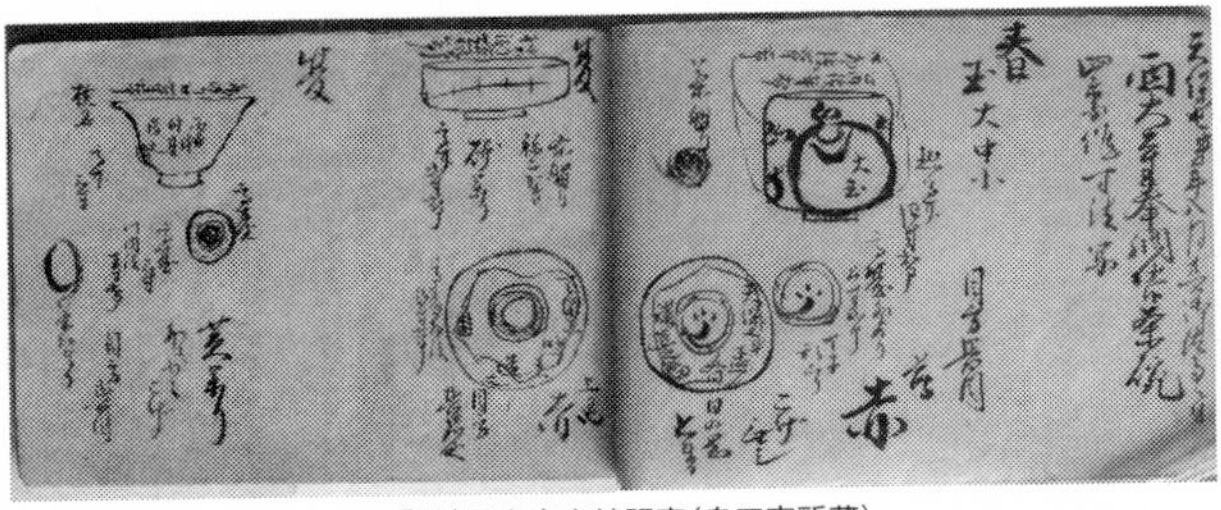

「覚」西大寺奉納記事（奥田家所蔵）

ることを許され、「年々俵数五俵ツ、被下」という厚遇を得ている。

武兵衛が天保六年（一八三五）七月に隠居すると佐久兵衛は父の名を継いで武兵衛と改名するが、理由は不明だが苗字名乗りは停止されている。翌天保七年（一八三六）には銀一〇〇貫目の藩への借り入れに成功した褒美に米二俵を下賜され、同九年十二月には父武兵衛の隠居によって一旦失った苗字を再び許され、その後も藩士の借財片付けや藩札引き換え、藩の借入金に尽力し、嘉永四年（一八五一）七月には一人扶持を、文久元年（一八六一）七月には二人扶持を与えられ、翌二年には「一ツ菱御紋提灯合印御免」を受けている。また、慶応二年（一八六六）二月には郡山町箱本取締役に任命され、同年四月には他領への外出の折の帯刀を許されている。

また、木白がまとめた「家伝覚書」（奥田家所蔵）に、父武兵衛が隠居して家を継いだ天保六年から楽焼を始めたと記される。京都楽家の場合は土と釉薬に特徴があるが、それ以外は陶工が手で成形し、したがっていびつな形を持つ低い温度で焼いた焼物のようだが、木白の最初の楽焼作品はそうしたものだったのだろう。木白は大茶碗五つを焼いて西大寺に献納したという。「覚」（奥田家所蔵）には

> 天保七申年八月二十一日御法事ニ付
> 西大寺奉納仕候茶碗
> 四季作寸法写
> （春・夏・秋・冬省略）
> 右之通奉納仕、尤箱者桐板蓋裏ニ［木白］印押ス

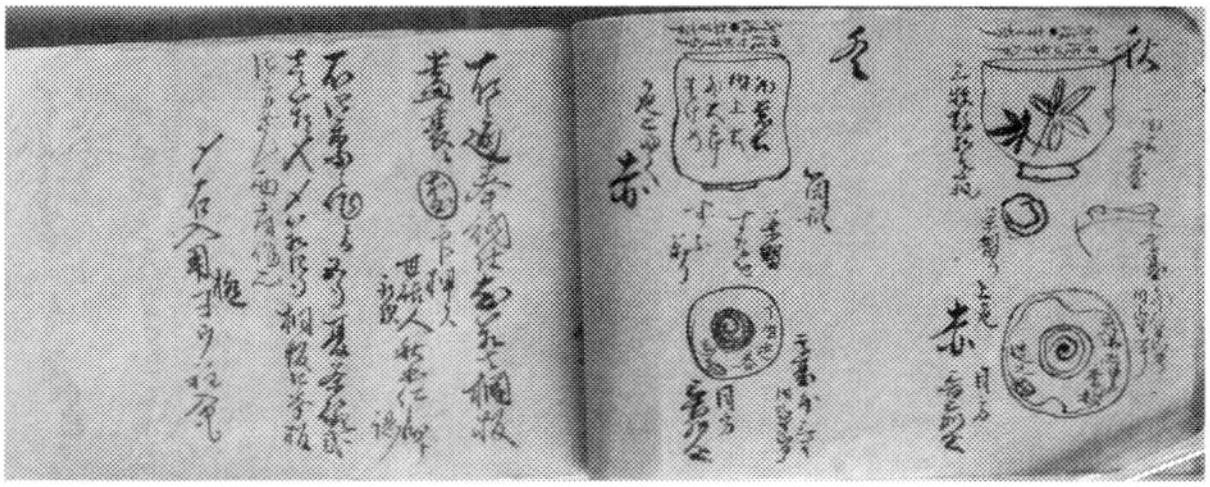

「覚」西大寺奉納記事（奥田家所蔵）

世話人取次秋本仁兵衛ト認メ

と記されるが、献納茶碗は毎年一月十六日に西大寺の参詣者に薄茶を施す茶会に使われたという。

また、「家伝覚書」には瀬戸・仁清・朝鮮・高取・萩など著名な焼物の釉薬が詳細に記されるし、石でもなく土でもない萩焼の釉薬によくあう疋田村産出の土に「せき」と名付けている。その他にも奥田家には「土細工焼物秘伝」「和漢日家恵」「千家楽之記」などの焼物書や釉薬の研究書が伝わるが、木白が赤膚焼のため不断の努力を重ねたことがよくわかる伝書である。

赤膚焼商としての奥田木白

木白は天保十一年（一八四〇）、四十一歳の時にはじめて五条山の窯元伊之助に赤膚焼の焼立を依頼し、その後も伊之助窯から仕入れ続けて諸方へ売りさばき、赤膚焼類商売を家職にするようになり、嘉永三年（一八五〇）初夏には江戸に下り（「江府往来日記」、奥田家所蔵）江戸滞在中四・五軒の引合注文を受けたという（「家伝覚書」）。

木白は最晩年の明治二年（一八六九）八月に郡山藩に提出した家職継続の願書では、これまで郡山北堺町の自宅裏に窯を作って赤膚茶碗を焼き、赤膚焼類商売をしてきたというが、先にも述べたように、木白が仕入れた伊之助窯は治兵衛窯のことであり、治兵衛を実質的な赤膚焼開窯者に位置づけ、しかも世に知られた京都清水からの来住者だとする木白の意図は赤膚焼の商品価値を高めるための権威付けだったことは明らかである。

木白は明治元年（一八六八）二月中ごろから病名はわからないが「只ブラブラ致居」ことになり、息子佐久兵衛（木佐）に引き取られ、明治四年（一八七一）二月十三日朝六ツ半時に寝入るが如く命を終えたと「御用向一條永代帳」に佐久兵衛が追記している。

おわりに　―今後の課題―

赤膚焼研究における歴史学的な考察は、管見の限りだがこれまでは本論が主に依拠した石井潔氏の「五条山治兵衛陶窯誌抄」と高橋隆博氏の「大和国赤膚焼について」ぐらいしかなく、他は作品論とそのなかで言及される由緒や伝承に依拠した若干の歴史的考察と赤膚焼出土品をめぐる考古学的分析を中心に進められてきた。それらは大きな成果をあげ、赤膚焼研究の前進に貢献してきたが、確かな赤膚焼の歴史像を構築するには不十分な作業だったといわなければならない。

それは、窯元のある添下郡五条村の庄屋・大庄屋をつとめた吉田家以外、陶工が五条村に移住した同郡七条村、『郷鑑』や『大和志』に壺細工や土器師が登場する九条村の史料調査がまったくといってよいほど行われず、いわゆる在地史料の不在のまま進められたためであり、由緒論や作品論では住吉屋平蔵や信楽の弥右衛門、あるいは清水の陶工丸屋治兵衛や代々の治兵衛が「名前を持つ陶工」として語られるが、一方、先に引いた寛政八年の「為取替一札之事」では、七条村から五条村に移住した赤膚焼陶工は「茶碗焼之者」と一括され、個別の名前は記されない。名工丸屋治兵衛と「茶碗焼之者」との乖離は大きく、その狭間が確かな赤膚焼の歴史像を構築することを妨げているようである。

以下はある種の妄想にすぎないが、五条村・七条村・九条村から赤膚焼に関連する史料が発見されれば、住吉屋平蔵や信楽の弥右衛門、清水の陶工丸屋治兵衛や代々の治兵衛、惣兵衛はその史料のなかに「名前を持つ陶工」として登場することはないかもしれないと考えている。住吉屋平蔵や信楽の弥右衛門は「赤膚山焼由来書」以外には見られないし、子孫が現存する治兵衛も清水の陶工丸屋治兵衛であるとする根拠は木白の思惑が強くにじみ出る「赤膚山焼由来書」しかないためである。

赤膚焼研究の今後の課題は在地史料の発掘であり、それによる五条村に移住した七条村「茶碗焼之者」たちの名前の復元だと考えている。「茶碗焼之者」の名前が復元できた時、これまでの由緒や伝承にのみ依拠して描かれてきた歴史像とは異なる、鮮明な赤膚焼の歴史像が描かれると考えるためである。

大和売薬の発生と発展

――米田家が果たした役割――

浅見　潤

はじめに

「置き薬」は江戸時代前期から中期にかけて日本各地で始められた。

そのシステムは、はじめに各家庭に薬が入った袋や箱を預けておき、半年あるいは一年に一度訪問し、使用した分の代金を集金して新しい薬を補充するというもので、いざというときに薬を使える安心感があり、しかも使わなければ料金は発生しないという、顧客本位の思想に基づいていた。

この商法は、先に商品を用いていただき、後で利益を得ることから「先用後利」と呼ばれ、医療が不足がちで収入が不安定な農村・漁村を中心に人気を博した。

そして、薬屋の方から家に来てくれるので、買いに行く必要がないという便利さもあり、京、大阪、江戸などの都市部でも歓迎され、急激に商圏を拡大していったのである。

本稿では、大和売薬の発生に深く関わり、江戸時代以降大和の売薬業界を牽引してきた米田《こめだ》家（現在の株式会社三光丸創業家）の業績を紹介しながら、売薬の発生と発展について考察を加えてみた。

なお、「置き薬」は時代の変化にともない「売薬」「配置売薬」「配置家庭薬」と呼称を変えてきたが、本稿では概ね江戸時代～明治中期までは「売薬」、それ以降は配置薬という呼び名を使用する。

一　売薬の発生と発展

富山売薬と大和売薬

先行研究において、いわゆる「日本四大売薬」と称される地域がとり上げられ、その発生と発展の経緯が述べられてきた。

四大売薬とはすなわち江戸時代の越州富山（現在の富山県）、和州大和（奈良県）、江州日野（滋賀県）、対州田代（佐賀県）である。

これら四大売薬の成立と成長発展の背景については、地理的、経済的、政治的背景および、当該地域における人々の気質などを考慮しつつ、相関的に明らかにされている。(1)

本稿では、大和売薬と特に関係の深い富山売薬のふたつに絞り、互いの関係を見ながら、両者の動きを俯瞰しながら論述する。

富山売薬の発生

富山藩内で、代表的売薬「反魂丹《はんごんたん》」が売られるようになったのは江戸中期の貞享年間（一六八四～八八）、行商が行われるようになったのは元禄三年（一六九〇）の頃であるとする説が有力である。(2)

富山売薬の発展には、藩の保護奨励が深く関わっている。第二代藩主・前田正甫《まさとし》が妙薬反魂丹を見出し、藩の経済政策としてその販売を奨励した経緯は、『越中史料』に詳しい。以下、少々長くなるが史料の記事を抜粋してご紹介する。(3)

公の歴代中殊に記さゞる可からざるは富山賣薬の奨励なり、公一日腹痛を感ぜらるゝや、侍醫薬を奉ずれども癒へず、偶ま近臣比野小兵衛座右に在り、懐ろに蔵せし反魂丹を奉る、公これを服用されしに速やかに癒へたりければ大に奇効を感じ……然るに他日、江戸營中に於て一諸侯頓に病あり殆んど死に濱せんとしかば、公反魂丹を與へられしに忽ち常に復したり、此の時列にありし諸侯、其の奇驗を感じ、各州に此の藥を差し遣し賣弘めんことを乞はるゝにより、公之れより松井源右衛門に命し、製藥を為さしめ、大國へは二人、小國へは一人の行商を出さしめ、傍ら密に藩地事情を探索せしめらる、是れ富山売薬の嚆矢なり

この史料によれば、前田正甫は自ら腹痛の折に反魂丹を服用してその効能を実感したという。

その後、江戸城において一人の大名が急な病に倒れた際、反魂丹を与えたところたちまち回復したので、周囲にいた諸侯が驚き、反魂丹を売って欲しいと願った。これが富山売薬のきっかけとなったとしている。(4)

反魂丹というヒット商品が存在したことと、藩による保護奨励政策が行われたことが、富山売薬の発生と発展に大きく関わっているといえよう。

富山藩（石高十万石）は、寛永十六年（一六三九）に加賀藩から分藩した際、石高に不相応な大人数の家臣団を前田宗家から与えられた上、黒部川や神通川、常願寺

川などの急流河川域が度重なる水害に襲われたこともあって、常に財政は逼迫していた。

そのような状況下において、万人が必要とする薬を売ることで、広く領外からも収入を得られる売薬は、藩の経済を潤す救世主となり得たのである。

さらに、江戸中期以降、北陸道や北国《ほっこく》街道、西廻り航路などの交通網が整備され、陸路と海路を利用した原料調達と売薬行商が容易になったことも追い風となった。

もうひとつ、富山売薬を語る上で忘れてならないのは、「仲間組」と呼ばれた同業者組合を基軸にした強い団結力、統制力である。

仲間組は明和年間（一七六四～七二）に組織された株仲間の組合で、関東組、五畿内組、薩摩組など全国の行商圏を一八の領域に区分けし、藩に冥加金を納める代わりに、領域内における売薬業に関わる事項全般について藩と折衝することができた。

さらに、組の内部には「向寄（むより、むこうより）」と呼ばれる、行商先で発生する諸問題を解決したり、行商を円滑に運営したりするための組織が作られた。

このように、様々な要因が重なることで、四大売薬の中で富山売薬が最も隆盛を誇ったのである。

大和売薬の発生

先行研究では、「大和売薬」すなわち「奈良の置き薬」は、おおよそ江戸時代中期以降、大和盆地南部の高市郡、南葛城郡および吉野郡北部あたりで発生したと考えられてきた。[5]

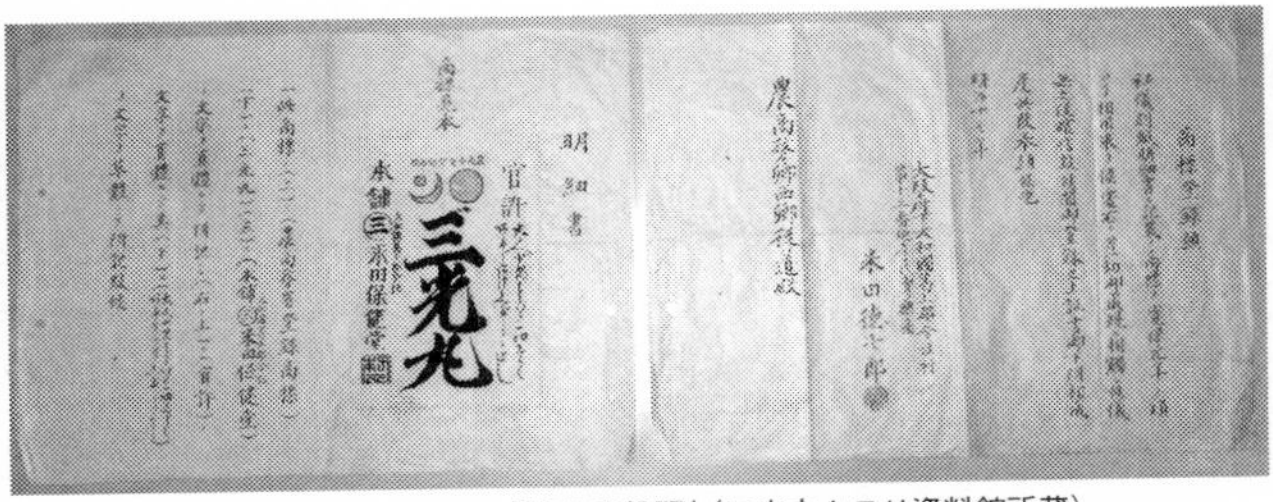

明治17年(1884)、農商務卿西郷従道宛に提出したもの。この年6月7日に日本初の商標に関する法規である「商標条例」が公布されている。西郷従道(つぐみち／じゅうどう)は西郷隆盛の弟で、農商務卿のほか文部卿、陸軍卿、元老、海軍大臣、内務大臣、貴族院議員を歴任した。

「商標登録願」(三光丸クスリ資料館所蔵)

株式会社三光丸（御所市今住）の創業家・米田家に伝わるところによれば、安永（一七七二〜）の頃から街道筋の宿屋などに家伝の胃腸薬三光丸を預けて販売しており、寛政年間（一七八九〜一八〇〇）になって初めて定価をつけて売り出し、文政年間（一八一八〜三十）には播磨、摂津、和泉、山城、近江、美濃、尾張、伊勢、伊賀方面に積極的に売薬行商を拡大した。[6]

また、明治十七年（一八八四）、農商務省に提出された「商標登録願」には、「私儀別紙記載ノ明細書ニ記載ノ商標ヲ寛保元年ノ頃ヨリ相用来リ候處」とあり、寛保元年（一七四一）頃から「日月星印《じつげつせいいん》」を商標として使用していたことがわかる。

大和売薬発祥の地をさらに限定するのは難しいが、管見では三光丸の米田家があった和州葛上郡今住村、すなわち現在の御所市今住である可能性が高いと考えている。

さて、売薬が大和で始まり、発展した理由としては、先学たちによってさまざまな見解がなされてきた。まずは地理的環境として、大和、特に宇陀地方では、古くから薬草が多く採れたことがあげられる。

『大和志　畿内部第二十、二十一』（享保二十一）には、吉野郡、宇陀郡など南大和の諸郡で地黄《じおう》・当帰《とうき》・人参・升麻《しょうま》・細辛《さいしん》・五味子《ごみし》・茯苓《ぶくりょう》・大黄《だいおう》などを産出するとある。

江戸中期、享保の改革で知られる徳川吉宗は、各地に採薬師を派遣して薬草の調査と採集にあたらせたが、大和では植村佐平次が見習の森野藤助らとともに詳細な調査を行なった結果、森野・下市両薬園の開設につながった。[7]

売薬業が根付きやすかった要因としては、乾燥気候で薬種の日干にも適しており、耕地が狭く、稲作の農閑期余剰労力の商品化過程に行商が利用されたこと、(8) 古来、奈良地方は大消費地である京都や大阪に近接・隣接しているため、商品の流通や販売に有利な土地柄であり、しかも天領や旗本領、寺社領などが入り組んでいたため領主の支配力が弱く、領域外との交易や移動が比較的自由であったことなど(9)があげられよう。

薬の都・奈良

しかし、もっとも重要な要因は、奈良の都に伝えられた製薬と施薬の文化であろう。奈良は古くから大陸の文化が伝えられた地であり、有力寺院では、仏教とともに伝来した中国医学、朝鮮医学を受け継いだ僧侶たちが様々な薬を自ら調合し、布教活動の一環として人々に施してきた。

早くは四世紀から五世紀にかけて、朝鮮半島から多くの人々が日本に渡来した。その際、さまざまな知識や技術がもたらされたが、その中には医術や薬法に相当するものもあった。それまで、日本人が経験的に獲得していた治療法・養生法に加えて、大陸から伝えられた新知識は大きな刺激になったはずである。

五三八年、百済から正式に仏教が伝来した際、日本は欽明天皇の時代であり、都は磯城嶋《しきしまの》金刺宮《かなさしのみや》(現在の奈良県桜井市金屋)にあったが、以後、日本では仏教が次第に広められていった。

七世紀から八世紀にかけて、朝廷は遣隋使、遣唐使を送り出し、積極的に中国文化を取り入れようとした。このとき派遣されたのは役人や僧侶、留学生、薬師《くすし》と呼ばれた医療技術者などであったが、当時は僧侶も治療を行っていたため、最澄や空海も、中国伝統医学の基本的なテキストである『傷寒論』を書写したという。(10)

都が藤原京から平城京に移る頃には仏教が隆盛となり、奈良でも寺院が多く創建されたが、有力寺院の多くでは医薬の知識を持った僧侶たちが布教活動の一環として製薬・施薬を行なった。

特に、藤原氏の氏寺として栄え、絶大な宗教的権威を誇った南都興福寺では、その塔頭の一つ多聞院《たもんいん》において様々な薬を調剤していたことが知られている。『多聞院日記』は、文明十年（一四七八）から元和四年（一六一八）までの一四〇年間、学《がく》賢房宗芸《けんぼうそうげい》および妙喜院宗英《みょうきいんそうえい》、多聞院英俊《えいしゅん》ら三代の院主によって記された日記である。

そこには寺院の生活や身近な記録だけでなく、当時の奈良を中心とした近畿一円の政治・経済情勢が記されており、中世歴史研究における第一級史料となっている。

また、多聞院において僧侶たちが服用したり、自ら調剤したりした数多くの薬の効能効果や用法、あるいは処方・製法なども詳細に記されており、当該期の製薬・医療事情を知ることができる。(11)

南都興福寺と越智氏・米田氏

冒頭で三光丸の米田家が大和売薬の発生に深く関わっていると述べたが、その根拠のひとつは同家が様々な薬の製法に通じていたことである。このことについては後述するが、その前に中世大和国の歴史について簡単に触れておきたい。

三光丸の創業者一族の米田氏は、中世大和国で栄えた大和武士・越智氏の同族（庶流）であり、その名は『興福寺年代記』にも散見される。

また、永禄八年（一五六五）、室町幕府十三代将軍足利義輝が三好三人衆などに殺害された永禄の変で、三人衆や松永久通によって興福寺に一時幽閉された弟・覚慶（足利義昭）を、細川藤孝・三淵藤英・一色藤長らが救出した際、医薬の知識を買われて医師に扮し、内外の連絡係となって救出に功績を上げた米田求政《もとまさ》は、米田家の一員である。(12)

越智氏の出自については諸説あるが、平安中期、源頼親《みなもとのよりちか》に始まる大和源氏を源流とする宇野氏が高市郡越智郷に住んで越智姓を名乗ったという説が有力である。(13)

越智氏や筒井氏など大和武士と呼ばれる人々は、春日大社および興福寺の権威を背景として大和国で勢力を伸ばした。

平安中期から室町時代にかけて、藤原氏の神を祀る春日大社と、同氏の氏寺である興福寺は宗教的権威として絶大な影響力を持っていたが、それぞれ国民・衆徒《しゅと》と呼ばれた武装集団をいわば暴力装置として使役していた。

国民は春日大社の下級神職であったが、身なりは俗体の武士であった。

一方、衆徒は法体《ほったい》の武士であり、身分は下級僧侶である。

高市郡越智郷（現在の高取町越智）を本拠とした越智氏は国民の代表的存在であり、衆徒の代表は添下郡筒井（現在の大和郡山市南部）を本拠とした筒井氏であった。

なお、春日社と興福寺は中世においては一体の存在であったので、国民は興福寺にも従属しており、身分上は衆徒の下とみなされていた。

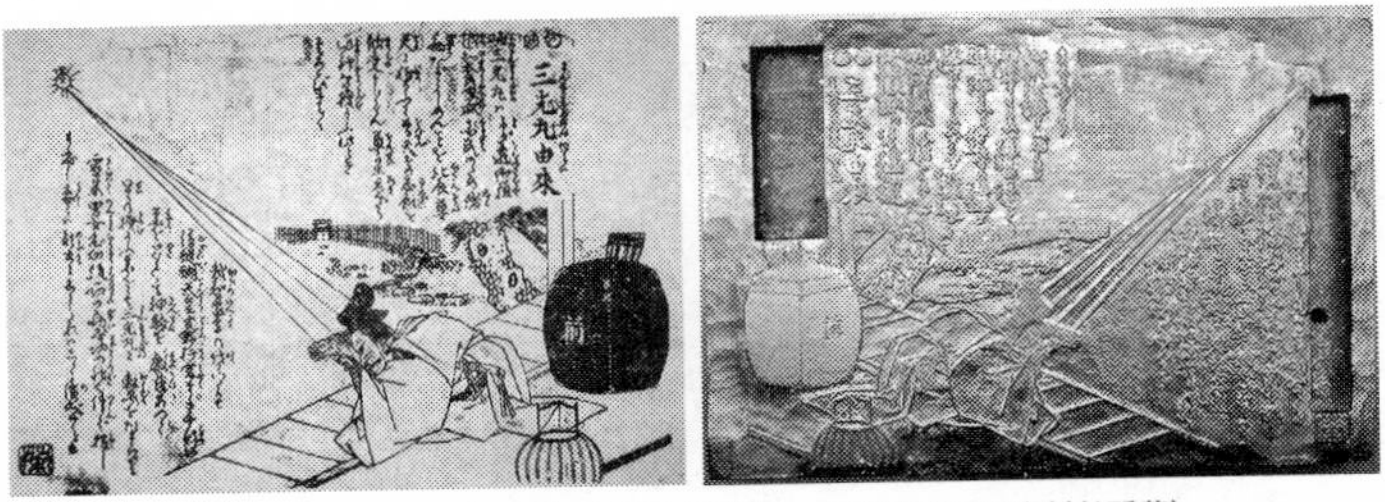

「三光丸由来」の版木と刷り物（江戸後期か　三光丸クスリ資料館所蔵）

三光丸の米田氏は越智党（越智氏を中心とする武士団）の中で、内衆《うちしゅう》と呼ばれた初期からの構成員であり、いわゆるブレーン的な立場で寺社との折衝を担当していたと思われる。

特に、南都興福寺との交渉を通じて製薬の技術を学んだようで、さまざまな薬の製法を伝授されたと推測される。その一端を示すのが、先の足利義昭救出における米田求政の活躍である。

南北朝時代に入ると越智党は後醍醐天皇の南朝に味方し、楠木氏とともに幕府が後ろ盾となった北朝方に対抗して戦った。

米田家には、その際、越智氏の惣領・越智伊予守が、元応年間に創製され、当時「紫微垣丸《しびえんがん》」と呼ばれていた一族の秘伝薬を天皇に献上したところ、「日の神、月の神、星の神の授け給ふ薬」として「三光丸」の勅号を与えられたと伝わる。(14)

挿図は江戸時代後期に制作されたと思われる版木および印刷物である。以下、原文のままご紹介する。

三光丸由来

比《この》三光丸ハ予《よ》が遠御祖《とをつミをや》越知《おち》太郎《たろう》家武国民《いえたけくにたミ》のため諸病なからしめんことを北辰《ほくしん》尊天《そんてん》に祈給《いのりたま》ふに尊天その志願《こころざし》を納受《のうじゅ》ましけん尊星天《そんせいあま》くだり比神方《このしんぽう》　授給《さずけ》ふ比《この》ときよろこびまして越智《おち》家高《いえたか》の代《よ》にいたりて　後醍醐天皇吉野行宮《かりミやに》まします頃此《この》薬《くすり》を召《めさ》れ其神験《そのしんげん》を　叡感《えいかん》あつく星《せい》の授給《さずけたま》ふ薬也とて三光丸と勅号をたまわり霊《れい》薬男女老幼《やくなんにょろうよう》腹一切の病《やまい》ニ奇功如神《ふしぎ》也謹《つゝしん》で服《ふく》し給ふべし委《くわし》くハ能書《のうがき》に志るした

れバここに演《の》べずとも

【栄】印

越智氏は家栄《いえひで》（一四三二〜一五〇〇）の時代に最盛期を迎えた。応仁の乱では西軍の畠山義就を助けて戦い、西幕府から和泉国守護に任命されるなど活躍を見せたが、その死後は一族の内紛もあって次第に勢力を弱め、やがて宿敵筒井氏の謀略によって滅亡の憂き目を見ることになった。

しかし、米田氏をはじめとする越智党の多くは故地に留まり、互いに助け合って在りし日の栄光を語り合った。

『越智古老伝』『米田氏書付かみ之下書』『越智家系譜』など、そのことを物語る史料がかつての越智氏の本拠地であった越智郷（現在の高市郡高取町越智）を中心に流布している。(15)

時は過ぎて江戸時代に入り、大和売薬が始まると、彼らの多くは米田氏のもとに参集し、売薬を生業として再度の繁栄を目指した。やはり、旧越智党の結束は固かったといえよう。

山科言継と三光丸

三光丸の名は、古く、山科言継《やましなときつぐ》が記した『言継卿記』にも見えている。

山科言継（一五〇七〜七九）は戦国時代の中流貴族であり、家業の有職故実《ゆうそくこじつ》や和歌、蹴鞠《けまり》、笙《しょう》、双六《すごろく》などのほか、製薬の知識に優れ、様々な薬を自ら調剤して帝に献上したり、公家仲間に販売したほか、庶民にまで分け与えたりしたことで知られる。

『言継卿記』（一五二七～七六）は五十年もの長きにわたって彼が記した日記で、先の『多聞院日記』と同様、中世歴史研究の第一級史料とされている。日記には朝廷や幕府を始め諸大名の動向などが詳しく記されており、戦国期の政治状況を知ることができるほか、彼が調剤した多くの薬名が登場する。

特筆すべき点は、そこに三光丸の薬名がたびたび記されていることである。一例として、天文十九年四月十五日の記事を紹介しよう。


十五日、伊予局腹痛熱気利渋、云々、薬之事被申候間、人敗に加黄連、芍薬、肉桂三包遣了、次内侍所之五位咳氣血道頭痛之間、薬之事申、同薬に加白芷三包遣之、……西専庵取次三光丸百粒、所望之間遣之、代十疋到、

右の記事で「人敗」とあるのは解熱・鎮痛・発汗・疲労回復などに効果がある「人参敗毒散《にんじんはいどくさん》」のことであろう。内容を見てわかるように、言継卿は漢方の知識に優れていた。また、三光丸百粒が十疋という高値で売られたことがわかる。

『言継卿記』によれば、今川義元などの戦国大名と交流があった彼は、旅の土産として彼らに薬を進呈したり、道中、宿所の主などにも謝礼として薬を与えたりしている。当時の薬は土産物としても喜ばれるほど貴重なものであった。

「御免家伝　三光丸」の版木と刷り物(江戸後期か　三光丸クスリ資料館所蔵)

織田信忠と三光丸

ところで、なぜ『言継卿記』に三光丸の名がしばしば登場するのだろう。三光丸はその名が示すように丸剤であり、いかに製薬に長けた言継卿でも丸薬の製造は困難だろう

何かのツテを頼って薬を入手したと考える方が自然である。

そこで、『言継卿記』をもう少し読み込んでみる。

日記の後半にあたる時代は、尾張国の一地方領主に過ぎなかった織田信長が、駿河の太守・今川義元を打ち破り、天下統一を目指して突き進む全盛期と重なる。信長の嫡男・織田信忠に米田氏の一員で家臣として仕えた者があり、三光丸を献上したという史料があるのでご紹介しよう。

挿図は江戸時代に制作された三光丸の能書を記した版木とその刷り物である。文中に見える「米田小重郎　越知利高」は越智家系図[16]に見える米田利高であり、この名は本能寺の変の際、二条新御所で信忠に殉死した家臣団の中にも含まれている。[17]

山科言継は晩年、権大納言に昇進し、織田信長との交渉役として活躍、信長も山科邸を訪問するなど交流があった。嫡男の信忠も面識があったことだろう。

想像をたくましくするならば、織田信長、信忠親子との交流から米田小重郎を知り、そのルートを通じて三光丸を入手するようになったのかもしれない。

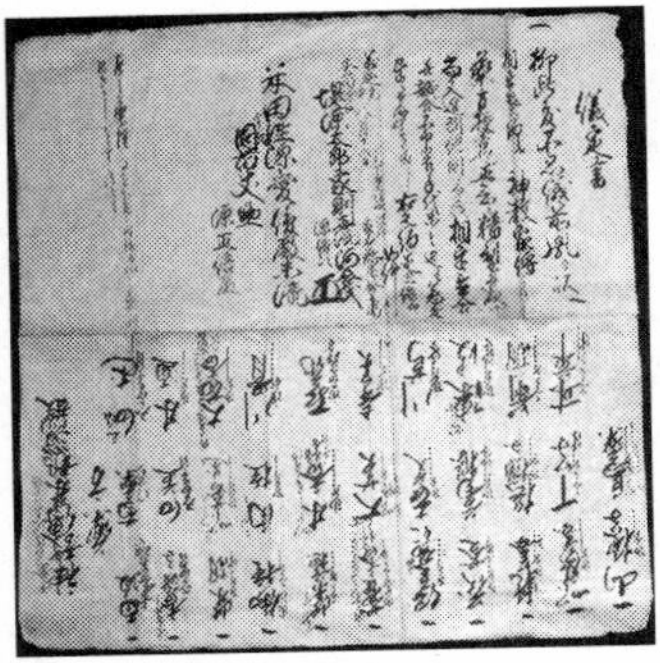

「熱湯散　儀定書」
（折紙　万延元年　三光丸クスリ資料館所蔵）

米田家に伝わる薬の秘伝書

米田家には江戸時代の当主たちが記した製薬（薬の製法・生薬の取扱い方法）に関する秘伝書が数冊伝えられている。

その中で薬の製法を中心に述べたものは『薬の法書』『大寶帳』『家法副』『諸集録』の四冊（次頁以下挿図）である。

それらの書中に記された薬名と製法は、先代から受け継ぐか、自分の代で入手した（あるいは編み出した）ものである。

また、家伝薬の製法を伝授された折の「議定書」も存在する。現代はともかく、かつて薬の処方・製法は一子相伝の家法として秘密にされており、軽々しく他者に伝えることはなかった。

したがって、それらは、一朝一夕で入手できるものではなかった。

医療技術の未熟な時代にあって、人々の病気や怪我を治癒する薬は大切なものであり、まさに一家相伝、秘中の秘として扱われていたのである。

挿図は、万延元年（一八六〇）、高取土佐町の河合氏こと源倍次から米田丈助こと源正倍に対して婦人薬「熱湯散《あつゆさん》」の製法を伝授した際の儀定書である。

文中に「不思議前胤《ぜんいん》ヲ以」とあるように、河合氏も米田氏も越智氏の子孫であることを理由に、製法の伝授が行われていたことが推測される。

越智氏は大和源氏を出自としていたため、河合氏も米田氏も本姓を「源」と名乗っている。[18]

ちなみに、この河合氏は「家名　鑰屋《かぎや》八郎兵衛」と見える。同家は土佐町の

「大寶帳」
（文政八年　三光丸クスリ資料館所蔵）

「家法副」
（天保年間三光丸クスリ資料館所蔵）

豪商であり、江戸中期以降、財政不如意の高取藩において、代々札所（銀札発行元）や引替所を務めていた金融業者である。(19)

挿図『大寶帳』文政八歳（一八二五）、酉、正月吉日　米田氏　治良エ門

薬三十種の製法のほか、匂い袋の製法や丸薬の金箔衣掛けの方法、丸薬の捻り方などを記す。薬の中には「ろうがい妙薬」「天かん妙薬」などの製法も見える。

挿図『家法副』（かほうそえ、かほうふく）

薬五十五種の製法および、染料や匂い袋、切紙、奉書の作り方、丸薬の金箔衣掛け、礬水引（どうさびき、ドーサびき）と称する和紙や絹絵などの滲み止めを行なう方法に言及する。興味深いのは「火除けのまじない」「盗賊除けのまじない」などを記してあることで、名家・旧家ならではの用心が推察される。

文中、天保三年・同九年の記載があり、同書は天保年間に成立したと考えられる。

挿図『名方　諸集録』万延元年（一八六〇）次頁に掲載

薬八十二種の製法と、切紙の製法、「疱瘡まじない」「雷鳴時のしゅもん（呪文）」などを記す。

以下、挿図「雷鳴時のしゅもん」について、若干の説明を加える。

雷鳴時のしゅもん

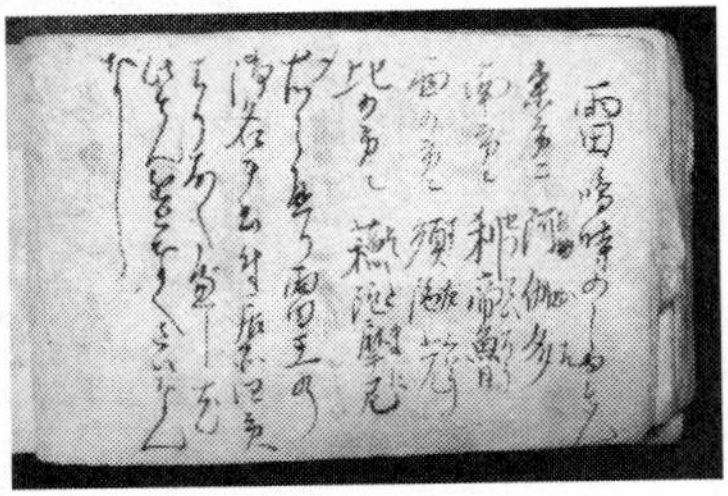

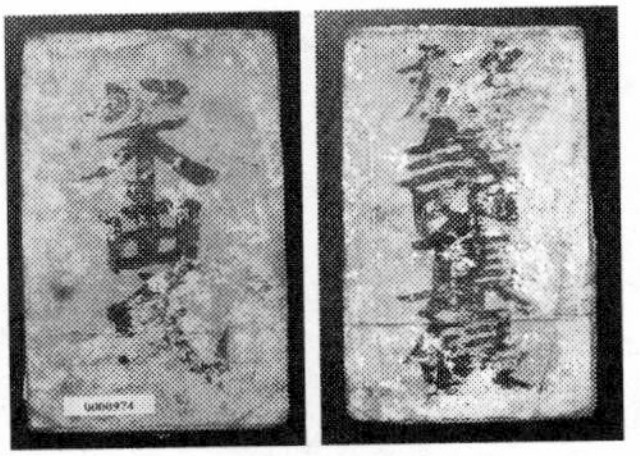

「名方　諸集録」
（万延元年　三光丸クスリ資料館所蔵）

東方ニ　　阿伽多（あかた）
南方ニ　　刹帝魯（せっていろう）
西の方ニ　須陀光（すだこう）
北の方ニ　蘇陀摩尼（そだまに）

これらは雷王の名であり、それぞれ紙に書いて家の四方に貼っておけば、雷の災難からまぬがれると記している。これもまた、旧家ならではの心得であろう。

以上、米田家に伝わる様々な薬の製法などを御紹介した。四冊の秘伝書に記された薬名を数えると、一部重複はあるものの、実に百六十七種類にも及んでいる。これほど多くの製法をいったいどうやって知ることができたのか。

やはり、中世以来の越智氏・米田氏の経歴を考えるならば、それらの一部は興福寺多聞院からもたらされた可能性があるだろう。京都や大阪道修町、奈良町などの薬屋から入手したものもあるかもしれない。

いずれにしても、これだけ多くの処方・製法に通じていたという事実は、米田家が大和売薬の発生に深く関わっていることの根拠となり得るだろう。

大和売薬と米田家

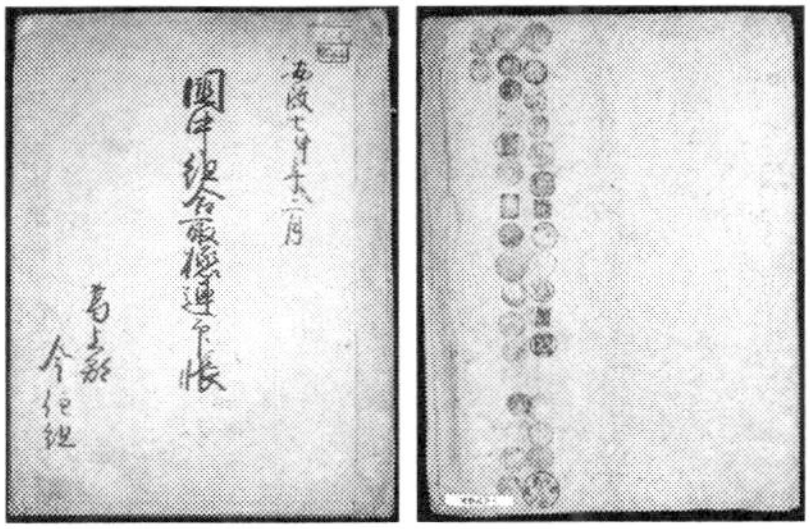
「安政七申年二月　国中組合取極連印帳
葛上郡　今住組」（三光丸クスリ資料館所蔵）

先述したように富山は地理的経済的要因、藩の保護政策などもあって、組織的に売薬の販路を広げていったが、奈良は違った。

奈良では天領や旗本領、寺社領などが入り組んでいたため領主の支配力が弱く、領域外との交易や移動が比較的容易であったと述べたが、言い換えるならば、積極的な保護・奨励は期待できず、個々の業者の地道な努力に頼らざるを得なかったということになろう。

さて、話を江戸時代の大和売薬に戻そう。

植村佐平次や森野藤助らの活躍により薬種の生産や採取が盛んになるにともなって、薬種屋もあらわれてきた。

天明三年（一七八三）、薬種屋は合薬屋（ごうやくや、あわせぐすりや）とともに薬屋組合株仲間を結成した。[20]

富山で仲間組が結成されたのが明和年間（一七六四〜七二）であるから遅れること二十年程である。もともと富山とは組織力、販売力の面で格段の差があり、大和売薬は田代売薬などとともに、しばらくは富山売薬の後塵を拝していた。

挿図は安政七年（一八六〇）二月に定められた『国中組合取極連印帳』である。この時期、大和国中の仲間一同が組ごとに作成したが、これは今住組のもので、薬種屋九人、和薬種屋十三人、合薬屋五十五人、計七十七人が署名押印している。

内容は公儀および南都薬種取締所から示された趣意と定めを守ること、不正の売買をしないこと、不正な薬種は扱わないこと、それぞれの家伝、秘伝薬と紛らわしい薬名をつけて売らないことなど十四か条におよぶ。

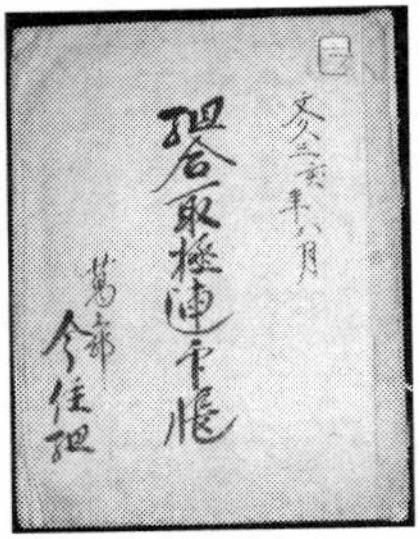

「文久三亥年八月　組合取極連印帳
葛上郡　今住組」
（三光丸クスリ資料館所蔵）

上の挿図は文久三年（一八六三）の今住組『組合取極連印帳』であるが、これには「取締所印鑑手板を持たない他国商人には薬種・合薬を自儘に売り廻らせてはならない」「当国の薬種屋は、無株の者に漢蘭薬種類を売り込み、素人に買い持たせてはならない」「組合外の素人でひそかに漢蘭薬や和薬種類を買い持ちしたり、質流れといって売る者があれば、年行司から申し出よ」など、仲間の独占的営業権を守ろうとする事項が大半を占めている。[21]

『国中組合取極連印帳』と『組合取極連印帳』は、どちらも三光丸の米田家当主・丈助が年行司を務めており、先頭に署名押印している。

ところで、米田家は、天正年間に越智氏が滅亡した後、およそ百年の間確かな記録が残っておらずその間の動向は不明であるが、本来の根拠地は現在の高取町市尾にある曽羽山に築かれた曽羽城《そわじょう》であった。今、株式会社三光丸と米田家がある御所市今住とは徒歩で数分の距離である。

武家をやめて帰農した後、何らかの理由で本拠を移し、土地の有力者として庄屋、村役人を歴任していたが、やがて家伝の薬を製造し、売薬を手がけるようになったのだろう。

現存する米田家の過去帳によれば、江戸中期までの当主は代々徳兵衛を襲名したようだが、やがて丈助を名乗るようになり、丈助が数代続いた後、明治維新以降現在に至るまで徳七郎を襲名している。このあたりの事情は必ずしも明確ではないが、大々的に三光丸をはじめとする薬を売り広めるようになるのは初代丈助の頃からで

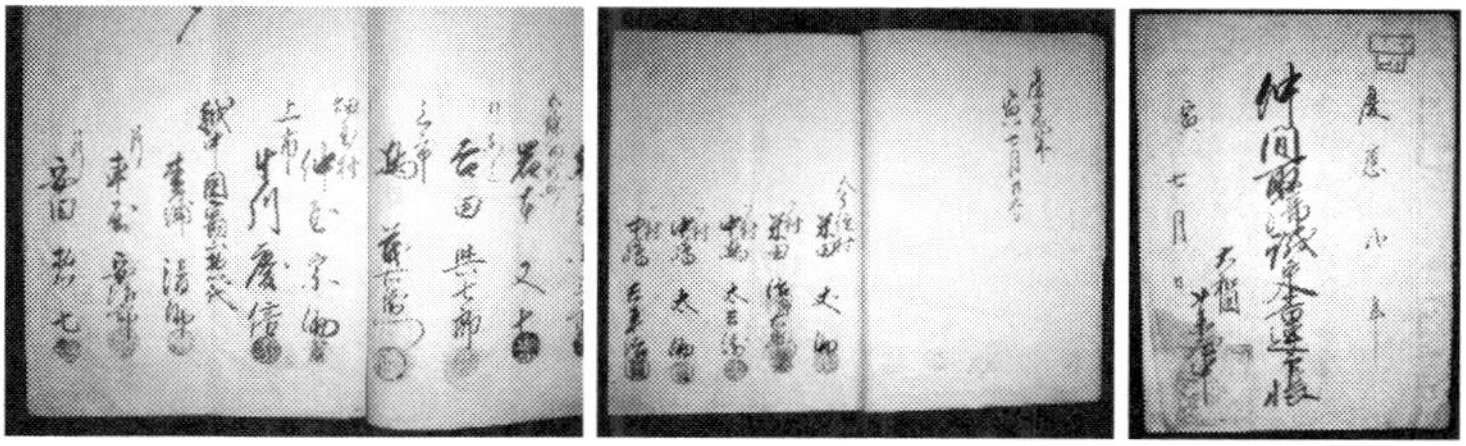

「慶応弐年　仲間取締議定書連印帳　大和国　薬屋中　寅七月」
（三光丸クスリ資料館所蔵）

あろう。

特に、幕末期の丈助は大和売薬業界を牽引するリーダー的存在となっていた。

このことは、次に挙げる史料からも明白であろう。

挿図の『仲間取締議定書連印帳』は、幕末の慶応二年（一八六六）に成立したもので、富山と大和の売薬業者が結んだ十五カ条におよぶいわゆる紳士協定である。『奈良県薬業史　通史編』を引用して現代語訳でご紹介しよう。

一、近年薬種や紙類が高値になったうえ、米価の高騰にともない運送料・宿料とも値上がりが大きく、渡世相続が難しくなったので、薬価をすべて三割値上げすること

一、不正薬種や毒になるような薬は決して取扱わないこと

一、近年類薬がふえて紛らわしいので、今後は同じ銘柄のものでも文字や筆法をかえ、紛らわしくないようにすること

一、得意先で値引きをしたり、虚言悪口を申すものがあるということだが、今後はそんなことのないように相慎むことにし、もし心得違いの者があって確かな証拠があれば、仲間参会の節にきびしく取締り、その節の入用は当人に出させること

一、他人の得意先へあとから出向いて行き、値引きをして自分の薬を売込むようなことは絶対してはならないこと

一、諸国得意先で互に置合せになったとき、他人の薬をけなし自分の薬を自慢

するようなことはしてはならないこと（心得違いがあれば前々条同様とする）

一、不奉公になった奉公人や得意先で不実を働いて暇を出された奉公人は、先主にことわりなしに召遣ってはならないこと

一、奉公人の給銀は、一か年につき上奉公人は銀五百匁、中奉公人は同二百匁に定めること

一、置合せ先で、他人の薬袋が空になっていた場合、これを引上げて自分の薬を入れかえる者があるが、そんなことは絶対してはならないこと

一、旅行中、酒宴遊興にふけったり、博奕などをする者を見たら、きびしく意見を加え、聞かないときは帳面や荷物を取上げて国元へ送ること

一、旅宿で頓死・頓病・長煩いそのほかどんなことがおこっても、見聞次第馳せつけてなるだけ世話をしてやること

一、定宿については、申合せて同宿するものとし、きわめて不都合のある場合のみ勝手すること

一、右のように取締ることにした以上は、一か年に一度ずつ仲間の差支えのないよう参会すること。その説不参加の者にも参加費用を割りふること

一、他国へ赴き、心得違いを以て右の一か条でも約定に背いた者があれば、取締所へ差出しきびしく取締ること。これについての費用は不法人の方で支払うこと

この議定書には、米田丈助以下七十一人の業者と越中国富山総代三人、加賀領総代二人が署名押印している。ここにいう加賀領は、加賀国のことではなく富山藩領を挟んで越中国の東西にあった加賀藩の領地である。

時は慶応二年、明治維新の直前であり、日本は幕末動乱のさなかにあった。そのような状況下で、富山と大和の売薬業者が紳士協定を結んだのである。

江戸時代中期以降、富山に大きく水を開けられていた大和売薬も今やようやく追いつき、両者は競合して日本各地で置き合せ（重ね置き）と呼ばれる事態が生じていた。

つまり、一軒の顧客宅に、富山と大和の薬が配置されるということであり、当然の如く値引き合戦、中傷合戦に発展し、結果的に互いの利益と信用を下げることにつながった。

このときに立ち上がったのが、当時大和売薬の牽引役を務めていた三光丸の当主・米田丈助である。彼は競合相手の富山と加賀領の代表を奈良に招き、こちらの同業者を集めた上で先の紳士協定を結び、互いの共存共栄を図った。

このことがきっかけで、以後両者の関係は比較的良好となり、協調路線を歩むことになったといえよう。

しかし、やがて売薬業界も明治維新という大きなうねりの中に飲み込まれ、新たな苦難の道をたどることとなったのである。

二　明治維新と大和売薬

新政府の過酷な売薬政策

富山と大和が紳士協定を結び、共存共栄を図った翌年の慶応三年十月、徳川慶喜は大政を朝廷に奉還し、討幕派による王政復古の大号令が発せられて明治政府が樹立された。

その後しばらく続いた旧幕府軍による抵抗（戊辰戦争）も終わりをつげ、新政府による政治が推し進められていった。

すでに江戸時代前期、長崎の出島にオランダ商館が誕生して以来、オランダ医学が日本に伝来し、蘭方とばれていたが、明治維新後、政府はドイツ医学を正式に採用することを決め、医学の西洋化を急いだ。

やがて従来の漢方あるいは民間療法、売薬を排除する動きが出てきたのも当然のことと言えよう。

それは明治十年（一八七七）から十二年にかけて布告された「売薬規則」「薬品取扱規則」「製薬取締規則」という形で結実した。

これらの規則によって、薬の製造については薬品試験を受けて合格したもの、製品の容器につける封印商標は認可済みのもの、薬種商の調剤は許さない、薬舗は医師の処方書による販売とする、薬舗の開業は官立学校で製薬学を履修していること、試験を受ける人は薬物学・処方学ほかの合格者であることとされた。

また、「売薬規則」では、「丸薬・膏薬・煉薬・水薬・散薬・煎薬などを家伝の秘方で合剤し販売するもの」（第一条）と規定し、さらに売薬営業税や高額の鑑札料（第一六条）、罰金（第二〇〜二六条）を定めた。

それらはまさに売薬圧迫政策というべきものであった。[22]

まだ西洋医学の導入がさほど進んでいない状況下にあって、明治政府の売薬に対する見解は「無効無害」すなわち、売薬ないし民間療法と呼ぶべきものは旧来の慣習でもあるので、多少は大目に見ようというものであったが、時として「無効有害」として禁止しようとする方向も織り込んでいた。その具体的なあらわれが「売薬規則」「売薬検査心得」（内務省通達）による強力な取り締まりと、「売薬印紙税」による重税であった。

以下は「売薬検査心得」に記された文言である。政府がいかに売薬に対し厳しい目を向けていた推し量ることができよう。

「奸商野師ノ輩、劇薬ヲ配合シ敗薬ヲ修飾シ、夢想ト唱ヘ託宣ト称シ、愚夫愚婦ヲ蠱惑《こわく》シテ利ノ具トナシ」

野師《やし》は香具師とも書くが、あまりにひどい内容である。売薬を生業とする輩《やから》は、劇毒薬を配合し効き目の全くない薬をあたかも万能薬の如く誇大に宣伝して人々を騙し、暴利をむさぼっているというのである。

かつて「クスリ九層倍」「鼻クソ丸メテ万金丹」という俚諺《りげん》があった。「売薬などは製造原価が売り値の一割程度で、あとはすべて利益となる」「売薬は、効き目のない、いいかげんなものを良く効く薬と宣伝しているだけである」というほどの意味である。

明治政府が示した見解は、このような根拠のない流言を鵜呑みにした、あるいはあざとく利用したものであり、まさに圧迫政策の極みであった。

明治一五年（一八八二）、業界の猛反対や嘆願を押し切る形で施行された「売薬印紙税規則」は、先に制定された「売薬規則」における売薬営業税と鑑札料をさらに上回る重税であり、圧迫政策というよりは「禁止政策」に近いものとなった。

以下、その内容について『奈良県薬業史　通史編』九十六～九十七頁を引用する。

その課税方法は売薬営業者（製造者）が売薬印紙を購入し、薬品の容器または包紙に貼付・消印するという形をとった。その額は次のとおりである。

定価一銭まで	印税五厘	同　五銭まで	同　五厘
同　二銭まで	同　二厘	同　十銭まで	同　一銭
同　三銭まで	同　三厘		

十銭をこえる場合は五銭まで毎に五厘を増す

一見すれば定価の一割のような印象を受けるが、すべてが切り上げで算定されており、定価六銭の薬品でも定価一〇銭のものと同額の印紙を貼付しなければならないので、実質的な負担は一割をかなりうわ回ることとなるのである。さらに配置薬につきものの未使用分の回収・廃棄を考慮せず、全く代金収入のない返却分の印紙は業者の負担で廃棄されなければならなかった。当時の業界で一般化していたとされる値引きも全く考慮の外に置かれたことはいうまでもない。

売薬印紙は、業者が購入して自分たちの手で薬剤ひとつひとつに貼付しなければならなかった。しかも、使用されず返品となったものについては、買い損、貼り損となるわけである。

このような売薬業の存続を根底から揺るがす「悪法」が続けざまに施行されたことを受けて業界も次々に立ち上がり、反対運動と陳情を繰り返した。

富山売薬では、永森佐平が明治一六年の二月、四月、六月と三回にわたり長文の建白書を元老院に提出し、売薬印紙税の不当性を訴えた。[23]

また、射水郡の業者九十七名の連名で「売薬印紙税之義ニ付哀訴嘆願」が県令の国重正文に提出された。[24]

さらに、明治一七年、一八年に広貫堂の邦沢金広らが上京して交渉を行ったり、売薬業者大会が開かれて一大売薬会社を設立し、印紙税の重圧をはねのけようとした。[25]

富山の場合、政府が行った一連の圧迫政策により売薬業界は急に衰退し、明治十五年には売薬生産額六七二万円、行商人九七〇〇人であったのが、十六年には生産額八十五万円、行商人六千人となり、十七年には、生産額六十五万円、行商人五五〇〇人に減じ、十八年には五十万円、五〇〇〇人に下がったといわれるほどの影響を受けた[26]という。

同様に、大和売薬業界も必死の反論を提起した。

明治十三年(一八八〇)、葛上郡今住村(現　御所市)を中心とする百十一人の業者が連名で「売薬規則改正嘆願書」を提出し、配置売薬の正当性を訴えた。[27]

また、粗製乱造や乱売を規制し、業界を団結・成長させる目的で同業組合の設立を申し出た例もあったが、認められなかった。

老舗製薬家を頂点とした、一種の同業組合的な生産・販売の組織はいくつか成立したが、法的裏付けのない地域別の任意組織として放置され、政策的支援とは無縁であった。大和売薬は産業政策の視点からは無視され、重税と取締りの対象でしかなかったといえよう。[28]

ただ、この時期は明治政府も財源の確保に苦しんでいたことは否めない。明治一〇年(一八七七)の西南戦争による戦費調達のため生じた大規模インフレーションを抑えるためにとられた「松方デフレ」は、先述した売薬印紙税のほかに煙草税、酒造税などの増税につながり、繭や米価が下落、薬の原料となる生薬の生産も減少する事態を招いていた。

そのような中、売薬業界はその後も粘り強く運動を継続した。

三光丸の米田徳七郎虎義[29]と御所町の西川清保をはじめとする薬業者、印刷業者山本巳之吉らが南葛城郡長とともに「大和売薬同業組合」の設立運動を展開し、農商務大臣から認可されるのは、それからしばらく後、明治四四年(一九一一)であり、その時はじめて大和売薬は産業として認められたのであった。

米田徳七郎虎義
（一八六六〜一九二四）

三　大和売薬の発展

米田徳七郎虎義の登場

米田徳七郎虎義（一八六六〜一九二四）は、米田徳七郎秀諦の次男として南葛城郡今住（現　御所市今住）に生まれた。以下、『同盟人百年の軌跡』（六二一〜六二三頁）を引用しながら　その足跡をたどってみよう。

明治のはじめに長男の丈四郎が徳七郎を襲名し、三光丸本店（現　株式会社三光丸）の当主を相続すると、虎義は東京へ出てキリンビール株式会社の前身であるジャパン・ブルワリー・カンパニーリミテッドに就職して宣伝係として活躍、売り上げを伸ばしたという。

また、行き詰った某会社の再建のため財務整理を担当し、これも成功させた。その間、若輩ながら代議士や財界の名士と広く深く交際して商魂を磨くとともに、法律学校へも通った。

こうして実社会で働きながら貴重な経験を積んでいった。

一方、当主を継いだ兄は、なかなか業績を回復できずにいた。幕末期、丈助の時代には三光丸をはじめとする薬の生産・販売ともに大和売薬業界の先頭を切っていたが、その後明治初期に至り家運傾き、政府の圧迫政策もあって苦しい状況に陥っていたのである。

やがて兄は当主の座を降りて三重県で販売を担当することになり、虎義は呼び戻されて徳七郎を襲名した。明治二十三〜二十四年頃の話である。(30)

当時の三光丸は債務も多く状況はひどく悪化していたが、虎義はすぐさま経営再建に着手、東京での経験をもとに、親族や薬業界の長老たちと相談しながら、迅速かつ的確な判断で推し進めていった。

長年にわたって培われてきた三光丸の信用を最大限に生かしつつ、誠意をもって物事にあたるその姿勢に、業界や取引先からの信頼も深まっていった。

三光団社による新規得意獲得

こうした努力が実り、明治三十年頃から三光丸の製造・販売とも順調に伸びていった。当然、三光丸の配置販売を手掛けたいという配置販売業者も急増し、さらには新規に配置販売業を始めたいと希望する人も出てきた。

配置販売のシステム上、新規の参入者には、得意帳（顧客の管理台帳）を用意しなければならない。つまりは、三光丸を配置する得意先をまとまった形で用意する必要があったのである。

そこで、虎義は新付《しんづけ》（顧客を新規開拓すること）の専門部隊を結成して日本各地に派遣することにした。

この集団は「三光団社」と名付けられ、「い組」「ろ組」「は組」の三編成とし、それぞれの組を、虎義と気脈の通じた幹部たちが受け持った。(31)

以後、三光団社は各地で組織的に新規開拓を行って得意帳を積み重ね、必要な新規参入業者に提供していった。(32)

この活動は、大正初め頃まで継続されて、三光丸の販路網は日本各地に広がった。

三光丸同盟会結成

『同盟人百年の軌跡』によれば、(33)明治二二年、虎義はこれまでの売薬行商に伴う古い商慣習を改めるべく、「得意地域割の厳守」「(卸段階での)現金売買主義の採用」「商標尊重」を明確に打ち出し、『盟約書』と呼ばれる規約文を作成した。

これには、三光丸の配置販売に携わる配置販売業者のうち、有力な人々三十数名が賛同し、共に議論を重ねて規約を練り上げた。

政府の厳しい政策に対し、生産者と配置業者が一致団結して打ち立てた新機軸ともいうべき盟約書は、業界でもそれまで類を見なかった自主的な組織であって、奈良県の配置販売業界が発展するきっかけとなったのである。

その時点ではまだ団体に名称はなかったが、さらに議論を尽くし、規約条文が次々に改正されていくうち、正式に「三光丸同盟会」と称するようになったのは、明治三七年のことであった。

同時に、規約も『三光丸同盟規約書』と名称を変え、内容も整備されてすっきりしたものになった。

規約の最も重要なコンセプトは、会員相互の親睦をはかり、顧客に対する信用を高め、常に販路の拡大を目指して研鑽を積むことなどであった。

同盟会はまた、会員たる配置業者の配置区域を守ると同時に、営業区域が交錯する会員同士の紛争をなくすためにも機能した。

『盟約書』の成立以来、三光丸の名声も高まり、参入業者も格段に増えていた。『三光丸同盟会規約書』に署名捺印した業者は一六八人だった。

生産の機械化

このような、関係者を巻き込んだ組織改革が実を結び、三光丸の需要は日毎に増加し、生産性の強化が急務となっていった。

虎義は明治四〇年、業界に先駆けて製剤の機械化を実行し、明治三八年の三光丸年間生産が七十八万九千二百包（当時は一包あたり五十粒）だったのを、明治四十四年には二百三十一万包と約四倍にしている。(34)

海外進出

虎義は三光丸を海外に売り拡げようと考え、明治後半期から着手、大正時代前半期には、朝鮮半島、東南アジア諸国、ハワイなどに進出していた。明治四十三年（一九一〇）に朝鮮総督府（初代総督は伊藤博文）がおかれると、三光丸も朝鮮半島への販路拡大を目指し、大正二年からは木浦（モッポ）・釜山（プサン）・京城（ソウル）・仁川（インチョン）などにおいて販売を開始した。（挿図）

やがて昭和七年（一九三二）に満州国が成立すると、三光丸は満州国および関東州すなわち大連、旅順などを中心とする遼寧半島先端の地域へも進出、中国と朝鮮半島の情勢が悪化する昭和十四年までの間、営業活動を行った。（次頁挿図）

また、大正期よりスマトラ・ニューギニア・ジャワ・セレベス、インドへの進出も計画したという。

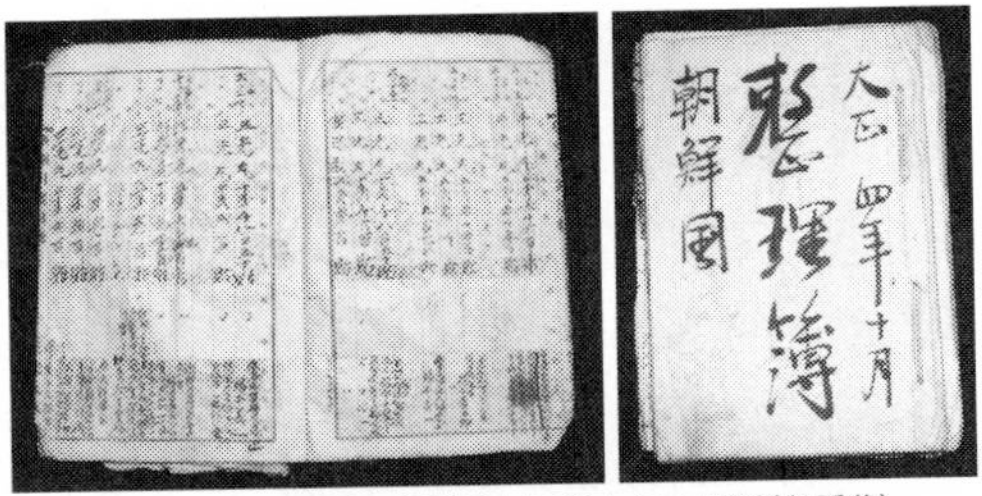

「大正四年　整理簿　朝鮮国」（三光丸クスリ資料館所蔵）

挿図は明治四一年、大阪の商社に依頼して三光丸の効能効果および用法用量を英訳したものである。

惜しくも実現はしなかったものの、虎義はアメリカでの配置販売を計画し、自ら渡航許可証を取得、同国の治安が良くないと聞いてピストルを購入しようとしたという逸話が残されている。

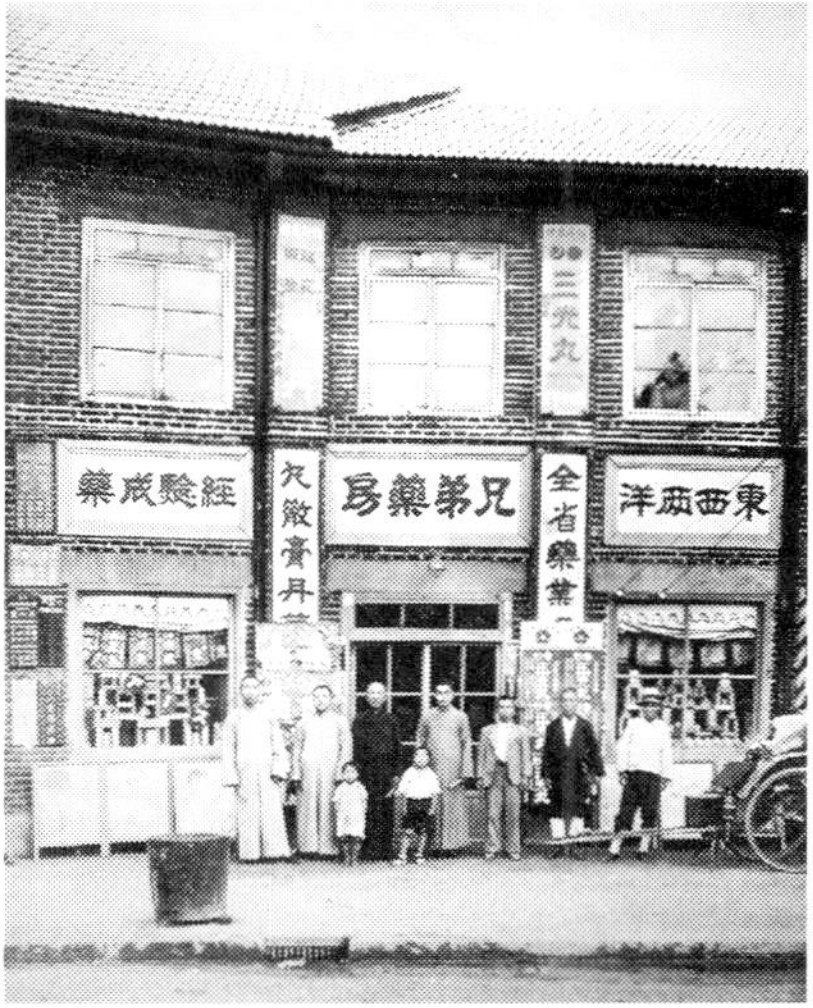

「満州国における三光丸の販売」
（昭和十年　三光丸クスリ資料館所蔵）

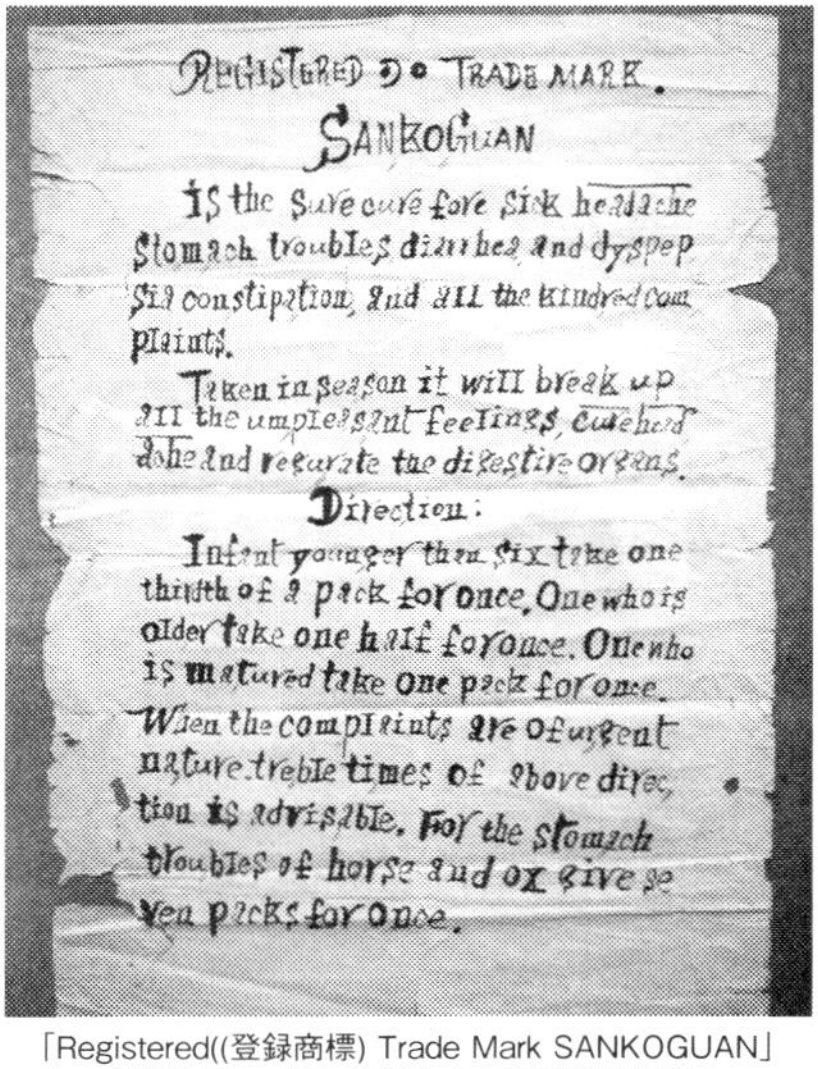

REGISTERED DO TRADE MARK.
SANKOGUAN
IS the sure cure fore sick headache stomach troubles diarrhea and dyspepsia constipation, and all the kindred complaints.
Taken in season it will break up all the umpleasant feelings, cure headache and regurate the digestire organs.
Direction:
Infant younger than six take one thirdth of a pack for once, One who is older take one half for once. One who is matured take one pack for once. When the complaints are of urgent nature treble times of above direction is advisable. For the stomach troubles of horse and ox give seven packs for once.

「Registered((登録商標) Trade Mark SANKOGUAN」
（明治四十一年　三光丸クスリ資料館所蔵）

大和売薬を牽引

虎義の活躍は、三光丸のみにとどまらず、大和売薬業界にも多大な影響を与えた。先にも述べたように「大和売薬同業組合」の結成は、奈良県の売薬業界が長年望んできた悲願であった。

明治後半以降、政府の圧迫政策にもかかわらず、富山と大和の業界は成長を続けており、奈良県の場合を見ても日露戦争から第一次世界大戦初期にかけて急速な成長を遂げ、産業構造近代化の道を歩み始めていた。(35)

やがて、明治四十四年になると奈良県における年産は百万円を突破し（当時米一俵六円十六銭）、それまでの冷遇が一変して県物産中の重要産業に指定された。同年、かねてから希望していた同業者の組合設立も奈良県知事および農商務大臣によって認可され、ここに「大和売薬同業組合」を創立、初代組長に三光丸の米田徳七郎虎義が選出されて、大和における売薬業界発展の基礎を築いた。(36)

それまでも、政府の過酷な課税政策に対し全国の売薬業者は力を合わせて廃止運動を展開していた。奈良県においても大和売薬同業組合などが中心となり、県下の同業者をまとめるだけでなく、当時最大の競合相手であった富山県の業者団体とも手を結び、国会の各党派の代議士に対し、陳情と説明を繰り返した。

やがて、こうした努力が実を結び、大正十五年（一九二六）に売薬印紙税の廃止が決定された。制定後実に四十四年目のことであった。

このことは、とりもなおさず売薬が「無効無害」ではなく、「有効無害」であると正式に認められたことにもつながり、売薬販売の希望者も増加した。

苦難の道ふたたび

三光丸はもとより奈良の薬業界、経済界に大きな足跡を残した虎義は、大正十二年から病気のため、惜しまれながらも一切の公職を辞任。その後療養の甲斐なく、翌年逝去した。五十九歳だった。

その死に際し、奈良県下の政財界有力者、薬業界代表者らが協力し、有志に呼びかけて浄財を集め、大正十四年、當麻寺奥の院に銅像を建設してその遺徳を偲んだ。

虎義死去の折、七歳になったばかりの長男桂三が徳七郎を襲名し、米田家第三十二代当主となった。家業の実際面は母レイ夫人が取り仕切り、従業員や同盟会幹部らの援助協力を得ながら桂三の成長を見守った。

日本もまた、大正三年（一九一四）の第一次世界大戦参戦から昭和六年（一九三一）の満州事変、日中戦争（一九三七〜四五）、そして太平洋戦争（一九四一〜四五）と激動の時代を迎えた。やがて国家総動員法発令から企業整備と、奈良県薬業界、そして三光丸も再び苦難の道を歩むことになるが、それらについては本稿の範囲を超える。機会があれば、あらためて考察したい。

おわりに

現在、配置薬業界は全体として右肩下がり、衰退傾向にあるといってよいだろう。

そもそも配置薬は顧客の家に在庫をかかえるという、リスクの多い商法であり、多数の顧客を管理するには、営業マンもそれ相応に多く必要となる。すなわち、人件費の問題が生じてくる。

また、顧客の年齢層を見ると比較的高齢者が多く、常に新規開拓をしていかないと、確実に顧客が減少していくという問題もある。

いま、比較的安価で医薬品や健康食品、雑貨などを購入することができるドラッグストアが林立するなかで、コスト高の配置薬は単価を下げることができず、価格競争ではかなわない現実もある。

必要なものがあれば、家にいてスマホやパソコンを操作するだけで、ネット販売の商品が家に届けられる。人の顔を見ずに買い物をすることができる時代なのである。

しかし、かつて配置薬は人々にとって必要不可欠なものであった。収入が不安定な状況下で、いつでも薬が手元にあるのは、どんなに心強かったことか。

また、定期的に配置員が家を訪れ、薬だけではなく、日本各地のニュースも持参してくれた。今よりもずっと、人と人の距離が近かったのである。

この商法は、世界に類を見ないユニークなシステムであり、いわば日本の文化ともいえるだろう。

株式会社三光丸では、平成二年から会社敷地内に「三光丸クスリ資料館」を開設し、奈良県の配置薬をはじめ、漢方薬、民間薬などに関する多数の資料を蒐集・展示している。

クスリ資料館は、配置薬にたずさわった名も無き先人たちに光を当て、その足跡を顕彰するための施設である。「置き薬」の文化がなくならぬよう、後世に伝えるのが私たちの使命と信じている。

本稿においては、所蔵資料が多いこともあり、米田家の業績を重点的にご紹介してきたが、大和売薬のはじまりと発展に貢献した人々は数多い。

文化一〇年（一八一三）頃にはすでに家伝の目薬を製造し、(37) 米田家とともに売薬の普及に努めた葛上郡今住の中嶋家や、薬種屋合薬屋組合株の結成に尽力した奈良北袋町の藤兵衛と広瀬郡箸尾村（現　広陵町）の太兵衛など、さらに明治以降、さまざまな点で大和売薬業界に貢献した団体・個人は数知れない。本稿で言及できなかった先人たちに深甚の敬意を表するものである。

また、富山売薬と大和売薬の比較はある程度行ったが、四大売薬の残りである田代売薬、近江売薬との比較検証には至っていない。

売薬産業の統計資料、奈良県における他の産業との関係性にも言及できていないのが心残りである。

足りない点は後に残された課題として、さらに研鑽を積み、稿をあらためて論述したい。

《注》

1. 幸田浩文「日本四大売薬にみる行商圏の構築・発展・転換過程 -江戸中期から明治まで-」『経営力創成研究』第十五号、東洋大学経営力創生センター、二〇一九、五～一九頁

2. 植村元覚「富山売薬行商圏の成立（二）」『富大経済論集』第2巻第2号、富山大学経済研究会、一九五一、六五～六九頁

3. 中越史談会編『越中史料』（一九〇八）二十六頁　※引用箇所は全て原文ママ

4. 巷間知られる「江戸城腹痛事件」では、江戸城内で急病に倒れた大名は三春藩主・秋田輝季《てるすえ》とされるが、本史料では「一諸侯」となっている。

5. 平井良朋「五、売薬業の発達」（高取町史編さん委員会事務局編『高取町史』三九一ページ

6. 三光丸同盟会創立百周年記念誌編集委員会編『同盟人百年の軌跡』一九九九、四七～四八頁

7. 木村博一「二、薬種生産」（奈良県薬業史編さん審議会編『奈良県薬業史　通史編』一九九一、三八頁

8. 武知京三『近代日本と大和売薬―売薬から配置家庭薬へ―』（税務経理協会、一九九五）、八～九頁

9. 前掲1、七頁

10. 指田　豊「飛鳥・奈良・平安時代の生薬事情―漢方の芽生え―」（植物研究雑誌編集委員会編『植物研究雑誌』第九二巻第四号、株式会社ツムラ、二〇一七）、二三八頁

11. 奈良県薬業史編さん審議会編『奈良県薬業史　資料編』一九八八、二七～六二頁

12. 山田梅吉『越智氏の勤王』（奈良縣教育會、昭和一一年）、五二～五三頁

13. 秋永政孝「第二章　大和武士の活躍」（高取町史編纂委員会事務局編『高取町史』一九五三、五六頁

14. 前掲6、五〇～五一頁

15. 前掲13、五五頁

16. 前掲12、七一頁

17. 「信長公記」（『史籍集覧　第十九冊』近藤瓶城編、一九二一）、二五五頁

18. 田中慶治「三六　儀定書」（『江戸時代を生きる大和武士―二つの顔を持つ人びと―』葛城市歴史博物館、二〇一四）、十七頁

19. 秋永政孝「第三章　藩の政治・経済」（高取町史編纂委員会事務局編『高取町史』一九五

三、二六〇頁
20．前掲7、四四頁
21．同右、五一～五三頁
22．安彦勘吾「売薬規則の制定」（奈良県薬業史編纂審議会編『奈良県薬業史通史編』一九九一）、七六～七八頁
23．『富山県薬業史　資料集成上』（富山県、一九八三）、一九四～九八頁
24．同右、二二四～三〇頁
25．『富山県薬業史　通史』（富山県、一九八七）、四六四～六五頁
26．同右、四六五頁
27．前掲十一、一七六～七九頁
28．三宅順一郎「一、売薬行政とその思想」（奈良県薬業史編さん審議会編『奈良県薬業史通史編』一九九一、八七頁
29．三光丸の米田家は、明治維新後数代にわたり「徳七郎」を襲名して現在に至る。人物を特定するため、「徳七郎」の下に襲名前の名前を付している。
30．前掲6、六二～六三頁
31．同右、一二八頁
32．同右、一二三～二九頁
33．同右、二～十一、八六～九九頁
34．同右、六七頁
35．前掲28、一一六頁
36．前掲十一、四四四頁
37．前掲同右、一四一頁

土倉庄三郎

——「不動」の人

中島 敬介

「土倉翁」磨崖碑

始業のチャイムが鳴る。

　では、前学期火曜日三限、「奈良文化コンテンツ論」の第十四回講義を始めます。今回の文化コンテンツ――奈良のモノ・コト・ヒト――のテーマは「ヒト」。明治期における「吉野の山林王」として有名な土倉庄三郎を採り上げます。あ、「有名な」と言ってしまいましたが、有名度でいうと、以前テーマにした「谷三山」や先の講義で扱った「浅田松堂」に比べて、少しは知られているぐらいかもしれません。前に五〇人ちょっとの学生さんに聴いてみたことがありますが、「土倉庄三郎」に反応してくれたのは、一人だけでした。

　ただし、その学生さんは山歩きが趣味らしく「吉野に行ったとき、国道沿いの川岸に、土倉翁と彫られた大きな岩――上の画像――これですね。これを見て、どうして・こんなところに・こんなかたちで、名前が残っているんだろう」と不思議に思い、自分で調べてみたことがあるのだそうです。いや、実に頼もしい。こういうスタイルの講義でなければ、私に代わって説明をお願いしたいところです。

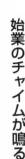

　さて、土倉庄三郎（どぐら・しょうざぶろう、一八四〇－一九一七）。

　先に「吉野の山林王」と言いましたが、土倉の活動範囲は、吉野のエリアや山林関係にとどまりません。活動期間は幕末から明治を経て大正の初期までの約六十年にわたり、活動の分野は河川や道路のインフラ整備、そして自ら学校を村内に設置したほか京都や東京での学校創設支援、さらには自由民権運動の後援にまで及んでいます。どれに対しても巨額の私費を投じましたが、その広範にわたる「社会貢献」の目的については、実ははっきりしていません。もはや死語になっていますが「お大尽」という、湯水のようにお金を使う資産家を揶揄する言葉があります。土倉も資産家、というよりは日本有数の富豪。最盛期の資産は三井や三菱等のいわゆる「財閥」を凌いだとさえ言われるほどの「すこぶる」付きの大富豪でした。でも土倉を「お大尽」と嗤う人はいません。存命中から没後百年を経た今日まで一貫して、土倉は「私費を投じてソフト・ハードの公共（社会）事業に尽力した大人物」と評価され、悪く言う人や記述を見ることはありません。

その一方で土倉の活動全体を貫くポリシーやプリンシプルの明快な説明も、聞いたことがない。「吉野の山林王で大富豪」とさえ言っておけば、土倉の全活動は言い尽くせると考えられているかのようです。しかし社会貢献活動が、西洋のチャリティのように当時のリッチな人たちのトレンドだったわけではありません。そして土倉が趣味や酔狂でお金をばらまいていたのでなければ、土倉自身の特別な目的や意図――真意――があったはずです。土倉の諸活動の影響や効果が、今日なお広く社会に波及していると考えるとき、土倉の「真意」の追究は、奈良や日本の将来を考える上でも、大きな意味を持っているはずです。

以上の基本認識から、「大和の国のリーダーたち」を扱う後学期では、本格的な「土倉庄三郎研究」に取り組むつもりでいます。

この講義では、土倉庄三郎という人物の思想や言動の本質を探究する「前捌き」として、土倉庄三郎のプロフィール／諸活動のベースないし背景となっていた吉野林業のアウトライン／多方面にわたる社会貢献的活動の概略を整理し、その上で、「土倉庄三郎研究」の助走として、土倉の具体的な行動や著述、明治二三年（一八九〇年の第三回内国勧業博覧会への「筏」の出展や、政府の林野政策への批判、そして日清戦争（一八九四―一八九五）がおわったころからさかんに口にするようになる「年々戦捷論」と呼ばれるユニークな富国論を追跡していきます。

今回の講義を通して、土倉庄三郎という人物が、「吉野」という地域や「林業」という営みにどのような「まなざし」を向けていたか、その一端でも捉えていければと思っています。

これを目標として、まずは土倉のプロフィールから見ていくことにしましょう。

一　土倉のプロフィール

（一）一般的な土倉像

土倉庄三郎とはどのように人物なのでしょうか。レジュメを見てください。

土倉庄三郎　天保十一年大正六年（一八四一―一九一七）　吉野郡大滝村（現川上村）の大山林経営者・大材木商人。十六歳の頃から父親に代わって家業・公務に従事した。吉野郡内数千町歩の山林経営にあたるほか、明治二十～三十年代には群馬県伊香保・奈良公園・兵庫県但馬地方・滋賀県西浅井町・台湾などに造林した。明治初年より二十年代にかけて、吉野川の水路改修に努めたほか、東熊野街道をはじめとする吉野地方の道路開設・改修にも尽力した。また、大阪鉄道・南和鉄道・吉野鉄道の発起人としてこれらの創業に関与した。十一～十五年に吉野材木方大総代を務め、三十二年には大和山林会の創設に努力している。一方、十年頃から自由民権家と交流を深め、自由民権運動のパトロンと目された。同志社大学・日本女子大学の創立も援助している。これらの方面への出資の結果、明治後期～大正期に土倉家の家産は急速に衰退していった。〔…〕[1]

※傍線、引用者

生年の西暦が一年ずれていることを除けば、土倉を知る上で必要かつ十分な情報が、手際よく整理されています。ただし、私には一か所だけ「異論」があって、そこに傍線を引いておきました。引用文の最後に記述されているとおり、土倉家の家運は明治の終わりから大正にかけて、一気に傾いていきます。しかし、その原因は傍線部、つまり土倉自身の「多方面への出資の結果」とは考えられません。このような「誤解」が、先に述べた土倉の「真意」をわかりにくいものにしていると思っています。

この講義の目標の地点に向かって、私の「異論」で下線部を上書きしながらすすんでいきますが、もう少し土倉のことを知っておきましょう。

(二) 全国／県／地元の認識

土倉のプロフィールを三つ並べています。最初は全国レベルでの土倉の紹介。国

土倉庄三郎
「近代日本の肖像」より

立国会図書館の「近代日本人の肖像」からの引用です。

> 土倉庄三郎（どくら・しょうざぶろう／1840－1917）
> 父は大山林地主土倉庄右衛門。明治2（1869）年吉野郡物産材木総取締役になる。3年水陸海路御用掛となり、吉野川の水路改修工事に尽力。六年には東熊野街道の開設に着手、16年に完成。吉野郡内で山林経営に従事するとともに、20年から三十年代にかけて、群馬県伊香保、兵庫県但馬地方、台湾などの造林も手掛ける。自由民権運動の後援者で、15年創刊の『日本立憲政党新聞』の最大出資者、自由党の板垣退助の洋行費を出したことで知られる。

プロフィールのお手本のような記述です。ここには「吉野郡物産材木総取締役」や「水陸海路御用掛」といった職名が新たに提出されています。

二番目は、奈良県による紹介の一例です。インターネット上で公開されている「奈良県歴史文化資源データベース」で土倉は、フェノロサや天誅組とともに、「深める～明治150年記念～奈良の近代化をささえた人々」の一人として取り上げられています。「日本林業の父」「吉野林業の中興の祖」として、これまで見てきたものとほぼ同内容の説明がなされていますが、伝統の吉野林業を集大成して「林業興国」を説いたとされています。同時に、林業分野にとどまらない多方面の活躍に注目し、その非凡な功績として以下が列挙されています。

＊吉野林業全書の出版
＊インフラ整備により地域経済の発展に貢献
＊卓越した先見の明により、吉野の桜を救う
＊教育への支援
＊自由民権運動を後押し
＊今なお残る庄三郎のおもかげ

さて最後。土倉の地元である吉野郡川上村による紹介です。まず村の公式ホームページでは「川上村の林業」の説明の冒頭に「吉野林業の祖であり自由民権運動の協力者としても名を馳せた、川上村の偉人である土倉庄三郎」が置かれ、これとリンクする「一般社団法人 吉野かわかみ社中」のホームページで、先に挙げたさまざまな事蹟が「川上村の偉人、土倉庄三郎の軌跡。」として記載されています。林業家としての土倉は「吉野地方に伝承される『密植』や『撫育』の技術を追求」し、さらに「自らが研究した造林育成の技術を全国へ伝え、造林を実践して周」ったこと等から、「『日本林業の父』と呼ばれる土倉庄三郎」と紹介されています。この地元の紹介でなにより印象深いのは、土倉が繰り返し郷土の「偉人」と称えられているところです。「彼（土倉庄三郎）が残した数々は、川上村の地に留まらず、日本全国の木材産地へ、そして、政治、教育の世界で今もなお、その魂を宿しているのです。」と締めくくられています。

なお現在は更新されたようですが、かつて村の公式ホームページには「川上村の山の緑がいきいきと輝くのは、今も土倉の熱い魂が村に息づいているからでしょう。そして、木を愛し、木と生きた偉人伝は語り継がれ、その魂は山を、そして自然を愛する川上村の人たちに受け継がれています」という、感動的な文章も載せられていました。

(三) 土倉の評価項目

以上、国・県・川上村の三者が描く土倉像を視てきました。最初にレジュメで確認したプロフィールも含め、文言はさまざまですが、土倉の評価項目は、概ね次の五点に集約できそうです。

* 吉野林業
* インフラ整備
* 教育支援
* 自由民権運動への協力
* 郷土の偉人

どのプロフィールでも真っ先に取り上げられているのが林業、それも「吉野林業」といわれる土倉の地元固有の林業です。その吉野林業がセンターに置かれ、まわりにインフラ整備/教育支援/自由民権運動の諸項目が配置され、総合的な結果として「郷土の偉人」として慕われている。そういう図式が、土倉の標準的な評価フレームと言えそうです。

最後の「郷土の偉人」はさておき、私としては、それ以外の四項目がアクセントに差はあるものの、どれもが「目的」的に並列していることに引っかかりを覚えています。それが先の「異論」ともつながっているのですが、いかなる異論の差し挟む余地のないのが最初の評価項目、「吉野林業」です。

土倉と吉野林業とは切り離せない関係のようです。こうなると、土倉を知るにはまず吉野林業を知らなければならないのですが……。

……ところがですねぇ。

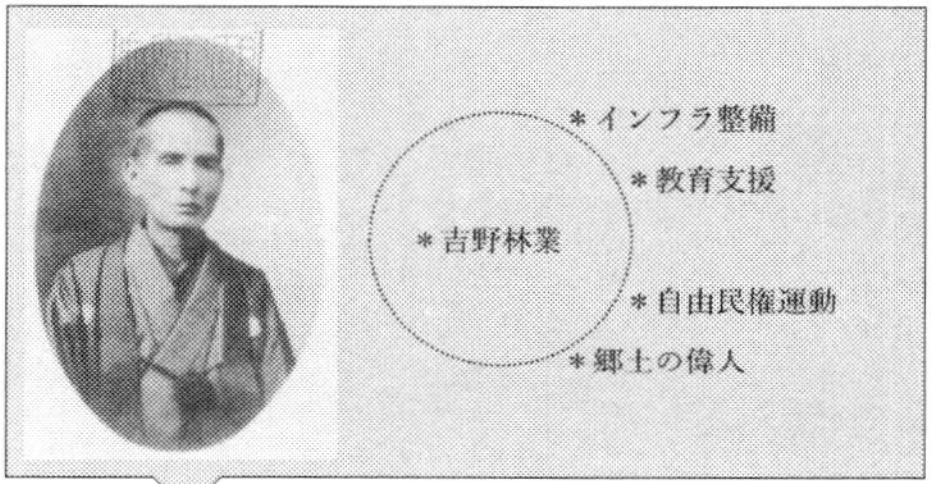

「土倉庄三郎」従来の評価フレーム

二　吉野林業

(一) 地理的範囲

「吉野林業」。これが実に難物でして、地域の歴史・文化・社会構造・産業の各分野をまたぎ、最後の産業分野だけでも生産・流通・金融の全容を把握しなければ、理解できそうにない。あれこれ探したのですが、部分的には詳細を分析した専門書はあっても、こちらが知りたい全体像を描き出したものが見当たらない。しかたがないので、私が理解した範囲で概略を説明することにします。先に見た奈良県のホームページにも出ていた『吉野林業全書』(一八九八)と『吉野林業案内』(一九二二)。この古い本二冊の本に専門書の『近世吉野林業史』(二〇〇八)と『川上村史 通史編』

土倉監修の『吉野林業全書』(1898)

（一九八九）を中心に、その他の書籍や研究論文等も参考にしています。あらためて言い添えますが、あくまで「私が理解した範囲」の吉野林業です。私は自分の理解と解釈には自信を持っていますが、異なる考え方や違った説明ができることも否定しません。ご諒解ください。

吉野林業の把握を難しくしている最大の理由は――私が浅学非才であることを除けば――吉野林業が、材木を植え・育て・伐採する「作業」の体系と、材木の植わった森林を管理し、林業として「経営」するための体系。この異なる二つの体系で構成されているからです。ここでは便宜上、前者を「施業システム」、後者を「経営システム」と呼びますが、専門用語でも一般用語でもありません。私の造語です。

さて、義務教育で習ったように説明の順序は「5W1H」が基本です。吉野林業も最初のW（WHEN）、歴史的起源から入っていきたいのですが、施業システムと経営システムの起点が違っているので、うまくいかない。そこで次のW（WHERE）、吉野林業の「吉野」の地理的範囲から説明を始めます。

二回目の講義で「奈良県の概要」を扱ったとき、人口密集地である盆地部は面積が狭く、逆に南部は広大で森林地域が拡がっている、その奈良県南部で大きなシェアを占めるのが吉野郡で、面積は奈良県全体の六〇パーセントに相当し、地形は急峻で吉野川・北山川・十津川の三水系の水源地になっている、と説明しました。覚えていますか。

同じ吉野でも、その三つの水系のエリアは、道路が整備されるまで経済圏が違っていました。したがって林業のありようも同じではなかった。三つの水系と言いま

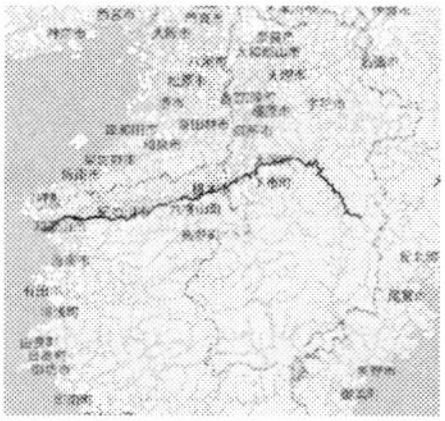

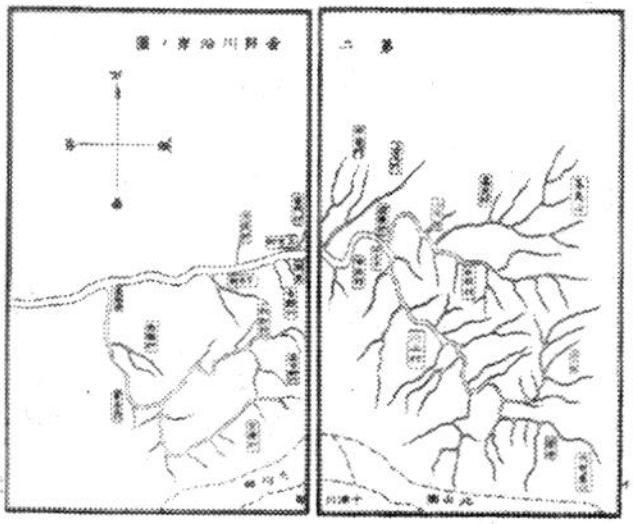

吉野林業地域(地帯)(上)
『吉野林業全書』掲載図(右)

したが、北山川・十津川の二水系は熊野川水系の支流で、十津川水系ではそもそも育林が行われていませんでした。また北山川水系は幕府の木材供給地で、木材は熊野川(新宮川)を下り、新宮から江戸に運ばれていました。

もう一つの水系である吉野川水系の木材は、下流(紀ノ川)の和歌山を経由して大阪に回送されました。先の北山川水系と同様に吉野川水系のエリアも幕府の直轄領でしたが、吉野川の木材は植林から販売まで幕府の補助や規制もなく、民営による林業が行われていました。この「民営」というところはポイントの一つです。

さて「吉野林業」とは、吉野郡全体の林業ではなく、この吉野川水系の流域にある村々、今日の川上村・黒滝村・東吉野村を中心としたエリアの林業を指します。[2]

(二)「施業システム」

吉野川流域の村々では、中世から主に修験道関連の建物を建設するための木材需要に応えて、天然林を切り出していました。近世に入ると大坂などの都市の発達によって木材ニーズが増え、天然林が不足したため、植林が行われる(人工林が造られる)ようになりました。

その始まりの時期はいつごろか。『吉野林業全書』では、現在の川上村で植林されだしたのは文亀年間(一六世紀初頭)、これが吉野川水系での植林の始まりとしています。[3] ただ、これに次ぐ黒滝村での植林は一六世紀末から一七世紀初頭。隣接する村で植林の導入時期が百年も違う。最も植林が遅れたところは一八世紀末となっていて、どうも川上村だけが突飛に早い――早すぎる――印象です。もちろん、域内の植林が同時期に一気に行われたのではなく、各地域の水運の事情や地勢の違いに応じて、ゆっくりと波及していったことは確かでしょう。ここでは、同じ吉野林業の域内でも、川上村が「先行」したことに留意しておきたいと思います。

次にもう一つのWHERE、植林の場所です。植林だから「山」だろうと考えてしまいますが、豈図らんや、実は「畑」でした。

当時の吉野川流域は山の緩斜面に集落があり、水田はほとんどなくて集落を取り囲むように焼き畑が分布していました。その外側に、それまで伐採の対象となっていた天然林の「山」が広がり、集落単位で維持管理されていました。山は集落間の境界を示し、住民の信仰や習俗とも関わって、伐採の手が入らないところも多く残されていました。つまり山は生産の場ではなかったのです。人工林の造成は、集落周辺の焼き畑の跡地に木の苗を植えるところから始まりました。初期のプロセスは、次のように素描できます。

一．森の一部を伐り拓き、伐った木を木材として利用する。
二．木を伐った跡地を焼いて、作物の種子を播く。
三．通常三〜四年、農作物が育て収穫する。
四．雑草が増え農作物が採れなくなると苗木を植えて放置する。
五．畑地は、自然に森に還る。
六．二十〜三十年後、木が成長すると、焼畑をするために木を伐る。

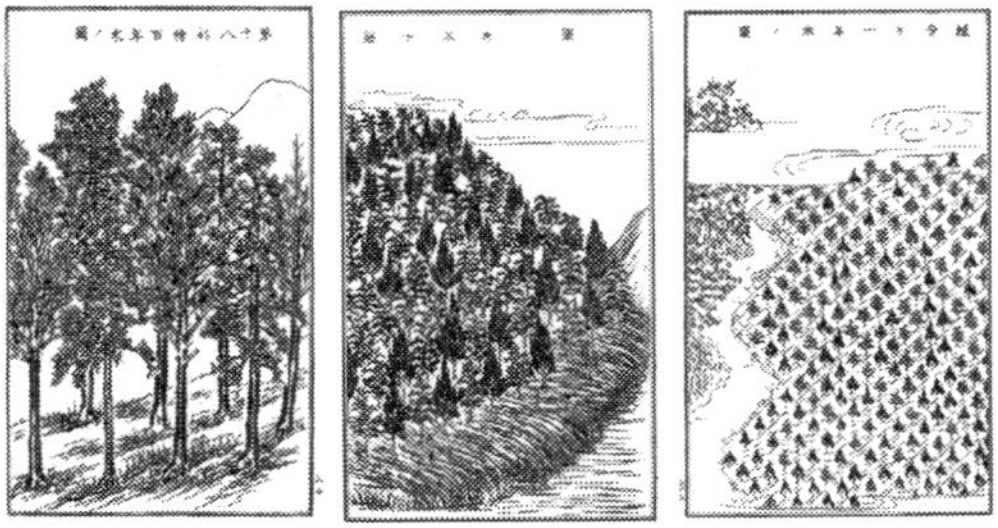

杉・檜の育林
1年木（右）
10年木（中）
100年木（左）
『吉野林業全書』掲載図

一七世紀に入って京・大坂等の大都市が発展すると、この二十～三十年サイクルの食料（糧）・木材生産のローテーションでは追いつかない木材需要が発生するようになりました。需要が増大すると、木材の「商品」価値が上がり、植林地が拡大して農業の比重は一段と小さくなっていきました。

植林する土地が焼き畑だけでは足りなくなり、人工林は集落共有の山（林野）に進出しました。家族単位での植林・伐採から、村を挙げた取り組みに変化し、焼き畑農業も行われなくなって、林野に直接苗木を植える、本格的な林業が興りました。

木材の生産拡大が目指され、単位面積当たりの植栽本数を増やす「小区画」での「密植」が行われるようになりました。木と木の間隔が狭くなると雑草が生えず、年輪が密になるというメリットを生みましたが、一方で光量不足による枯損も多くなり、その対策として一定の本数が「間伐」されました。そして間伐による量的損失を補うため、一本の木の付加価値を高める工夫として、それまで二十～三十年であった伐採期を八十～百年に延長する「長伐期」の方法が採用されるようになります。伐採期の長期化に伴い間伐回数が増え、結果として「多間伐」となりました。

今ほど説明した括弧内を括る「小区画・密植・長伐期・多間伐」という一連の作業が、吉野林業を特徴づけている「施業システム」です。一八世紀のはじめ、享保期（一七一六～一七三六年）のころに確立しました。

（三）「経営システム」

付加価値の高い長伐期の木材は「大径木」と呼ばれ、近世における吉野林業産品

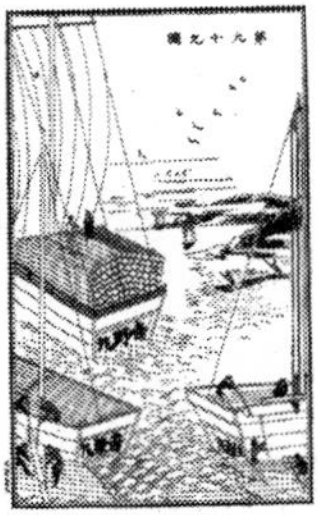

和歌山港での木材の船積み
『吉野林業全書』掲載図

を代表するものです。中でも板状に加工した「樽丸」は、お酒を造る時の樽の素材として、京都の伏見や兵庫の灘など酒造の産地には欠かせない品となりました。伐期の途中で「間伐」したものも、細いものは竿や垂木、少し太いものは稲穂の干し台、より太いものは建設現場の足場などに使用されました。樹齢の違う木を何度も間伐する「多間伐」によって、吉野川流域はさまざまな太さの木材を出荷する多用途木材生産地となり、樽丸生産その他の加工で出る端材も、割り箸や木工品の材料として有効利用されました。

吉野林業の木材輸送には吉野川が利用され、丸太は一本ずつかまとめて筏にして流されていました。ルートは先にふれたように、吉野川（紀ノ川）を下り、和歌山の海に出ます。木材は潮の関係で「ひとりで」に浜に戻り、焼き印を目印にしておけば紛失することはなかったそうです。和歌山からは海路で大坂、さらに淀川を上って京都へ運ばれました。

さて、前年講義の「奈良晒」で説明したように、一般に生産が拡大していくと各プロセスで専門分化がすすみます。吉野林業も、一八世紀に入るころから木材の切り出しから販売までの流通を手がける「木材商人」が出現しました。この木材商人によって、産地側（吉野）にはニーズに関する重要な情報がもたらされましたが、同時に村内に外部資金も流入するようになります。これによって「分収造林方式」と呼ばれる新しいシステムが生まれました。

これは育林の段階では外部からの貸付金を利用し、その借金を木材の売却代金で返還する、つまり林業の収益を地元の人と木材商人の二者で分配する方法です。

一方、この分収造林方式とは別に、同じ一八世紀に入るころ、吉野川流域内では「年期山」という制度がつくられます。

吉野林業の施業システムを特徴づける「長伐期」によって木材の伐採期間が長くなると、その間の生活に困窮する地元民（林業者）が多くなり、村外の商人に自分が保有している造林地を売却する事態が頻出しました。もともと山（土地）の所有権が問題になるのは明治期以降で、当時の価値があったのは山ではなく、上物である樹木の方でした。村としても、山に経済的魅力があったわけではなかったのですが、隣接集落との境界を意味し、住民にとって精神的な場所でもあったので、造林地の売買には共同体としての強い規（機）制が働き、結果として村外の人には上物の材木だけを売る方法が考案されたのです。これが「年期山」と呼ばれるシステムで、集落共有の山を村の各家に分割して割り当て、各家はその割り当てられた部分に植林し、そこに植えた木は、地元の人にでも村外の人にでも自由に売ってよいことにしたのです。地元の人は割り当て分の植林を売った後も、林業者としてそのまま木の育成を続け、見返りとして植林した木以外の自然に育っている木が利用でき、最終的に木材が伐採されると、収益に応じて追加的な代金を受け取ることもできました。つまり、土地（山）は集落全体で管理し、植林したところの管理は村の人に留保する。このことで外部から入り込む商品経済の進行を止めることなく、地元経済の安定が図られたのです。

この「年期山」制度と、先に説明したほぼ同時期の一八世紀はじめにつくられた——別の制度の——「分収造林方式」とが合体し、一八世紀後半、吉野林業の特徴的

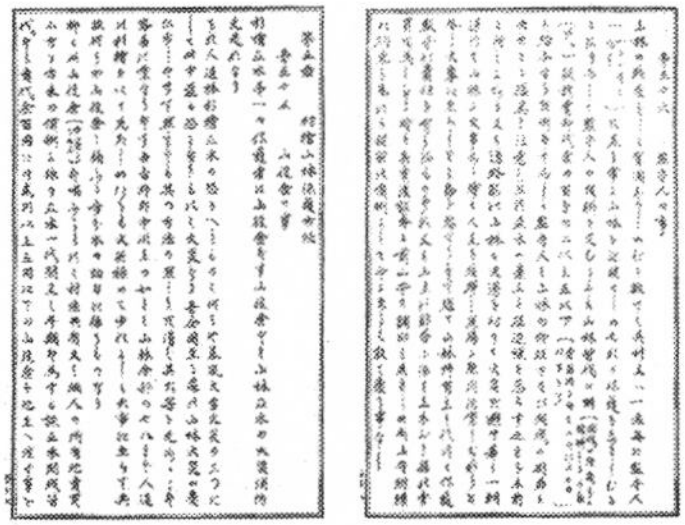

「山守制度」の記述（右）
「山役金」の記述（左）
『吉野林業全書』より

な「経営システム」となる「山守（監守人）」の制度が生まれました。

村外の商人などが、村内の林業者から権利を買い取って、木材となる樹木の所有者となっても、自分では樹木を育成することができない。そこで地元の熟練林業者を雇って販売金額の一定割合（二～五パーセント）の報酬を約束し、植林地の管理を任せるシステムです。雇われる地元の熟練者の呼び名が「山守」で、植え付け・枝打ち・間伐に必要な労働者の雇い入れや監督、さらに自分が管理する山に自ら植林し、間伐材などを売った利益は自分のものになった。その木が成長して伐採されると、販売代金の半分を自分のものにできた。

以上が「山守制度」あるいは「借地林制度」とも言われる、吉野林業の基本的な経営システムです。他にも、植林者への一種の課税（山役金）に相当し、村財政の安定につながる「山役金（歩口金）」など、さまざまなサブ・システムが付随しています。

（四）「システム」成立の前提条件

吉野林業で特筆すべき点は、村外にいる山の持ち主、村内の山守、そして山で働く林業労働者（村民）の三者間で、見事なｗｉｎ－ｗｉｎ－ｗｉｎのパートナーシップが構築されていることです。この講義に関わって注目しておきたいのは、三者のｗｉｎが、「山を保有し樹木を適切に管理している限り、八十～百年後には、関係者でシェアできる巨大な利益が保証される」を意味しているということです。

つまり吉野林業とは、長く（より古くから）携わり、より多くの山や樹木を所有ないし保有している者には、次々に伐採期を迎える付加価値の高い「大径木」によって、毎年莫大な収入が保証され、これが広く地元住民の生計も含め、地域経済の豊かさにつながる仕組みなのです。

まさに良いとこだらけという感じですが、これが成立するためには「子々孫々、百年単位で木を管理すること」そして「百年後も、間違いなく木が売れること」、この二つの前提が必要です。逆に言えば、この前提がなくなれば――木を管理する者がいなくなるか、百年以内に木が売れなくなれば――すべてが、一瞬で破綻するシステムです。

先の説明で、山林地主を村外の商人に代表させましたが、村外と言っても村の近辺もあれば、奈良盆地内や大阪などの県外もあり、商人の中には村外ばかりか村内の者もいて、さらにはもともと村内の山林所有者もいました。土倉庄三郎の生家である土倉家は、その村内の山林所有者でした。吉野林業の長伐期に代表される施業システムと山守制度で表される経営システムが完備した時期を十八世紀後半とすれば、「大径木」伐採によって莫大な利益がもたらされたのは、その百年後、幕末から明治維新の時期ということになります。

そして、ちょうどその頃、父庄右衛門の跡を嗣いだのが、我らが土倉庄三郎。土倉家は代々続いた（家伝によると庄三郎は十三代目）林業家で、庄三郎が当主のときに絶頂期を迎えました。山林所有面積は奈良県内だけで約九千ヘクタールと言われ、これは新国立競技場八百個分、奈良県の面積全体の二・五パーセント、川上村の三分の一に相当します。土倉家の資産規模は巨大財閥のレベルに達していましたが、注意しておきたいのは、土倉庄三郎自身の植林によって得られたもの

土倉庄三郎の評価フレームの「修正」

ではない、ということです。土倉以前の、ほぼ百年に及ぶ吉野林業の歴史と土倉家の先祖が生み出したものです。

この明白な事実は、土倉を「吉野林業の大成者」と位置づける限り、見落とされてしまいます。言葉の正確な意味において、土倉は「大成者」ではありません。「継承者」です。そもそも吉野林業自体に「大成」という言葉は不適切です。百年前の木を切り出し（先祖の資産を消費し）、百年後のために木を植える（子孫に資産を残す）。この永久植林運動によって「富」をつくり出す装置（仕組み）が「吉野林業」です。もちろん吉野林業に限らず永久運動など原理的に不可能です。しかし、回り続ける独楽に乗っている当時の吉野林業関係者には、独楽が止まることなど意識の隅にものぼることはなかった。かりに何らかの懸念を抱いていた者がいたとすれば、それは吉野林業を知り尽くし、独楽では不動のど真ん中に乗っていた土倉庄三郎しかいません。そのような立場の土倉が、独楽を止めてしまいかねないことに、手を出すはずがないのです。

皆さんの頭上に「?」が浮かんでいますね。「💢」に変わらないうちに言っておきましょう。土倉が、吉野林業の内部にエネルギーを注入することはあっても、外部に逃がすことはない。つまり、吉野林業と無関係なところに、林業から得た資産を投資するはずがない、ということです。

これが先に指摘した土倉の評価項目の並べ方への疑問です。そして、最初のプロフィールの下線部にたいする「異論」の中身です。土倉が、引き継いだ資産をインフラ整備や教育活動支援、自由民権運動への協力に使ったとすれば（事実、使った

明治廿七年一月吉野材木産業組合
村に於て之を特別税に編入する
認可を得たり

「特別税」制定の記述
『吉野林業全書』より

のですが)、それは吉野林業の維持発展――だけ――を目的とした投資と考えるしかない。それ以外に目的があったとすれば、「お大尽」の酔狂であった場合も含め、後で見る吉野林業一途の土倉の姿とは完全に矛盾することになります。

これをいったん仮説としたまま、ここからは土倉の評価として挙げられていた「吉野林業」に続く三項目、林業とは別に項目立てられた――いわゆる――社会貢献活動を見ていくことにします。参考にした資料は、栄典(贈位)に関する公文書、土倉に関する略年譜や評伝などです。(4)

三 「社会貢献」活動

(一) インフラ整備

林業家としての土倉は、木材の流通経路の確立にも注力しました。土倉家の当主となって最初に手がけたのも流通関連基盤の整備でした。ただしハード整備ではなくソフト基盤である制度に関するものでした。紀州藩が吉野川(紀ノ川)を下る木材に課していた口銭(賦課金)の撤廃、これが土倉の手がけた最初のインフラ整備でした。

それまで紀州藩は木材搬出となる筏に対して、現物評価の一割を徴収していました。土倉らが明治元年(一八六八)に廃止運動を起こし、明治四年(一八七一)には太政官通達によって全面的に撤廃されました。これを受けて土倉は、従前の課税の半額相当を村で徴収し、地域振興の財源とするルールをつくりました。明治九年(一八七六）の記録によれば「一、金額の三分の一は小学校費、一、金額の三分の一は道路修理費、一、金額の三分の一は窮民救助費」にと三分割で使用されていたと言います。この仕組みは地租改正及び町村制の発足後も存続し、土倉が政府に働きかけて、明治二七年（一八九四）には「川上村特別税」として国に認可されました。これにより川上村の財政は安定し、税収は引き続き村の振興費用に充てられていきます。

ハード面に目を移すと、明治五年（一八七二）、土倉は奈良県の水陸海路御用掛となり、吉野川の水路改修に尽力します。吉野川は他の木材産地の天竜川や木曽川に比べて川幅が狭く、とくに川上村内は筏流しの障害となるほど狭小でした。土倉は――公的な御用掛という立場なのに――事業経費のほぼ全額を自費で負担しました。明治六年（一八七三）に「川上郷水陸海路会所」を設立し、川上村北和田から宮滝までの約三十二キロメートルを約二年かけて開削しました。明治年間に吉野川を流下する木材（筏）は、日清・日露戦争後にピークをむかえ、毎年百四十～二百万本に達しましたが、その七〇パーセントは土倉の地元・川上村の木材と言われています。植林面積もさることながら、伐採適期にもあたっていたのでしょう。

土倉は水路だけではなく、たくさんの道路も開設しています。明治六年（一八七三）、吉野郡内樋口から、五社峠～川上村～伯母ヶ峯～北山村に通ずる東熊野街道（現在の国道一六九号線の一部）の開設を計画、六年後の明治一二年（一八七九）に着工、明治二〇年（一八八七）に完成させています。吉野川沿いの道の改修や川上村内の道も手がけましたが、道路は水路とは違い、全経費を負担したわけではありません。沿道の地主――もちろん土倉自身も含め――に山林評価額の二十分の一を

旧「大滝修身教会」の建物

土倉が寄付した小学校の制服

道路建設経費として供出させる方法（「青山二十分の一の法」）を採りました。

吉野における水路や道路の整備は、公共の用に供するインフラ整備ですから、メリットは地元に止まらず、広く奈良県内ばかりか他の地域にも――今日においてなお――広範に及んでいます。

次に、教育面での活動をみていきます。

（二）教育支援

土倉は私費で、奈良県初の小学校（大滝小学校）を地元の川上村に開校しました。さらに先に述べた「川上村特別税」などを財源として、村内各地の小学校設置に尽力しました。明治三九年（一九〇六）、講演会で川上村大滝を訪れた井上円了（一八五八―一九一九）は、「当所は大和屈指の富豪土倉庄三郎氏の居村にして、氏が従来公共事業に尽くせし跡、実に見るべきもの多し」と言い、「学校は尋常高等を合して十九校あり、村内の教育費は一万円以上に達す」と驚いています。

土倉は村内ばかりか、同志社大学や日本女子大学の創立に対しても、惜しみなく支援しています。明治一五年（一八八二）一月、土倉のもとを訪ねた新島襄（一八四三―一八九〇）は、土倉邸に五泊し、村民相手に三夜連続で「教育の大切なる事」などを講話しましたが、その際に土倉は大学設立に五千円の寄付を約束しています。寄付金額を、明治一七年（一八八四）の『義捐者名簿』の金額と比較すると「井上馨千円、大隈重信千円、青木周蔵五百円、岩崎弥之助五百円、岩崎久弥三百円、渋沢栄一六百円、大倉喜八郎二千円」等々とあり、「あの」渋沢栄一ですら六百円ですか

板垣退助（右）
中島信行（左）
「近代日本人の肖像」より

ら、土倉の五千円の寄付金がいかに破格であったかがわかります。

土倉は女子教育にも熱心で、土倉の子供たちのほとんども同志社で学んでいますが、次女の政子は同志社女学校卒業後、約七年間アメリカに留学しています。明治二九年（一八九六）、成瀬仁蔵が女子のための大学設立を望んでいると知ると、その創設（日本女子大学）のために、このときも五千円を寄付し、のちに大学の評議員にも就いています。

土倉と自由民権運動家との交流は、明治一〇年（一八七七）頃から始まりました。明治一三年（一八八〇）、中島信行（一八四六－一八九九、衆議院初代議長）の奈良県内遊説に同行し、活動資金（三千円）を全額提供しています。このころから土倉は自由民権運動のパトロン（資金提供者）と見なされるようになり、明治一四年（一八八一）自由党の別働隊（近畿自由党）が大阪で結成されるとこれに参加し、翌年創刊された『日本立憲政党新聞』発行資金の大部分を負担します。また同年末の板垣退助（一八三七－一九一九）の洋行（フランス視察）に際して、視察費用（少なくともその一部）を負担しています。天理図書館に板垣自筆の礼状と借用書（他人の書）が所蔵されています。板垣監修による『自由党史』には「土倉は財あり義あり、夙に自由主義を執り、板垣を信ずるや厚し、嘗て財を醸して立憲政党の創立に資くる所あり」と感謝の言葉が記されています。当時「自由民権運動の台所は大和にあり」と言われたとされますが、正確には「川上村の土倉にあり」でした。

ただ、土倉は政治や政治家との関わりは持ちましたが、自ら政治家となることは考えていなかったようです。村民に請われて、川上村の議員（一八九八）や村長（一九〇〇）には就いたものの、いずれも短期間で退いています。中央政界には無関心――というより毛嫌いしていた感じ――で、第一回衆議院選挙（一八九〇）では地元から推されたものの選挙期間中に辞退を表明し、第二回選挙の出馬要請にも応じていません。

（四）目的は――ただ――「吉野林業」

ここまで主に明治初年から十年代、土倉が五十歳を迎える手前までの活動を追ってきました。この多様な――「とりとめ」なく見える――「社会貢献」活動は、明治二〇年（一八八七）前後から、しだいに後景に退いていきます。

特に自由民権運動への関わりは、明治一七年（一八八四）に自由党が解散した後は、潮が引くように離れていきます。土倉がなぜ（一時的にではあっても）自由民権運動に強く肩入れしたのかは、一般に不明とされていますが、その疑問を解く糸口になりそうな口述が、明治三五年（一九〇二）の広島県での講演記録に残っています。

> 其の様に〔※川上村の林業が今のようにさかんに〕なつた事に付ひては恩人があるので御座ひます其恩人は今なれば其人の年処姓名は勿論立派な石碑でも建てなければならぬのでありますが其姓名も分らぬ様な事であります〔…〕村も姓名も分かりません夫れで国は何処かと云ふと土佐の人間であるといふ〻でありますす此人が二百五六十年以前に地方を漫遊して〔……〕　※傍線、引用者

土倉が伝え聞いたところでは、川上村の（吉野林業の）恩人である「土佐の人間」は、四国の吉野川よりも大和の吉野川の方が川幅も広く水量も豊か、かつ大坂などにも近く木材の運搬に適しているので、杉・檜の苗を植樹すれば、暮らし向きがずっと豊かになると村中の家々を説いて回った、これが吉野林業の淵源だと言っているのです。それが二五〇～二六〇年と言いますから、逆算すると一七世紀の半ば。『吉野林業全書』で黒滝村に植林が導入された時期と、ほぼ重なることになります。吉野林業の歴史（起源）にも関わる発言ですが、この講義で注目したいのは――この話の真偽ではなく――土倉自身が「土佐の人間」を吉野林業の大恩人と自覚とし、「石碑」を建てたいくらい感謝していると話していることです。

洋行費用を支援した板垣退助は土佐の人、奈良県内遊説の費用を提供した中島信行も土佐の出身。土倉の自由民権運動支援は、その主張や行動への共鳴以上に、吉野林業の恩人である「土佐の人間」への恩返し、あるいは「土佐」という地域への感謝の意味合いを強く含んでいたと思います。板垣や中島に資金を援助するとき、吉野林業のベースである杉檜苗の植樹を広めた恩人である「土佐の人間」を思い出しもしなかったと考える方が、むしろ不自然でしょう。

「土佐」とは別の観点になりますが、「インフラ整備」のところで触れたように、土倉が熱心に政府に働きかけた「川上村特別税」の認可は一八九四年、第二次伊藤博文内閣の時代（一八九二―一八九六）です。その伊藤政権の安定は、それまで反政府勢力であった自由党との連携が支えていました。そして当時の自由党トップ

（総裁）は板垣退助。確証はありませんが、板垣ら政治家とのコネクションも、吉野林業の中心エリア（川上村）を守る意味合いが、強かったように思います。

明治四〇年（一九〇七）に、土倉が次のように言っていたと伝える本が出ています。全財産を三分割して、一部を子孫に残し、一部を国家の事業に、残る一部を教育事業に使いたい、と。そして村内の小学校建設が一般の山林労働者の子弟のためであったこと、さらに早くから女子教育の必要を認め、女子教育の為に金を出した、これは他の人間にはできないことだ、と。この本には、明らかに間違った記述も混じっていて鵜呑みにはできないのですが、財産三分割や女子教育支援の話は他の本にも記載されており、事実とみて間違いないでしょう。他人には見られない子女への教育、土倉はこれをどのように考えていたか。土倉が監修した『吉野林業全書』などによると、林業は女子も子ども含め一家総出の仕事で、山に入ると自力で考え、行動しなければならないものであったようです。後に触れますが、土倉は林業振興のためには専門的知識を含め幅広い教養を備えた林業家の育成が必要だと考えていました。同志社についても、当初新島は神学（キリスト教学）だけの大学を考えていたところ、土倉の強い勧めで政治学も学べる大学にしたとも伝えられています。

また、土倉は学校教育ばかりに熱心だったわけではありません。先に井上円了が川上村を訪れたときの記述を引用しましたが、その際、土倉は円了が推進していた社会教育活動（「修身教会」）に賛同し、いち早く「大滝修身教会」を設立（一九〇六）し、自らも教壇に立っていたと言います。おそらく「吉野林業」を講じていたのでしょう。

家族総出の山仕事
『吉野林業全書』
該当箇所

以上を整理すると、インフラ整備が林業に直結していることは言うまでもありませんが、道路改修には他の山林地主にも応分の負担を求めながら、川上村の木材が流下の大半を占める吉野川の改修は土倉が単独で行っていることが、とりわけ注目されます。自由民権運動の後援も教育事業への支援も、川上村での先祖伝来の家業「吉野林業」に結びつく構造になっていて、吉野林業という絶対的な目的を補強する手段であったと、私は考えています。

さらに補足すると、土倉は明治二九年（一八九六）年「古社寺保存の請願書」を貴族院に提出しています。土倉と古社寺はつながりにくい感じがしますが、請願文中に「大和国（歴史的・美術的・風致的に優れたものに限っても）古社寺の数四十有五に対し特に国庫の施術を以て保存せられたし」と書かれています。「国庫の施術」には優良な杉・檜の木材が欠かせません。この文化財保護的な動きも、吉野林業と無関係ではなかったと思います。

インフラも教育も、政治的活動も、それ以外の全活動が、あるいは「郷土の偉人」と賞されることも、そして土倉庄三郎自身でさえも、吉野林業の内部に含まれ、吉野林業を成立させる要素ではなかったかと思っています……。

……う〜ん、このあたり我ながら分かりにくい説明ですね。最後にあらためて触れることにします。

このあと、明治二十年代からの吉野林業の全国普及と拡張を目指す――露骨な――土倉の言動を考察していきますが、その前に土倉が吉野林業に傾斜する「分岐点」を見ておきたいと思います。

本多静六『林政学』（左）

本多静六の自伝（右）
（実業之日本社刊）

四　「吉野林業」への自覚と自信

（一）吉野林業と「林（政）学」

私が調べた限り、日本最初の本格的な「林（政）学」の書物は、明治二七年（一八九四）年に本多静六（一八六六―一九〇五）が著した『林政学』（前後編）です。それまで森林や林業に関する知識は、江戸期以来の農書類の記述に限定され、もっぱら経験則に頼っていました。明治一五年（一八八二）に林務官吏の育成を主眼とした東京山林学校が設置され、東京農林学校を経て、明治二三年（一八九〇）帝国大学農科大学林学科が誕生しますが、それまで林学の学問体系は確立していませんでした。『林政学』を著した本多は、日本の近代的林学の基礎を築いた人物で、二年間のドイツ留学から帰国した明治二五年（一八九二）、帝国大学助教授に就き、林学・林政学等の講座を担当しました。では本多はその「林（政）学」を、どこで・だれに学んだのか。もちろん留学先のドイツであることは疑えませんが、ドイツの林学や林業技術が、風土や樹種の違う日本でストレートに適用できたとも思えません。すでに私が何を言いたいのか気づいていると思いますが、そうです、「奈良の吉野の川上村で・土倉」に林業技術を学んでいたのです。他ならぬ本多自身が、次のように明かしています。

不肖静六、東京帝国大学に造林学の講座を担当すること茲に三十年。而も、其の当初学びたる吉野の造林法と、ドイツの造林学の学理に拠りて、漸く日本の造林学を構成せり。而して、其の吉野の造林学とは、実に土倉翁に就て学び得たるものなり。

時期は明確に記されていませんし、本多の自伝を読んでも土倉への言及自体、ほんの僅かしかありません。しかし引用文中の「当初」という語からすると、「吉野の造林法」を土倉から最初に学んだ時期は、明治二三年の留学以前ということになります。引用に後続する文中では「予も屢々学生を率ゐ、又は単身翁を訪うて相共に翁の山林に入り」と書かれ、その後も一再ならず学生とともに吉野に通っていたようです。一般に、本多を含め初期の林学者は「ドイツの事情との比較の対象として以外わが国の林業にはほとんど関心を示さず、ドイツの林業・林学をわが国に持ち込もう」とした言われていますが、[5]決して日本の伝統的林業に冷淡ではなかったのです。一八九〇年代まで、日本で林学や林業思想に値する体系だった林業実践技術を備えていた地域は吉野と尾鷲、尾鷲は吉野に連なる地域ですから、実質上吉野に限定されていました。本多静六は、吉野で土倉に学び日本の「林(政)学」を確立したのです。本多が土倉に(吉野林業に)どれだけ恩義を感じ感謝していたかは、先の引用がどこに記されているかを確かめるだけで十分です。

どこだか分かりますか? そう、講義の冒頭、スライドに映した、あの土倉の「記念碑」です。ある学生さんが興味を持ったと話してくれた記念碑、その竣工記念に配布された小冊子に書かれています。本多は当初「造林界における翁の功績を永久

品川弥二郎
「近代日本人の肖像」より

に伝へ、一は以て予が翁に対する感謝の意を表せん」と決意し、「我邦未曾有の広大なる大磨崖碑を造らん」と、「独立独歩、あえて他に頼らざる翁の気概」に倣い「独力遂行せん」と自費で計画を進めたものの、不測の出費にやむを得ず寄付を募ったと記しています。没後しばらく経ってなお、日本林学の父と呼ばれる学者さんから、これほど感謝される存在だった。土倉と吉野林業が日本の林（政）学の礎を築いた。これが土倉の自信を深める一因になったことは間違いないと思います。

（二）山林共進会での入賞

明治一五年（一八八二）二～三月に東京上野で開催された「山林共進会」で、土倉の出品物（品名は不明）が六等を受賞します。たしかに出品総数三千五百点余、出展者八千五百名からの入賞ですから、優秀でないとは言えませんが、六等までの入賞者数は約二百名。新島襄や板垣退助に資金供与していた明治一五年当時、土倉の林業ないし造林法は、全国的には「六等」相当の評価だった。後世の土倉の名声からすると、物足りない感じです。さらに言うと、土倉と同じ吉野林業の北村又左衛門は、土倉よりワンランク上の五等を受賞しています。あるいはこの時期、吉野林業を代表する人物（林業者）は――土倉ではなく――北村だったのかもしれません。

さて、この年、山林共進会を主催した農商務省の大輔（副大臣相当）・品川弥二郎（一八四三－一九〇〇）が、土倉宅を訪れています。六等受賞や林業との関連は確認できていません。板垣の洋行にも似た、もっと政治的な動きであったのかもしれません。ただ品川は日本林学振興の熱心な推進者で、学生にドイツの林学を学ぶことを勧め、財閥や富豪にも林業経営を奨励していた人物です。また林業の進歩改良を目指す「大日本山林会」の設立（一八八二）を主導し、自ら初代幹事長（実質上の会長）に就いていていました。山林共進会の式辞でも林業は「富国ノ根底」と熱く語っており、訪問目的が何であれ、土倉との面談で林業とりわけ吉野林業の話題が出ないはずはありません。このとき土倉から造林法や林業経営の話を聞いた品川は驚嘆し、全国各地をまわって吉野の造林法（吉野林業）を推奨したとも言います。品川の吉野林業の推奨が事実なら――私は事実と考えていますが――特に明治三十年代に入って全国各地から見学者・視察者が川上村大滝の土倉のもとに殺到するようになる、その起因の一つと考えられますが、そのような「外側」の反応よりも、もっと重要なのは土倉自身への影響でしょう(6)。

明治二〇年以降、吉野林業の普及・拡張に邁進していく土倉の言動は内発的というよりは、むしろ品川の動きに呼応ないし触発されたもののように思えます。吉野林業は、吉野の山でだけ通用するローカルなものではない、中央政府の要人も認める、普遍的価値を持っているのだ、と。明治一五年における品川弥二郎の訪問こそ、土倉が「吉野林業」に目覚める、まさにその契機でした。

(三) 各地への「吉野」の移植

土倉の名が全国的に高まっていくにつれ、土倉は「吉野」を各地に移植するような動きを見せるようになります。

明治二〇年（一八八七）、静岡・栃木・群馬の三県で山林の視察と講演を行い、前後して広島・岡山・京都・徳島、その他各府県にも精力的に巡回しています。

翌明治二一年（一八八八）、土倉は群馬県伊香保の造林計画に着手します。当初千町歩（約千ヘクタール）の計画は、地元民の抵抗にあって五分の一に縮小するものの、吉野林業の「小区画・密植・長伐期・多間伐」の施業システムと「借地林制度」の系システムが採用され、約十年後、伊香保は関東初の「吉野」となります。

この後も土倉は自ら、兵庫県の但馬（一八九八）、滋賀県伊香郡や塩津（一八八九、一九〇一）、そして後には海の向こうの台湾（一九〇五）にも「吉野」を創りだしていきます。この台湾における造林（経営は次男・龍二郎）は、次のような桁外れのものでした。

大和吉野郡の土倉庄三郎氏が台湾屈尺地方に於て一万町歩の殖林地を拝借し大に同島森林事業の発達を期する由〔……〕右は百年計画にして既に土倉殖林出張所をも設け、目下盛んに開墾開墾に着手しつゝあり〔……〕種苗は〔……〕殊に杉檜種は吉野郡川上村産のものなりと云ふ〔……〕

植林したエリアは「良好なる飲用水」がないとの理由で、

水源涵養の為該出張所は県庁に乞ひ同所に数万本の檜苗を植付くる計画もあるとなり

という、超長期を展望した大規模プロジェクトでした。

土倉は、このような自らの行為を言語化し、全国の林業家に呼びかけて、吉野林業による日本全土の吉野化を鼓舞していきます。

土倉は「奈良公園」の吉野化も手がけました。知事（当時）の懇請を受け、明治三十年代のはじめから明治末まで約十五年かけて春日山原始林の天然木を（一部）伐採し、杉・檜の人工林に変えました。吉野林業を導入し、植林と伐採を繰り返すことで「永久」に公園整備費用が捻出できる取り組みでした。土倉の「奈良公園森木改良意見」（一九〇〇）には、植林後百年にわたる詳細な収支計算書が載っています。

五　吉野林業の一大デモンストレーション

（一）自信に溢れる土倉の解説

明治二三年（一八九〇）年、東京の上野開催された第三回内国勧業博覧会に、土倉は前代未聞の出展を行いました。

二艘《そう》の桴《いかだ》（筏）です。吉野川で材木を流すときに用いられる筏の実物を博覧会に持ち込んだのです。どれも幅二・四メートル（八尺）以上、長さはなんと約五十四～五十六メートル（十三床・三十間、十一床・三十一間）を超える、実に巨大なものでした。

そして、自ら筆を執ったその解説書「第三回内国勧業博覧会 大和国吉野材木桴出品」には、筏の説明もそこそこに、吉野林業の歴史・沿革、植林方法や特徴、収

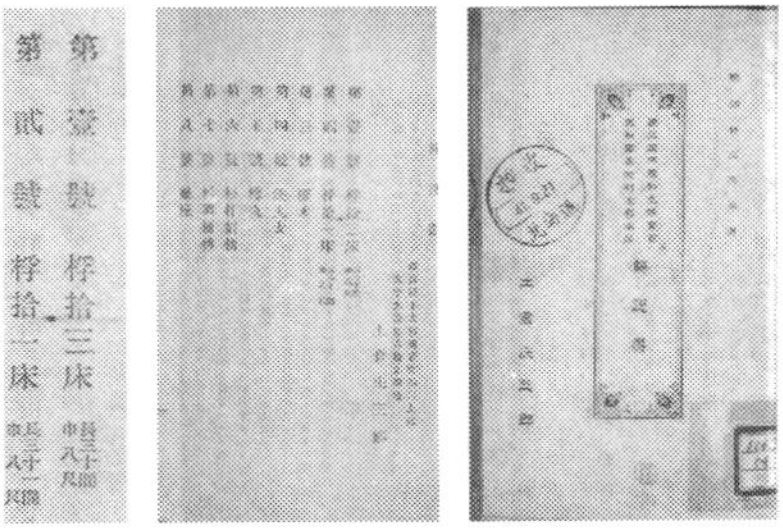

土倉による『出品解説書』

益までが詳述されています。博覧会の八年後『吉野林業全書』が出版されますが、この解説書はその内容を先取りするもの、言うなれば『吉野林業全書』のダイジェスト版、もしくはプロトタイプと言えます。

まず筏を含む九種の出展品の品名から始まり、「産地」の範囲と規模、「土質」・「杉檜撰種」・「杉檜種実蒔附並ニ培養施糞」・「獣類風雪ノ予防」・「枝打」といった施業方法、そして「杉檜山林修養法並所得概算」として、「土地壱町歩」に「杉檜苗一万本」を植えた時の最終的な「皆伐」までの（したがって百年間の）経費と収入が克明に記されています。そして、この「所得概算」の末尾では、他産地と比較したときの、吉野林業の地（「吉野」）の優位性を次のように述べています。

> 吾山林を是等に比すれば、多数の良材を産出し、価尤も貴く、幹直く、丈け長く、枝節少し、故に其用多し、是天下に冠たる所以なり、実に乞ふ全国殖林の有志諸君、本項を軽々看過せられずして、之れを以て杉檜を修養せは、其結果の善良疑ひなからん乎、

最後に「吉野杉檜審査請求の主眼」として国有林主体の木曽檜と比較し、とくに収益面での吉野の優秀さを強調した上で、次のように結ばれています。

> 熟々考ふるに若し百年の古へ吾吉野の山林培養法及槌筏の組織を知らしめ、彼の茫漠たる原野に杉檜を苗植せば、国家の経済幾億万円の利益明ならん、今哉

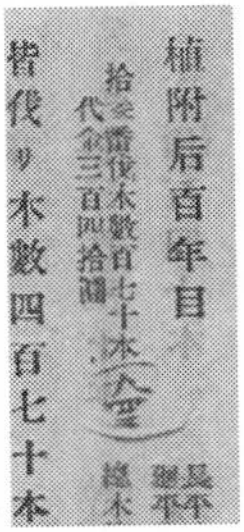
植附后百年目
拾余番伐木数百七十本
代金三百四拾圓
皆伐リ木数四百七十本

『出品解説書』該当箇所

必ず日本全国をして山林培養法楼筏乗流の一大改良ならしめば、無用の原野変化して有用の杉檜山となるは疑を容れざる所なり、庄三郎不敏なりと雖とも深く之れを惜み、遠隔の地を顧みず、長大なる桴の種類を出品し、汎く日本全国有志者に対し養林事業を奨励し、進んで国家富強の基礎を後年に求めんと欲する所以也、

全国の森林原野に吉野の植林法と筏流しの技術を普及し、この百年の間に全国の原野に杉・檜を植えておけば、無用の原野は有用の杉・檜山となって、国家経済に数億円の利益となったことは明白である、その主張のために遠隔の地からわざわざ長大なる筏の種類を出品したのであり、植林を奨励し、林業を国家富強の基礎とするのである、と。

この「富国植林策」とでも言うべき主張は、このあともずっとリフレインのように叫び続けられますが、その確認の前に、出品展示された巨大な筏を見ておこうと思います。

(二) 巨大な「筏」の実物展示

先の解説書によると、「筏」展示の目的は吉野林業の全国アピールでした。その目論見は、博覧会場の「どこに・どのように」展示されたかにかかっています。この講義で参考にさせてもらっている各種の評伝には言及されていないか、正直に不明と書かれています。博覧会の記録に見当たらないからでしょうが、奈良県庁の公文

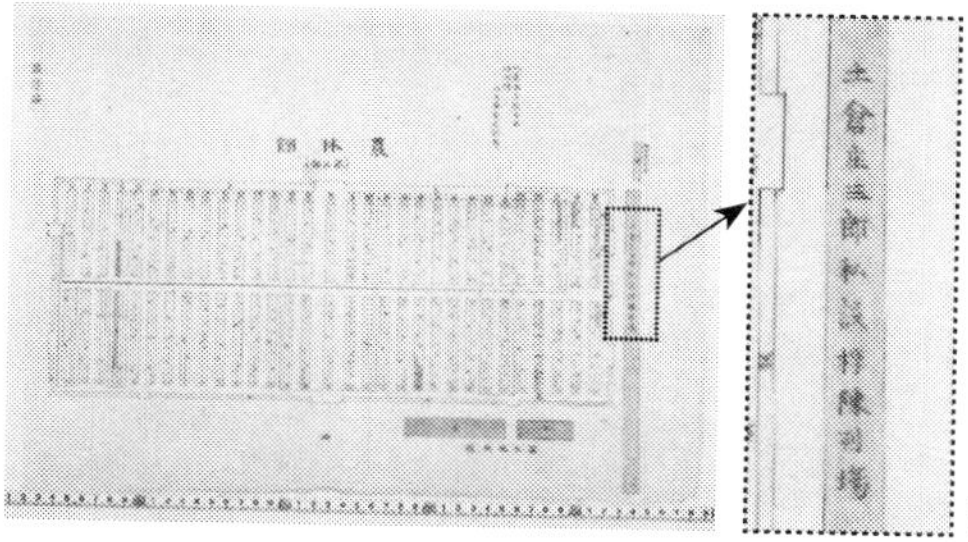

「筏」の展示場所

書綴りに手がかりが残されていました。(7) 膨大かつ手書きなので完全には解読できていませんが、筏の展示場所は確認できています。「農林館」の府県別のブースの割り当て図面の右端に、「土倉庄三郎私設桴陳列場」と記されています。

県庁などの行政を経由した博覧会事務局とのやりとりでは、筏の実物の持ち込みに難色を示す博覧会側に、搬入搬出費用も含め出展経費は土倉が全額負担する、それとは別に寄付もさせていただくと涙ぐましい願いを繰り返し、ようやく実現にこぎつけています。これは、出展許可書の一部抜粋です。

内博第二八五号
管下吉野郡川上村左（ママ）倉庄三郎なる者桴出品之義に付〔…〕了承右者出願人頗る熱心にして当業者に感動を与え自然国益を謀らんとの念慮なる趣〔…〕
明治二二年七月十一日　第三回内国勧業博覧会事務局
出品課
奈良県御中

吉野林業を全国にアピールする「切り札」、筏の展示の現場をスライドで確認しておきましょう。農林産品の展示に当てられた「農林館」の外の特設場は、どのようなロケーションになっていたか。会場全体の平面図から判断すると、来場者は、矢印のような動線を進むはずです（次頁上掲右図）。さて、土倉の筏はどこに「展示」されていたか。平面図を俯瞰図に代えてみましょう。どうやら、土堤の斜面に並べ

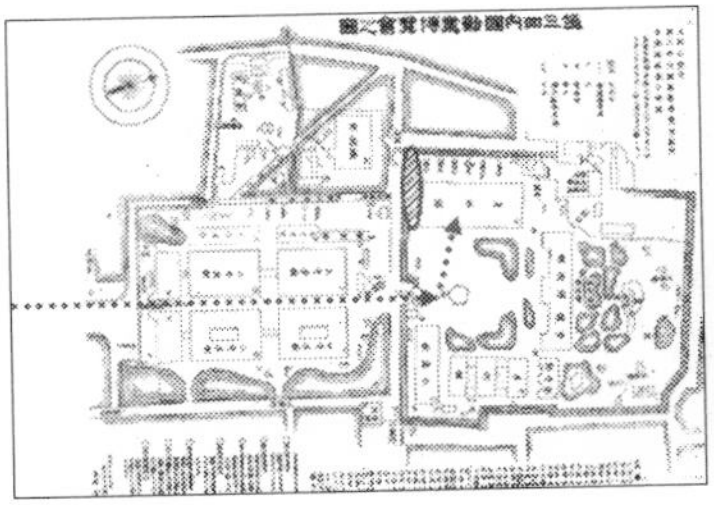

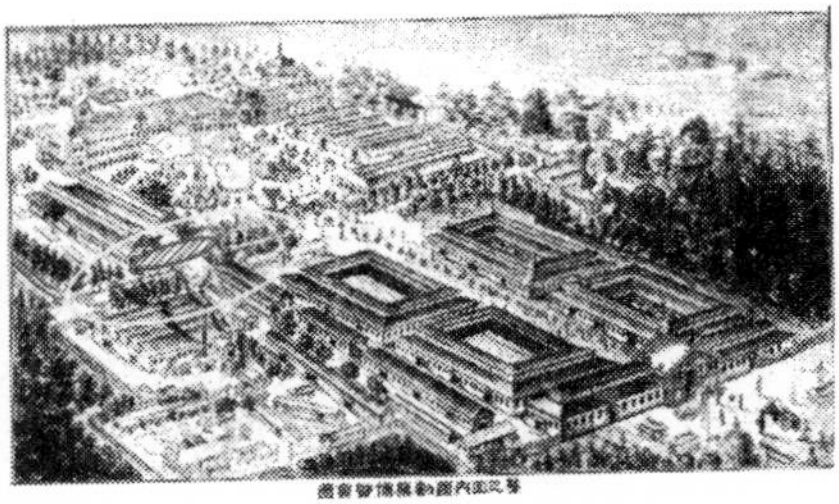

られていたようです（上掲左図）。

ある評伝では「筏を流す姿を会場に再現した」とか「動的な姿を見せる動態展示」と記されていますが、実は来場者の動線から外れた場所に、会場設営で余った材木みたいに置かれていたのです。仮に水に浮かんでいたとしても、東京の人なら深川の木場で普通に見られる光景です。事実、筏の木は吉野産ですが、博覧会用に吉野から運ばれたものではなく、深川の材木が搬入されました。

筏が筏としてアピールできるのは、吉野川を下っている姿――だけ――です。いかに大きくても木を並べただけでは、誰も注目しない。博覧会に常駐していた奈良県庁職員から県に充てた文書が残っています。開会式に両陛下が出席され出展品を御覧になったという報告です。こう書かれています。

奈良県ブースはちょうどご通行の線にあたっていて、木材の陳列では足を止めて御下問されることもあった、と。それはまさに土倉庄三郎の栂《つが》材で、農林館の出展品で最も素晴らしいものだと言っているのですが、残念なことに、農林館の外の筏には足をむけられなかったと、わざわざ書き残しています。おそらく両陛下は、筏に気付かれもしなかったでしょう。

来場者をはじめ一般の人がみていた農林館の平面図は、農林館の中だけで、土倉の筏の展示場所は載っていません。土倉の出展品は総合的に林産品として（そして奈良県からの出品としても）最高位の「一等有功賞」に輝いていますが、二連の筏が決め手になったとは思えません。おそらく両陛下も注目された、館内展示の栂材が高く評価されたのでしょう。一般にアピールしたのは杉・檜の筏ではなく、キラー・

現地（吉野）における「筏」
『吉野林業全書』より

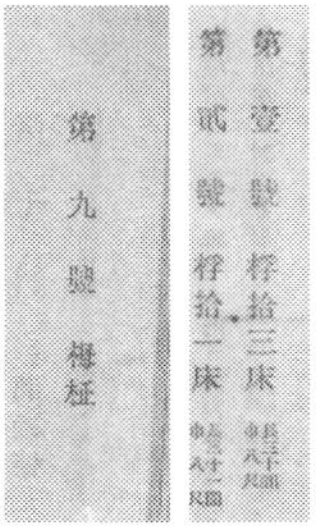
第壹號　桴拾三床
第貳號　桴拾一床
第九號　栂柾

『出品解説書』
該当箇所

コンテンツとは言い難い――出品解説書では最後に掲げられた――柾目の栂でした。吉野林業独特の長大な筏に込めた土倉の熱意は、ほぼ空転していたことになります。

（三）　土倉の戦略と他地域の思惑

土倉の戦略は吉野林業の個性（特殊性）を強調することでした。しかし、吉野の比較優位を言い募るかぎり、吉野林業の普及・拡張はかえって制限されるはずです。吉野以外の地は――当然ながら――「吉野」ではないからです。

土倉の周辺は全国からの視察で賑わいましたが、決して無条件に吉野林業を礼賛するものではありませんでした。明治三六年（一九〇三）に土倉への詳細にわたるヒアリングを行った群馬県多野郡の視察報告書には、山守制度などの経営面には――山役金に限っては興味津々だが――ほとんど言及されていません。施業面についても「本郡は蚕糸の業夙に開け〔……〕薪炭用材として雑木林の必要」があり、「吉野地方と状態を異にするを以て杉檜を造林すると同時に亦贈僕の造林も必要なり」と言い、次のように結論しています。

本郡に於ける林業に之れを応用すべきものは採て亀鑑となすべく其の他に至りては取捨折衷以て林業施設の参考に供する〔……〕

同じ年の滋賀県の視察報告書では、森林や林業に対する「民心の一致糾合」は「吉野特有たる借地林業の結果と習慣上利益の地方人民に均霑せしむるもの例へば彼の特別税の如き」であると評価しつつも、一方で、次のような指摘もしています。

森林過半は他府県人の所有に属し住民の多くは林業夫を活路と〔し〕甚だ豊かならす毎年二百万円に及ぶ森林の収入額は殆と彼らの与り知らざるものなり〔……〕

そして林業労働者（村民）の生活は、林業に依存し過ぎているとの懸念を示し、

一朝経済界の林業に影響する場合あるときは非常の恐惶を免れす

と実に厳しい（しかし正鵠を射た）批判の目を向け、次のように結論づけています。

吉野材の良好なるは天与なるを以て吉野森林の美に心酔し総を吉野を模倣するは得策にあらす宜しく需用、供給、地質、地形、気美等を考査し適当の造林を行はさるへからす

以上、二件の視察報告書にあらわれている「結論」、すなわち吉野林業は「取捨折衷」して導入すること、そして全面的な吉野の模倣は得策ではない、ということ。程度の差はあっても、これが全国各地から蝟集した視察者に共通する意見だったと思います。

しかし、このような他地域の思惑とは無関係に、土倉は明治三十年代以降、吉野林業への絶対的自信のもと、全国「吉野化構想」とでも言うべき主張を一層声高に叫んでいきます。

六 日本全国「吉野化」構想

（一） 植林への自負と自信

明治三二年（一八八九）の大日本山林会の会合に、特別会員として招待された土倉は、私は無智で経験も乏しい人間と謙遜しながらも、「聊か考へる所を諸君に御談し致しましょう」と口を切り、「天然林と人造林との比較実歴談」として、次のように持論を披瀝しました。

国有林野は一千二百万町歩。その内訳は国有林が七百万町歩、国有原野が五百万町歩である。国有林から生ずる純益は十年平均で三十五、六万円。つまり、一町歩あたりの年間純益は、三銭に満たない。なぜ、これほど収益が低いかというと、国有林には人造林がとても少なく、ほとんどが天然林だからだ。一方、我が川上村の場合は、森林面積は八千町歩しかないが、その所得は三、四年平均で五十万円を超え、十年平均でも三十万円以上になる。川上村大滝の森林から収益があがるのは、人造林だからだ。日本全国の林野を吉野の川上村のように人造林にすれば、九億円から十五億万円の収益があがるはずだ。この差は、まさに人造林と天然林との違いによるものである。

この後、土倉自身の川上村大滝での経験を例にとり、人造林にしたことによって十年で十五万円の所得になった。天然林のままなら、千年以上の樹齢の木でも金銭的価値はないと言い、次のように演説を結びます。

故に私は天然林をば改良して、人造林となし、以て諸君と共に国家富強の基を計らんことを勤めたい考で在ります、

この趣旨は、次の『林政意見』へと拡張されます。

(二) 中央への反駁

同じ明治三二年、土倉は、林学者で政治家の中村弥六(一八五五―一九二九)との談話を冊子にまとめ、『林政意見』として発行(自費出版)しました。[8] この十数年「林政の刷新」を呼号してきたのに一向に改善の気配がない、もはや猶予ならざる事態であると、「官林(国有林野)」を俎上に載せ、国(中央政府)の林業政策を痛烈に批判しました。

日本は「天賦の山林国」であるにも関わらず、いささかの「利益」も享受できていない。国有林野に至っては、なんと「五ヶ年間の収入経費を一町歩に平均すれは収入十一銭五厘経費銭六厘して純益は四銭九厘」に過ぎない。これに対して、我が「大

和国吉野郡川上村に於ける民有山林は面積僅に八千町歩にして一け年の収入額は四十萬円」に達している。この違いは何に起因しているのか。決して川上村が「巨利を生する」風土に恵まれているからではない。林業「当事者の栽培其術を盡し保護其道」に通暁しているからだ。

これこそ「一大革新を呼号する所以なり」と叫び、「我帝國の盛衰興亡は敵国外患にあらすして山林の荒廃より生する患害にあらん」と断言します。木材需要は「鉄道に要する枕木及貨車、客車を始め電信、電話、電燈の諸柱、製紙、燐寸の原料其他船車、器具、建築及鉱業、製糸業に要する薪炭幷に諸用材は非常の速力を以て」増大しているのに、「此猛進せる需用に応せん」とする「植樹は殆ト児戯に」等しい、わが国の林業は衰退の一途であると憤りを露わにします。

そして、日本の林政を「老大の欝林を死蔵して空しく朽敗に委する」と指弾し、「恰も旧家の破産に際するも家政革新を謀らす依然多數の僕婢を擁して坐食するの状態」に喩え、「我国有林の革新を謀るの時期は正に今日に在り」と宣言し、次のように結論づけます。

吾人は植樹の大設計を呼号し政府の猛省と国民の熟慮とを促さんと欲するものなり

土倉の言う「植樹の大設計」は、次の四項目で構成されていました。

第一、「植林を断行して以て完全なる山林を得る」こと。

第二、「現今の国有林野を分割して其一部を國有となし他部を府縣郡村の法人及一個人に売却する」こと。

第三、「深山幽谷に死蔵せる天富を利用する」こと。

第四、「山林土木の両政務を合して山川省を置き全国の山林河川の業務統一せしむる」こと。


これによって得られるメリットとして、次の六項目を列挙します。

一、「国庫に一大富源を得る」こと。
二、「基本財産を与へて府縣郡市町村の制度を鞏固ならしむる」こと。
三、「個人の生産を鞏固にし同時に貧民に生業を与ふる」こと。
四、「社会の進運に伴ふ材木の需用を供給する」こと。
五、「材木の輸入を防くのみならす大に輸出貿易を伸張する」こと。
六、「洪水、旱魃を予防して農民の利益を増進せしむる」こと。

土倉の「植林の大設計」とは、一般にイメージされる植樹の奨励にとどまらず、財務・地方・産業経済・貿易・防災の諸政策をカバーする、「富国植林」政策として構想されていました。

本書掉尾の「他日更に詳述する」という予告どおり、三年後に林政刷新要求の第二

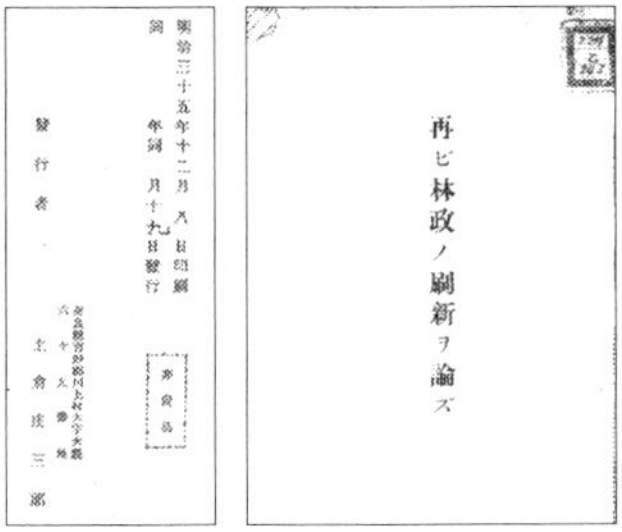

弾が炸裂します。

（三）林政刷新の要求

明治三五年（一九〇二）の『再び林政ノ刷新ヲ論ズ』は、「第一　国有林の改良を速成するを要す」、「第二　国有林調査事業を簡略にするを要す」、「第三　森林官吏の任用令を特定するを要す」、「地方林業の発達を謀るを要す」の四項目で構成されていますが、内容的には土倉の林政・林務官庁への批判と不満、そして吉野林業への自信と称揚とで埋め尽くされています。

冒頭から土倉の怒号が轟きます。立派な森林法を持ちながら、政府は公有林・私有林を問わず行政執行の対象にしたことがない、林務担当大臣は国有林の存在は知っていても、林業一般のことは何も知らない、財政の議論では僅か一千万円ほどの案件を国家の重大問題と大騒ぎするくせに、「国に数十百億の遺利ありながら漫然之を棄てて一顧」だにしない。と。

刷新要求は次の四項目。第一に「国有林野にある天然林を人造林にしなさい」、第二に「林野の担当省庁は、計画や調査ばっかりしてないで、実業を中心にしなさい」、第三に「森林管理はきちんと人材養成をして、しかるべき者をつけなさい」、そして第四に「国有だ公有だと、小さな事にこだわらないで、国有の不用林野を地方団体に割譲しなさい」ということです。これを、もの凄く過激な言葉で（喧嘩でも売るように）主張しています。

例えば、第三項目では、

かつて西洋では「森林を荒廃させるのは害虫でも、風雪でもない。まっとうでない森林担当の役人だ」と言われていた。今の日本がこれと同じ状況だ。林政を活発にしようにも、現状の森林管理の役人などまるで役立たずだ。なぜなら森林の管理には、専門教育と経済の知識、そして管理の才能が必要だからだ。

裏返して言えば、当時の国の林政担当者は専門知識も経済の知識も、そして管理能力もないと全否定しているのです。この徹底した中央政府批判が、第四の地方重視につながります。国がやるべきことをしないなら（できないなら）、地方政府に任せるしかない。いや地方だって頼りないと言うのなら、自分たちのような民間の「私人」に貸し付ければ良い、と。国よりも地方、官よりも民、とりわけ林業の担い手は「私人」、それも私人一般ではなくて、大和の国の吉野の大滝、土倉庄三郎を代表とする吉野林業の人間をおいて他にない、との自信が示されています。土倉の一連の主張は、次の記述からも感じ取れるように、建言や提言のレベルを超えた、あきらかな要求若しくは命令に属する言い方になっています。

〔今回私が挙げたのは緊急を要するものだけで、実際には〕国家巨億の富源の消長に関するの要なり。吾人は国民納税者の一人として政府に対して其の真実に此の問題を講究するを要求するの権理あるを信す。

そして、林政担当大臣を指さして、次のように続けます。

若し主務大臣にして未だ森林の利益を詳知せんとすれば幸に吾人の言を聴かれよ。又知りて之を顧みずとすれば請ぐ吾人に其の理由を詳示せられよ。

森林の値打ちが分からないなら私が教えてやろう、分かっていながら私の提案を採用しないなら、その理由を聞かせろ、と迫っているのです。どれだけ森林の資産価値・経済価値を示しても一向に反応しない中央政府への強いいらだちと嫌悪感が窺えますが、さらに強く感じられるのは、林業のことは私（土倉）が一番よく知っているとの強い自負です。この本の最初の方で、土倉は日本の山林原野は巨大な富の源泉であり造林や経営をうまくすればという言葉に続けて、こう言っています。

此の山林原野よりして毎年巨億の利を生せしむるは決して難事にあらす。是れ庄三郎か之れを吉野地方の実蹟及び自家の経験に徴して堅く自ら信する所なり。

このような「巨億の利」を生み出した吉野の地と土倉の家の「実蹟」と「経験」への自信——というより自尊——から、「年々戦捷論」と呼ばれる土倉独特の富国策が、立ち上がっていきます。

（四）吉野林業立国論

明治二八年（一八九五）、日本は前年からの日清戦争に勝利し、下関講和条約によって賠償金と遼東半島を獲得しますが、ロシア・フランス・ドイツ三国の提案を受けて（圧力に屈して）、遼東半島の返還に応じます。当時の日本国民は西洋列強国との力の差を思い知らされ、以後十年間、臥薪嘗胆の日々に甘んじるのですが、この時期あたりから土倉は「年々戦捷論」を主張するようになります。

もっともこういう固有名詞のついた論説は、あちこち探しても見つかりません。現段階では先行研究にしたがい、日清戦争後、全国各地での講演会で繰り返された内容が、後に「土倉の年々戦勝論」と呼ばれるようになったと説明しておきます。ただそうであるなら、時期の前後からして「年々戦捷論」が先の『林政意見』や『再び林政ノ刷新ヲ論ズ』を生み出した「母型」と言えるかもしれません。

当初段階のものが見いだせなかったので、ここでは明治三五年（一九〇二）四月に広島で講演された土倉の「林業ノ講話」を引用しています。「年々戦捷論」のオリジナル・ヴァーションではなく、一九〇二年型にモディファイされたものかもしれません。そのあたりは諒解しておいてください。

原文は話し言葉で、土倉の口吻がよく現れていて面白いのですが、時間の関係でレジュメには私が現代語に意訳したものを載せています。意訳とはいうものの原文の趣旨は損なっていないと思っています。文字を追っていってください。

明治二十七〜二十八年の日清戦争で得た賠償金は、日本のお金で三億円である。これを獲得するのに五年ほどかかっている。一年にすると――わずか――六千万円に過ぎない。

しかも、そのために日本の兵隊さんが何千人も戦死し、相手の清国の人は一万人も戦死したという。

　さらには大砲といった武器を失い、軍艦も失い、挙げ句の果てにはロシア・フランス・ドイツの三か国から干渉を受けて、戦捷（勝）で獲得した遼東半島は還付させられてしまった。

　このような戦争による利益に比べると、森林からの収益は桁違いに膨大である。立派に育成すれば年間、六千万円の二〜三倍の収入が得られることは確実である。極端に言えば、遼東半島どころか日本くらいの広さの土地なら、二つも三つも手に入るだけの金額だ。森林からは、それくらい巨額の収入が見込めるのである。しかも、これには鉄砲も弾丸も兵隊さんも、要らない。外国との交渉も、戦争も必要としない。外国に出征して土地を得なくても、日本の内地に富を生み出す国有林が一千三百万町歩（ヘクタール）もあるのだ。

　さて、我が奈良県吉野郡川上村の森林面積は、わずか一万三千町歩である。しかし、ここからどれだけの収益が上がっているかというと一億円である。国有林と同じ一千三百万町歩の森林があれば、一千三百億円の収益となる。まあ国有林だし、お役所仕事であることを割り引いて、収益を我々民間の四十パーセントと考えよう。それでも四百億円入ってくる。

　いや、これでもちょっと無理かも知れない。四百年の経験を有する我が吉野と違って、ノウハウの乏しいところは、お役所であれ民間であれ、我々と同じように考えることはできない。

　収益を、さらにその半分と見積もろう。それだけ割り引いて考えても――つまり、我々吉野の二十パーセントしか収益がないとしても一六億円の戦争賠償金を桁違いに上回る、毎年二百億円の財源が確保できるのである。

賠償金目当てに戦争する国はまずないと思うので、戦争と林業を比較すること自体が疑問ですが、「森林（というより吉野林業）の収益規模」、「吉野林業への自信」、「中央政府（お役所）の軽視」の三点で組み立てられており、土倉の林業へのまなざし、主張の論点、批判の矛先などがたいへんよく分かる内容になっています。

以上、土倉の思想のエッセンスとでも言うべき、三つの論考を見てきました。今ほど述べた三点のポイントを外さず、同じ内容が繰り返し主張されています。時期が近接しているせいかもしれませんが、「五」で見た第三回内国勧業博覧会の出典品解説書の記述内容とも類似しています。相違点は、解説書に「お役所」批判がないだけです。国有林中心の木曽への言及に含まれているのかもしれません。

官（中央政府、とりわけ林務担当省庁）への不信や不満は、かなり根深かったようで、土倉晩年の明治四二年の講演では、明治初年の国による社寺の山林の没収を「残酷極まりない」所業だと批判し、強引に国有林にしておいて放置しているだけじゃないかと強く非難しています。そもそも、信仰の対象を国有にするとは何ごとか、利益を得るつもりがないなら、さっさと払い下げの要求に応じるべきだ、しかるに政府の林政担当者は無能で、一向に事務が捗らないと指弾しています。

この講演は国の林政担当局長も出席した林業大会のときのもので、この後お役所の局長さんは、周章狼狽という感じで弁明につとめています。土倉の森林国有化への嫌悪、国の林業政策の否定は終生変わらず、明治三〇年あたりからは、遠慮のないかたちで表出していったのでしょう。

ここだけ切り取ると、土倉庄三郎は鼻持ちならない自信家のように映りますが、身内の方の評伝には、四十年にわたって親交のあった藤沢南学の「資性温厚」の碑文などが引用され、これに「人柄は要約されている」と記されています。同時代に書かれた人物評にも、土倉を悪くいう記述は見当たりません。明治四四年(一九一一)年発行の書籍には、次のような村民の慕われた土倉のエピソードが載せられています。

土倉の山林は火事を出したことがない。それは土倉の山に入ると、村人(山林労働者)が決して煙草を吸わないからだ。そして土倉の用具が落ちていたら、誰もがきちんと拾って家まで届ける。

七 「土倉」の黄昏

(一) 当主の交代

巨万の富を持つ大富豪として全国にその名を轟かせ、川上村にあっては村民に心から敬愛されていた土倉庄三郎にも、黄昏の刻は訪れます。しかも意外に早く、その影は忍び寄っていました。

土倉が全国に向けて吉野林業立国論を絶叫していた明治三六年（一九〇三）、『当代実業家 人物の解剖』という本が出版されました。その中に、土倉に関わる記述が現れます。逐一読むと切なくなるので説明は省略しますが、著者は土倉の長男「鶴松」を話題に挙げ、土倉家の将来を心配しています。そして、その心配どおりに、土倉家は下降の途をたどります。

明治四〇年を境に、土倉家が急速に衰退していくのは、明治三四年（一九〇一）ころに家督を嗣いだ鶴松の事業の失敗によるものです。鶴松は吉野を離れてさまざまな事業に手を出しますが、ことごとく失敗。ついには中国大陸で炭坑や革製品の事業を興しますが、これも失敗。組んだ相手が大陸浪人じみた胡乱な人で、失敗に失敗を重ねて傷口を広げていきます。

その穴埋めのために、明治四〇年（一九〇七）には前々年に巨額を投じて始めた台湾の「吉野」が売却されます。広大な造林地を買収したのは三井財閥でした。渋沢栄一と並んで明治財界に重きをなした益田孝（一八四八ー一九三八）という人物がいます。当時「三井の大番頭」と言われた人ですが、その益田が大正九年（一九二〇）の大日本山林会で、次のような逸話を披露しています。

今日、三井（家）は台湾はじめ国の内外に多くの山林を保有しているが、事の始まりは土倉庄三郎翁だ。明治の中頃、土倉翁から「木と云ふものは年々成長していくぢゃないか、そこでチャンと秩序を逐ふて植林をやつたならば〔……〕お前は植林さえしておけばイツでも必要な時に金になる」と「御叱りを頂」い

益田孝
三井文庫所蔵

た。この「土倉翁の一言で大いに降参」し、まず実験のために私が自費で林業を始め、「成る程事実に於て確かである」と納得して、明治三五、六年に三井家に勧めたのである。

三井による土倉の台湾造林地の買収に、益田の感傷が入り込む余地はなかったと思いますが、土倉側が投資の打診を——他ならぬ——三井に持ちかけた背景の一つではあったでしょう。

さて鶴松。明治四一年（一九〇八）には完全に事業破綻し、土倉家は骨董品を売却してお金の工面をします。もちろん骨董品を売って解決できる金額ではなく、土倉家による当主・鶴松への「抗議」の姿勢が示されたのだと思います。

これが冒頭のプロフィールの記述に対する、私の「異論」の到着点です。

先の明治三六年の本（次頁上掲）には、こういう記述があります。

彼れ〔土倉庄三郎〕は教育事業に於てこそ斯く其手を拡げたれ、富豪として、実業家として未だ曾て他の事業に干係したることあらず、人の彼れに向つて時には山中生活を離れて、中央に交を結び知己を天下に求めなば、事業経営上便宜鮮なからざるべしと説く者あれとも、彼れは之れを斥けて曰く、予は素と一樵夫耳、我志す如く山林を経営し終らば事足れりと、彼れは実に終生の事業としては、山林経営の外他意なきなり、

増田義一『当代実業家 人物の解剖』
（明治三六年）実業之日本社

土倉庄三郎は、終生吉野から離れず、吉野林業から離れなかった。それが自らを「富豪」たらしめ「実業家」たらしめる必須条件だと、土倉は知っていたからです。土倉家の衰退は、庄三郎が林業以外の多方面に投資したからではありません。跡を継ぐ立場にあった長男の人が、吉野から離れ、家業である林業以外の異業種に手を出して、失敗したからです。

明治三六年の本には、「早晩鶴松との間に、意見の扞格を来すは免れさる所」とも書かれています。たしかに、この時点で土倉が何か手を打てば事態は変わっていたかもしれません。しかし、土倉は鶴松と対峙する気は、毛頭無かったようです。身内の方の評伝には明治四〇（一九〇七）の出来事として、鶴松が三百万円（現在の貨幣価値では三〇億円超）以上の手形を書いているのを見た弟の一人が土倉に知らせると、こう言ったと記されています。一切の家業を任せたのだから自由にさせてやれ、財産は増えたり減ったりするものだ、全ては土倉の家の運次第だ、と。

（二）「財産三分割」の本旨

この明治三六年の本にも、土倉が「余は自己の現有財産百万を如何なる用途に費さんかを考へ、終に下の如き希望を起せり、之を三分して三十万円は祖業相伝の為め子孫に譲るとし、他の三十万円は国家有用の事業に使用し、残り三十万円は凡百の教育事業に供せんと欲す」と言っていたとの記述が見えます。さきの三の（四）でも触れた財産三分割論です。

私はですね、こう思うのですよ。三分の一を国家事業（インフラ整備や政治活動）

に使い、三分の一を教育事業に使っても、残る三分の一を「祖業相伝の為め」すなわち家業である吉野林業に使ってさえいれば、土倉家の衰退はなかったはずだ、と。土倉庄三郎の時代は、全ての財産の使途が「吉野林業」に還元される構造になっていた。鶴松の代になって、その基軸の吉野林業が、「吉野」を離れて大陸に向かい、「林業」が炭坑や革製品に変わったために、三分の一の国家事業も、もうひとつの三分の一である教育事業も、帰り着く先を失って、まるごと、どこかに消えてしまったのです。

もうすぐ終業のチャイム

(一) まとめ

講義時間は、あと数分しか残っていません、大急ぎで講義のまとめをしておきます。明治末期に土倉家は、長男・鶴松の事業失敗によって、多くの山林を手離し、土倉家は没落していきます。その土倉家の没落と踵を接するように、地元の林業家の影も薄くなり、林野も少なからず村外所有者の手に渡るようになります。土倉庄三郎の盛衰が、吉野林業の消長と重なって映ります。もっと言えば、吉野林業が衰退して、土倉の家が傾いたのではなく、土倉が傾いたから、吉野林業も斜陽の途をたどったように思えてなりません。

土倉が全国普及を目指した吉野林業は、もちろん土倉自身の工夫も加えられたのでしょうが、一般に「土倉式造林法」とよばれるようになり、全国的にその名を知られるようになりました。土倉式造林法は、借地林業や村外地主による経営、すなわち山守制度と呼ばれる経営システムを置き去りにしたまま、育林の施業システムこそが、吉野林業の特性とみなされて、全国の植林の模範となって、全国各地で――部分的に――導入されました。この、経営システムを欠いた「吉野林業」の拡散が、今日国民病とも言われる「花粉症」とどう関わっているか、これは別に検討を要する問題だと思います。

土倉は日本の「林学」の確立にも不可欠の貢献をしました。しかし、知識の習得を中心とする学術的な面には、ほとんど関心を示していません。土倉の林業思想や技術は、机上で組立てられたものではなく、マニュアル通りに進めればできるというものではなかった。林学の知識を豊富にもっていても、現場において柔軟に考え、創造的に行動しなければ、そして地域ごとの気候や土壌条件、経済的背景に留意しなければ、林業は成り立たないと考えていたのでしょう。最初の方で見たとおり、土倉の功績として『吉野林業全書』が真っ先に挙げられることが多いのですが、土倉が監修者であっても著者ではないことに留意しておきたいと思います。どこかの時点で、土倉にとって林業とは、地域に根ざした産業であり、文字による標準化には限界があると考えるに至ったと思われます。吉野林業にとっては、標準化されたマニュアルよりも、個々の状況に応じた解決法を創造できる総合的な力をもった人材が決定的に必要な要素だった。これが、土倉が教育分野にも力を入れた最も大きな理由だったのでしょう。

そして、最も有効な富国策とした吉野林業を普及するベースとして、まず全国各地の「吉野化」が構想された。そう考えると、土倉の「全国吉野化構想」とは、施業・経営システムの移転よりも、人々の「森林への向き合い方」に重点が置かれていたはずです。国の林政への痛烈な批判も、その点に立脚したものに思えます。土倉にとって森林（人工林）が「儲かる」とは、国や人々が「豊か」になることを意味し、決して「稼ぎになる」ということではなかった。それを全国に叫び続け、視察に来る人にこんこんと諭し続けたのに、そのかんじん要のところが、通じなかった。私が地元の人からもらった略年譜に、次のような記述が見えます。

＊播州清水寺　大正三年（一九一四）、播州加東郡鴨川村の清水寺の山林問題〔解決の〕依頼を受けた翁は問題を解決、整理した。解決には数年を要し、折衝奔走のため翁自ら一万円に近い金額を費やした。寺方はその労に報いるため、伐採を依頼しようとしたが、整理者が伐採請負人の双方を兼ねることは出来ないとのことで、伐採は他が請け負うこととなったが、清水寺は実費弁償金として二万円を贈った。翁は無論これを拒絶し、〔……〕数回やり取りをした後〔押しつけられた。〕翁はすぐさまその二万円を兵庫県に寄託し、網野停車場から清水寺までの道路建設を申し出、快諾を得た。伐採請負の某は数十万円の利益を得たという〔……〕

大正三年当時の土倉にとって、お金は決して必要の無いものではなかったでしょう。というより、のどから手が出るくらい、ほしかったはずです。それでも土倉は、礼金を受け取らなかった。木を植え・育て・切り出し・出荷する、そういう方法以外で森林から金を得ようとしてはいけない。土倉はそう確信していたのでしょう

私は土倉庄三郎の森林（人工林）への「まなざし」は、このエピソードで語り尽くされていると思っています。

（二）今後の課題

そういう話とは別にして、土倉が日本全土を人工林で埋め尽くそうと主唱したことは、事実です。それも経済資源の重点投資といった生やさしいものではなく、植林の一点に向けたソフト・ハード資源の総動員を政府に対して要求しました。「国民納税者」の「権理」として、天然林を皆伐し人工林に転換せよという、脅しにも近い要求までしています。

今後、土倉研究のセンターに位置するのは、このように主張する土倉の真意です。土倉の生涯は吉野川上村の大滝とともにあり、切り離せません。吉野林業の根幹をなす土倉流の「植林」という思想は、端的にいえば、林業の奨励によって国家や地域を富ませ、人々の幸福を招き、国力を充実させ、平和をもたらすことでした。土倉は「富国強兵」ではなく「富国植林」を主唱しました。戦争なんかしなくても、平和のうちに国の富はつくられる。「植林」という方法で、それは可能なのだと。吉野林業をモデルに全国の山林原野を植林すれば国は豊かになる、これが土倉の国富論の基軸でした。

しかし、その「富国」の国の単位は、中央集権の日本国家を意味していません。

土倉は地域の視点に立ち、徹頭徹尾中央政府を批判しました。土倉の意味する「国」は、地元であり地域、極論すれば「吉野・川上村・大滝」の集合体です。このとき立ちはだかる難問は、土倉の地元ではほとんど全ての生産要素が、林業に投入されていたことです。先にもふれたように明治三九年(一九〇六)、井上円了は川上村を訪れて「村内の教育費は一万円以上に達す」と驚きの声を上げますが、この言葉に続けて「産業はただ林業あるのみ。衣食の供給はすべてこれを他村に仰ぐ」と記しています。

円了の言葉どおり、川上村は、林業以外の産業や産物、そして資金や金融も、大阪や京都や奈良といった近郊の都市から調達することで成り立っていました。川上村の木材生産は、長期安定的な木材需要が前提です。大量に木材を消費してくれる豊かな都市が外部になければ、長伐期の大径木を生む施業システムも、分収造林方式も年期山の制度も、結果として「山守制度」という吉野林業の経営システムも、つまりは吉野林業が成立しないのです。

国全体で言えば、経済資源を森林以外に投資しない限り、長期的な木材需要は維持できないし、木材を管理する人間も地域につなぎ止めることができない。小さな川上村がネットワークしたような国家では、大富豪・土倉庄三郎を生み出した「川上村」を内部につくりだすことはできない、ということです。先にお話しした、吉野林業のｗｉｎ－ｗｉｎ－ｗｉｎのパートナーシップが永久運動を始めた「起点」を思い出してください。まず都市での木材需要があり、それが川上村での木材生産を引き出したのです。川上村の林業は、川上村の外部の地域の繁栄によって保証されていた。
それが吉野林業の基本構造だったのです。

吉野林業を知り尽くしていた土倉は、そんなことは言われなくてもお見通しだったはずです。土倉庄三郎は、吉野川上村の大滝とその地で構築された、まさに地域から立ち上がってきた産業である吉野林業を、どのようにして普遍的な国家事業にしようとしていたのか。言い換えれば、土倉が鶴松に家督を譲らなければ、あるいは鶴松が土倉式造林法のよき後継者となっていたら、吉野林業という川上村の「小さな物語」は、富国殖林策という日本の「大きな物語」になっただろうか。

これが、今後の土倉庄三郎研究に引き継がれるべきテーマです。

講義は以上です。お疲れさまでした。

《注》

1．赤羽武編『吉野林業史史料集成(五)—明治期吉野林業論集—』(一九八九)筑波大学農林学系、七頁。

これ以降の参考引用文献等については必要に応じて本文に記載し、注記を要すると判断したもの以外は、基本として資料名・引用箇所等の明記は省略する。不明の点は編集責任者あてお問い合わせください。

2．土倉は吉野林業の「産地」として、5—(1)の「出展解説書」では「奈良県大和国吉野郡川上村、同郡小川村、同郡四郷村、同郡国栖村、十市郡多武ノ峰谷、此旧村数三十ヶ村、段別三千町歩」と記している。

3．『吉野林業全書』（一八九八）は土倉の監修だが、土倉自身一九〇二年の講演で、十七世紀半ばにあたる「二百五六十年前」と言っている。（3－（4）参照）

4．主な参考資料等は以下のとおり。

・『明治卅五年 叙勲 内国人 巻之二』所収の公文書、国立公文書館蔵

・土倉祥子『評伝土倉庄三郎』（一九六六）朝日テレビニュース社出版局

・田中淳夫『樹喜王 土倉庄三郎』（二〇一六）特定非営利活動法人芳水塾

・川上村で入手した略年譜（表題が「土倉庄三郎（病臥弔慰略歴）」佐藤藤太編（大正六年十月二十五日発行）」、末尾に括弧書きで「原文を忠実に現代文に書き換えました。土倉宣子・２００８・４」の附記がある）

5．福島康記「わが国林学草創期における林政学について」大日本山林会『山林』No.152 3（二〇一四・四）

6．土倉によれば、「明治十五年か十六年〔に〕独逸から万国の森林林審査員〔……〕が私の地方を視て然うして東京に行つて〔……〕大和の吉野と云ふ所には随分立派な人造林があると云ふことを話たで始めて政府の人が知つたと云ふ有様〔である〕夫から農科大学の先生が書生を連れて私の方を視察になると云ふのが始てゞある」（大日本山林会『大日本山林会報』第254号（一九〇四・一〇）、六七頁）と言っているが、文中「政府の人」が品川弥二郎であるか、また同「農科大学の先生」が「帝国大学」の本多静六であるかはわからない。本多はあるいはこのとき「書生」の一人として来ていた可能性はある。

7．奈良県図書情報館蔵の下記資料

・奈良県公文書－A（一八六九）（「奈良県行政文書 第三回内国勧業博覧会」表紙裏に明22 9C 3－2の記載

・奈良県公文書－B（一八六九）（「第三回内国勧業博覧会」表紙裏に明22 9C 3－1の記載

8．手元の『林政意見』（一八八〇）は、「岡野俊造編・発行」のもの。異種本があるかどうかは不明。

終業のあと

「あのぉ、シツモンがあるんですけどぉ」

「質問？　ああ浅田松堂でも、あれこれ質問してくれた人ですね」

「ドクラショーザブローの三の(四)の最後で、『郷土の偉人ってことも土倉自身も、吉野林業の内部要素だ』とかなんとか言うだけ言って、その理由はあとで説明しますみたいなこと言って、ぜ〜んぜん、な〜んにも言ってないですよね。あれって、どーゆー意味だったんですか。気になっちゃって」

「つまらないこと覚えてますね。みんな忘れてますよ。次の授業が始まるけど、教室に行かなくてだいじょうぶですか」

「あ」

「学内のメールアドレスにコメントを送ります。学籍番号を教えてください」

「え〜、悪用しないでくださいよぉ」

「……しません」

†　†　†　†

(名前を聞くのを忘れました)さま
以下、質問へのコメントです。

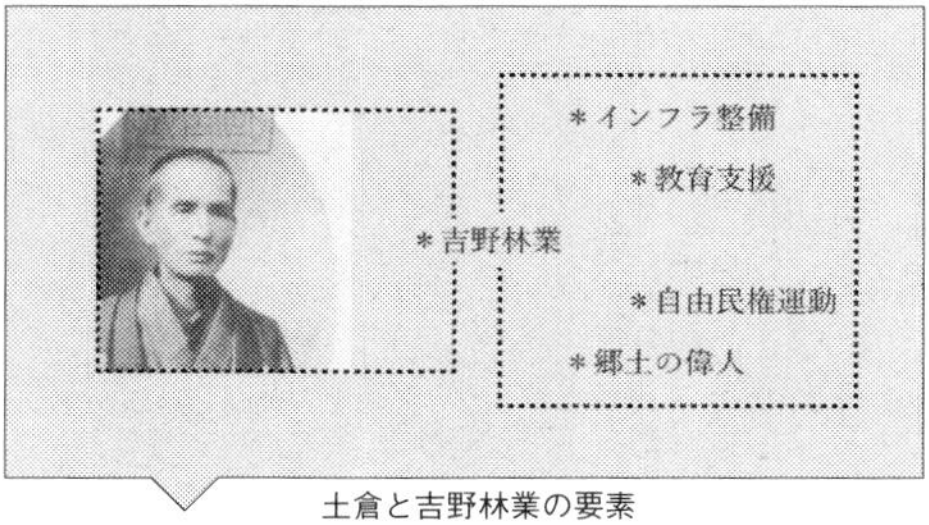

土倉と吉野林業の要素

「リーダー」というピリオド

土倉の目標は、日本全土を「吉野」に変えることでした。だが、その前に土倉自身が「吉野」に変えられてしまった。引き継いだ吉野川流域の伝統的な林業を「吉野林業」と命名したのは土倉でしょう。だがその吉野林業は、土倉の意図に反して「土倉式造林法」に上書きされました。土倉が「吉野」を呑み込んだのではない。「吉野」が土倉にしがみついたのです。土倉は「吉野」を抱き締めたまま、日本の各地に「土倉」を増殖していきました。土倉の勢いが弱まると、自然に「吉野」も衰え、土倉が終に消えようとするとき、「吉野」の命運も尽きていたのです。

吉野で土倉を評価することは、土倉で吉野林業を評価することと同値です。土倉が「偉人」であること、吉野林業が「偉業」であること、そして吉野の山林が「偉大」であることは、三位一体です。

ここから生じる問題の一つは、土倉の評価が「吉野の山林王で郷土の偉人」と確定した瞬間、人々の心から、生き生きとした土倉の記憶が追い払われることです。若い世代の多くには、カギ括弧のついた土倉しか伝えられなくなった。

より深刻な問題は、コンクリートされた評価によって、土倉が超えてはならない存在となったことです。土倉以後、ひとりとして「土倉」をめざそうとする者は現れていません。土倉で終わりにしておけば、吉野林業の輝かしい歴史、そして栄光ある吉野の山林は、土倉というピリオドに守られて、永遠に――凍結的に――不滅だからです。

土倉庄三郎を吉野林業の完成者（大成者）と信じ、土倉式造林法をその極致と崇

吉野に立つ銅像

生前の土倉
「近代日本人の肖像」
より

吉野に刻まれた磨崖碑

める者は、自分が土倉の思想に真っ向から反していることに、気づいていません。

土倉が「不動の人」であるのは、動かないのではなく、「動けない」のです。

そしてこのことは、ひとり土倉だけでなく、これまでの「大和の国のリーダーたち」の評価にも共通する問題です。ある時代の「ある者」を、ある分野の「リーダー（極致に到達した偉人）」と位置づけるのは、その分野の時の流れを止めてしまうことになりかねません。あるいは「リーダー（正しい方向付けを行った偉人）」と評価することじたい、「ある者」が示した方向以外は正しくないと受け取られる危険性をはらんでいます。同時代はもちろん、その前後の時代には、たくさんの人々が同じ分野で──あるいは別の多様な分野で──活動していました。「リーダー」の「業績」には、同時代の動きとそれ以前の蓄積が深く関係していることは、言うまでもありません。そうであるなら、別の分野の、あるいは後の時代の、それ自体は小さな事蹟が、「リーダー」という言葉に引き寄せられて、領域を越境したり、時を逆流して紛れ込んでいるかもしれません。

これから私たちが研究の対象としていく「大和の国のリー

ダーたち」は、ある時代に・ある分野を・代表する——というだけの——人物として扱われます。そして、その時代・その分野における「実像」が確認されていくことになります。

そのとき、従来の「リーダー」は、真の「偉人」のポジションに就くかもしれません。もしかすると、「リーダー」に替わる、あらたな「偉人」が出現するかもしれません。

期待していてください。（以上、中島）

†　†　†　†

「センセー、だれに言ってんですか～あ」

執筆者等プロフィール

谷山正道（たにやま・まさみち）

元天理大学文学部教授

１９５２年奈良県生まれ。広島大学文学部史学科卒業。同大学大学院文学研究科博士課程前期修了。広島大学附属中・高等学校教諭、広島大学文学部助手、同講師・助教授を経て、１９９１年に天理大学に着任。１９９６年から文学部教授（２０１７年退職）。博士（文学）。著書に『近世民衆運動の展開』（高科書店、１９９４）、『奈良県の歴史』（共著、山川出版社、２００３）、『近世地域史フォーラム３　地域社会とリーダーたち』（共編著、吉川弘文館、２００６）、『民衆運動からみる幕末維新』（清文堂出版、２０１７）、『奈良県立大学ユーラシア研究センター学術叢書１　Vol.２　谷三山　師の師たる人』（共著、京阪奈情報教育出版、２０２２）など。

柳澤保徳（やなぎさわ・やすのり）

公益財団法人郡山城史跡柳沢文庫保存会副理事長

１９４８年大和郡山市生まれ。旧大和国郡山藩柳沢家第９代当主。大阪大学大学院基礎工学研究科物性工学専攻修士課程修了。専門は物理学（物性）、工学博士（大阪大学）。奈良教育大学教育学部助手・助教授・教授を経て、奈良教育大学学長、学校法人帝塚山学園学園長などを歴任。２００４年から現職。

吉田栄治郎（よしだ・えいじろう）

公益財団法人郡山城史跡・柳沢文庫保存会研究員

1948年奈良県生まれ。日本大学大学院文學研究科修士課程修了。1978年より奈良市立一条高等学校・奈良県立高等学校教諭、奈良県教育委員会同和教育課指導主事、奈良県立同和問題関係史料センター所長。2009年退職、同年より現職。著書に『奈良県教育百二十年史』（共著、奈良県教育委員会、1995）、『明治維新と歴史意識』（共著、吉川弘文館、2005）、『安堵町風土記—安堵の歴史点描—』（共著、安堵町、2019）など。

浅見潤（あさみ・じゅん）

一般財団法人三光丸クスリ資料館館長

1955年北海道生まれ。上智大学法学部法律学科中退。1979年、東京都三鷹市遺跡調査会に入り、市内各所の旧石器・縄文時代の遺跡発掘調査に従事。2000年から現職。そのかたわら、大和売薬並びに中世大和の歴史研究に取り組む。日本考古学協会会員。著書（夫婦共著）に『夫婦で歩く大和の隠れ寺』（朱鷺書房、2001）。

中島敬介（なかじま・けいすけ）
奈良県立大学ユーラシア研究センター特任准教授、副センター長
主な著作に「『勅語玄義』に見る奇妙なナショナリズム」東洋大学 井上円了研究センター編『論集 井上円了』（２０１９）教育評論社、「地域経営の視点から見た『平城遷都一三〇〇年祭』」『都市問題研究』第60巻11号（２００８）、「もう一つの観光資源論」『日本観光研究学会研究発表論文集 No.29』（２０１４）、「井上円了の国家構想」『東洋大学井上円了研究センター年報 vol. 26』（２０１８）、「南貞助論―日本の近代観光政策を発明した男」『日本観光研究学会研究発表論文集 No.34』（２０１９）など。

奈良県立大学ユーラシア研究センター学術叢書シリーズ2
vol.2　大和の国のリーダーたち

2023年3月31日　初版第一刷発行

編　著　者：奈良県立大学ユーラシア研究センター
責任編集者：中島敬介（ユーラシア研究センター特任准教授・副センター長）

発　行　所：京阪奈情報教育出版株式会社
〒630-8325
奈良市西木辻町139番地の6
URL：http://narahon.com/　Tel：0742-94-4567
印　　　刷：共同プリント株式会社

ISBN978-4-87806-829-4